ANTROPOLOGIA
DA DOENÇA

ANTROPOLOGIA
DA DOENÇA

François Laplantine

Tradução
VALTER LELLIS SIQUEIRA

Título original: ANTHROPOLOGIE DE LA MALADIE.
Copyright © Payot, Paris, 1986.
Copyright © 1991, Livraria Martins Fontes Editora Ltda.,
São Paulo, para a presente edição.

1ª edição 1991
4ª edição 2010
4ª tiragem 2024

Tradução
VALTER LELLIS SIQUEIRA

Revisão técnica
Maria Helena Villas Bôas Concone
Revisão
Maurício Balthazar Leal
Produção gráfica
Geraldo Alves
Capa
Katia Harumi Terasaka Aniya
Composição
Antonio José da Cruz Pereira

Dados Internacionais de Catalogação na Publicação (CIP)
(Câmara Brasileira do Livro, SP, Brasil)

Laplantine, François, 1943- .
 Antropologia da doença / François Laplantine ; tradução Valter Lellis Siqueira. – 4ª ed. – São Paulo : Editora WMF Martins Fontes, 2010.

 Título original: Anthropologie de la maladie.
 Bibliografia.
 ISBN 978-85-7827-259-3

 1. Antropologia médica 2. Doentes – Psicologia 3. Medicina e psicologia I. Título.

10-02019
CDD-610.1
NLM-WO-061

Índices para catálogo sistemático:
1. Antropologia da doença : Medicina   610.1

Todos os direitos desta edição reservados à
Editora WMF Martins Fontes Ltda.
Rua Prof. Laerte Ramos de Carvalho, 133 01325-030 São Paulo SP Brasil
Tel. (11) 3293-8150 e-mail: info@wmfmartinsfontes.com.br
http://www.wmfmartinsfontes.com.br

Índice

Prefácio à edição brasileira 1
Prefácio de Louis-Vincent Thomas 5

PARTE I
QUESTÕES DE MÉTODO

1. Os objetivos deste livro 11
2. As fontes de nossa pesquisa 21
3. A construção dos modelos 33

PARTE II
AS FORMAS ELEMENTARES DA DOENÇA: OS MODELOS ETIOLÓGICOS

1. Modelo ontológico e modelo relacional (ou funcional) 49
2. Modelo exógeno e modelo endógeno 67
3. Modelo aditivo e modelo subtrativo 95
4. Modelo maléfico e modelo benéfico 101
5. Doença, romance e sociedade no século XX 145

PARTE III
AS FORMAS ELEMENTARES DA CURA: OS MODELOS TERAPÊUTICOS

1. Modelo alopático e modelo homeopático 161
2. Modelo aditivo e modelo subtrativo 177
3. Modelo exorcista e modelo adorcista 187
4. Modelo sedativo e modelo excitativo 199
5. A relação etiológico-terapêutica 207

PARTE IV
A DOENÇA E O SAGRADO, A MEDICINA E A RELIGIÃO, A CURA E A SALVAÇÃO: DA ANTROPOLOGIA MÉDICA À ANTROPOLOGIA RELIGIOSA

1. O esclarecimento não simultâneo do mesmo fenômeno. Deslocamento metodológico: dos processos etiológicos-terapêuticos propriamente ditos à questão do porquê da doença 213
2. O estudo da medicina popular como revelador da relação da doença com o social por intermédio do religioso 219
3. A doença-maldição e a doença-punição 227
4. A relação entre a doença e o sagrado nos dois grupos de modelos anteriormente identificados 231
5. A fé médica 241
6. A identificação entre a saúde e a salvação. Os dois modos de obtê-la: a justificação pelas obras e a justificação pela graça 247

Bibliografia 253

Prefácio à edição brasileira

Maria Helena Villas Boas Concone

Na primorosa apresentação da edição francesa deste livro, diz Louis-Vincent Thomas que a Antropologia da saúde "é, ao menos na França, uma disciplina recente"; festeja a oportunidade do livro de Laplantine e sua contribuição sem dúvida significativa para um campo que entende profundamente diversificado.
Ora, com maior razão esta Antropologia da doença representa entre nós um marco importante. De fato, não se constituiu ainda no Brasil uma "Antropologia da saúde", com uma identidade própria, embora sem dúvida já se conte com uma bibliografia nacional representativa, do interesse dos antropólogos pelas questões da saúde. A denominação mesma do campo padece de indefinição: Antropologia médica (seguindo uma tradição americana certamente mais antiga) e Antropologia da saúde são denominações mais correntes entre nós. Pode-se, entretanto, dizer sem exagero que a adoção destas denominações não vem sempre acompanhada de uma discussão sistemática que permita melhor avaliar as vantagens relativas de cada uma e suas filiações teóricas.
Também não é exagero dizer que, ao lado do interesse variavelmente motivado dos antropólogos, pelos muitos temas relacionados à questão da saúde (saúde mental, representações e práticas em relação à saúde/doença, alimentação, higiene, concepção, família, representações sobre o corpo, a morte, medicinas alternativas e/ou paralelas, práticas institucionais, processo de medicalização e tantos outros), foi sobretudo a entrada da Antropologia no campo do ensino médico e da enfermagem que motivou o delineamento de uma área "nova", quase um campo de especialização.
O apelo à Antropologia em muitas Escolas de Medicina veio na esteira das propostas de modificação desses cursos de formação, discutidas desde a década de 50 nos fóruns internacionais da OMS e posteriormente da OPAS. Mas, se é verdade que nas Escolas Médicas o papel da disciplina antropológica padece das ambigüidades que recortam o próprio campo da saúde (ambigüidades que o texto de Laplantine ajuda a discernir), falta, contudo, também à Antropologia, e a partir de dentro mesmo de

seu campo, adquirir uma identidade que lhe permita melhor responder aos desafios específicos que lhe são, a partir daí, propostos. Constituir um campo se não de especialização, pelo menos de privilegiamento de reflexão. Afinal, qual a contribuição específica (em relação à abordagem sociológica, p. ex.) que a ciência antropológica pode trazer ao ensino médico, de enfermagem e odontologia (para situar alguns dos campos)? Qual o papel teórico e prático da reflexão antropológica das muitas questões da saúde e da doença (concepções de doença/saúde, tratamento e cura e seu caráter sociocultural, relação entre "cliente"/especialista, etc.) para a formação e a prática dos profissionais de saúde? Qual o papel do antropólogo nas equipes interdisciplinares de saúde? Que contribuição a Antropologia pode oferecer para uma reflexão mais geral, de antropólogos e não-antropólogos, de especialistas ou leigos, de praticantes ou usuários, sobre o sistema de saúde, a prática e o pensamento médico (de enfermagem, etc.)? Sem esquecer evidentemente que, como diz Marc Augé em *L'Anthropologie de la maladie*, uma "Antropologia da doença pode refinar ou renovar a problemática antropológica." Afinal, diz ele, não há sociedade onde a doença não tenha uma dimensão social, sendo ao mesmo tempo a mais íntima e individual das realidades, dando um exemplo concreto da ligação intelectual entre a percepção individual e o simbolismo social.

Estas questões e tantas outras devem ser desenvolvidas pelos antropólogos e terão sem dúvida um triplo alcance: para o campo geral da Antropologia, para uma "Antropologia da saúde", além de nortear melhor suas relações com os vários campos de formação e de prática profissional nos quais se insere.

Ora, o trabalho de François Laplantine desenvolve um esforço de desvendamento de racionalidades e deve desempenhar no debate da Antropologia brasileira, e na constituição deste "novo" campo, um papel fundamental.

Iniciando seu trabalho com a discussão das denominações e adotando decididamente a de "Antropologia da doença", não se intimida com a imensa tarefa que se impôs: a análise metacultural ("uma verdadeira antropologia da morbidade e da saúde") que possibilite evidenciar e analisar formas elementares da doença e da cura. Colocando-se numa postura realmente antropológica, o autor procura, sem perder de vista o particular, atingir a generalização via construção de modelos. A comparação e a pesquisa ("sem as quais não há antropologia possível") desempenham na sua reflexão um papel capital. Submete com a mesma minúcia ao crivo da investigação o saber médico oficial e outros saberes. Erudição, argúcia e familiaridade se revelam no trato de uma massa impressionante de dados heterogêneos que vão da literatura às entrevistas, dos médicos aos pacientes.

PREFÁCIO À EDIÇÃO BRASILEIRA

Louis-Vincent Thomas destaca no livro de Laplantine o esforço de análise da(s) medicina(s) moderna(s), especialmente da biomedicina, o esforço de constituição de modelos etiológicos e terapêuticos (metaculturais) e a análise destes modelos contidos na literatura (são notáveis especialmente as análises de Proust, Céline e Zorn). Não voltaremos por isso ao detalhamento minucioso dos procedimentos e resultados alcançados por Laplantine. Não há como não destacar, contudo, a bibliografia (ampla, variada e sugestiva) compulsada pelo autor, constituída de obras gerais e específicas, de textos literários, obras de Medicina e Saúde voltadas para o grande público e até a referência a filmes etnográficos. A riqueza do trabalho de Laplantine está no fato de nos levar a pensar globalmente mas também particularmente, a partir da sugestão dos modelos, a questão da saúde/doença e do papel assumido pela "biomedicina" na sociedade contemporânea. Como diz o próprio autor, o trabalho visa construir modelos operatórios que não se substituem à realidade empírica, mas ajudam a pensá-la e a pôr em evidência o que ela não diz.

É de se saudar ainda esta Antropologia realizada a partir da sociedade do investigador e o próprio fato de o autor não se colocar inteiramente fora do fenômeno analisado: não receia se confessar sujeito e objeto de sua análise.

Um livro polêmico e inspirador. Pode-se não concordar sempre com Laplantine, mas seguramente não se pode ignorar o seu trabalho, nem deixar de admirar seu esforço e seu rigor.

Prefácio

Louis-Vincent Thomas

A Antropologia da saúde é, pelo menos na França, uma disciplina recente, com um belo futuro pela frente, não deixando qualquer dúvida quanto ao duplo interesse, teórico e prático, que desperta. Contudo, pelo menos de momento, permanece dividida em diversos campos de análise e interpretação, que chegam até a ser competitivos entre si. Nela, François Laplantine ocupa um lugar muito especial, pela riqueza e diversidade de suas abordagens sempre renovadas, bem como pela seriedade de sua pessoa, sua afabilidade e sua generosidade. Ele jamais cede à polêmica; jamais entra no conflito, hoje tão em moda, "Viva a medicina/Abaixo a medicina"; jamais cede à tentação de opor medicina tradicional a medicina moderna, de acordo com o espírito simplista dos tipologistas americanos.

A renovação por excelência de que François Laplantine é prova está no fato de ele conciliar materiais culturais que jamais foram assim reunidos, notadamente a biomedicina e o acesso à enfermidade por intermédio do texto literário. A consideração da história da medicina, os contatos intensos com 29 clínicos gerais e 52 pacientes, a análise de mais de 100 obras de medicina destinadas ao grande público, constituem o embasamento empírico e teórico que lhe permite dar sentido aos 119 filmes e aos 450 textos literários considerados em sua obra. Esse magistral desafio que o autor se impõe consiste, com efeito, em se basear nos testemunhos literários da mesma forma que nós o fazemos com relação às nossas reflexões quanto ao imaginário da morte e das fantasias. As confissões dos escritores doentes constituem um meio privilegiado de se conhecer a doença, ou, melhor dizendo, as suas representações. Um livro como *Mars* do escritor zuriquense Fritz Zorn, a respeito da relação entre a neurose, doença da alma, e o câncer, que faz com que seu corpo "se consuma e se decomponha", ensina muito mais que os trabalhos acadêmicos. Acontece que, especialmente a partir de cerca de uns dez anos atrás, vem se reforçando a dupla corrente de escritores que, como Alain Cahen (*Les jours de ma mort*), desejam chegar a "um verdadeiro relato da doença", ou doentes que descobrem a escrita por ocasião de uma enfermidade (é esse precisamente o caso de F. Zorn). Desse modo, a literatura torna-se um revelador de rara pertinência e de uma grande sutileza. François Laplantine o utiliza com um brilho admirável.

Outra idéia mestra que anima continuamente este belo livro reside no esforço constante de classificar "as formas elementares da doença" a fim de construir modelos teóricos situados a meio caminho entre as tipologias à Forster ou à Murdock e as estruturas formais e operatórias buscadas por Claude Lévi-Strauss. Elaborados a partir de termos-chave que "pontuam e organizam" todos os discursos sobre a saúde, esses modelos devem responder a três exigências principais: "serem distintos das normas interpretativas elaboradas pelas diferentes culturas; realizarem uma ruptura epistemológica em relação à realidade empírica (um modelo é uma construção teórica que não poderia substituir o discurso quer do doente quer do médico, uma vez que tem por objetivo precisamente explicar o que esses últimos dissimulam); terem um caráter metacultural". Assim, o autor chega à concepção de um jogo binário que compreende um grupo etiológico e um grupo terapêutico, cada um deles constituído por quatro pares de modelos. Na primeira perspectiva, fala-se de modelos do tipo ontológico/funcional, aditivo/subtrativo, exógeno/endógeno, maléfico/benéfico. Na segunda, encontramos modelos do tipo alopático/homeopático, exorcista/adorcista, subtrativo/aditivo, sedativo/excitativo.

Esses modos de abordagem, sólidos, originais e inteiramente heurísticos, permitem que François Laplantine analise com sucesso a dupla constelação etiológico-terapêutica que comanda os sistemas de representação da doença e da cura, a lógica interna à medicina de Magendie a nossos dias, as convergências ou divergências entre os discursos dos doentes e dos médicos, a permanência do modelo epistemológico biomédico, os pontos de referência para a crítica do pensamento médico, as relações entre a doença e o sagrado com felizes alusões à fé médica (alguns têm falado de idade terapêutica como antes se falava em idade teológica), aos pares saúde/salvação, punição/doença, cura/recompensa. Tanto é verdade que, desacreditados por um lado, os médicos se tornam os teólogos de um dia, aqueles a quem se pede que ponham um fim à angústia inerente à condição humana. De resto, o que nos é dito quanto à medicina moderna, que procede de uma etiologização ou de uma ontologização, bem como de uma externalização do mal (mesmo que isso não seja sempre tão específico quanto nos querem fazer crer), revela-se muito pertinente.

Que não se atribuam a François Laplantine procedimentos demasiado fáceis. Buscando tipos invariantes, ele não precisava constituir um corpus classificado, datado, analisado em profundidade. Bastava-lhe selecionar "casos" típicos (Proust, Céline em especial) entre uma grande quantidade de dados, da mesma forma que um médico escolhe seus "casos" clínicos entre seus pacientes. Ninguém mais do que ele sabe que não existe uma antropologia médica sem economia da saúde (gastos com médico, custo dos tratamentos), mas não era seu objetivo discutir isso neste livro. Poderia François Laplantine, operando em um universo impregnado de signos e símbolos ainda não decifrados, construir modelos formais e operatórios, numa perspectiva bachelardiana do conhecimento aproximado? A resposta é não. Sem dúvida, o autor se expõe a riscos. E, às vezes, por força de argumentação, enrijece seu pensamento e negligencia as nuances. Ele tende, por exemplo, a crer que a cirurgia é essencialmente subtrativa: o que dizer dos enxertos da neurocirurgia ou simplesmente da ortopedia? Podemos invocar a microbiologia sem levar em consideração as reações imunizantes? Até onde podemos levar a equivalência entre a vítima emissora, a insalubridade do meio e a agressão microbiana? Mas esses raros excessos mostram-se pouco significativos diante das pistas que ele nos decifra, dos horizontes que nos abre, das tomadas de posição que nos incomodam e nos obrigam à reflexão. François Laplantine ama o risco, mas a sorte só tem sorrido aos audaciosos.

     Este belo livro mostra-se cheio de audácia. Desejamos muita sorte a seu autor.

Parte I
Questões de método

1
Os objetivos deste livro

Se possuímos excelentes monografias sobre a maneira pela qual um grupo social percebe a experiência da doença e a ela responde com técnicas e rituais terapêuticos que julga adequados, não temos conhecimento de que haja, pelo menos em língua francesa, uma teoria de conjunto, ou seja, uma verdadeira antropologia da morbidez e da saúde.

A primeira dificuldade de um empreendimento que, como o nosso, se pretende decididamente metacultural e visa fazer surgir e analisar *formas elementares da doença e da cura*, advém do fato de que as maneiras pelas quais essas formas são representadas de uma sociedade para outra são extremamente díspares, e de que numa mesma sociedade, em um certo momento de sua história, as correntes médicas, os sistemas de pensamento, as escolas, os comportamentos sociais são extremamente variados e a essas variações sociais acrescentam-se as variações individuais. Como ordenar, ou seja, *pensar* essa abundância de elementos? Como, por trás de tal diversidade, identificar as tendências principais? Como discernir atitudes que, se não são idênticas, são, pelo menos, cruzadas por linhas de força comuns? E, após a identificação dessas tendências, como pensá-las em relação umas às outras?

Se a compreensão dessa representação etiológica e desse sistema de pensamento médico dificilmente pode ser isolada das condições sociais em que se inscrevem, logo percebemos, contudo, que no domínio da doença, sem dúvida mais que em qualquer outro, a sociologização a perder de vista conduz implacavelmente a um impasse. Ou seja, se bem que as interpretações da patogenia e da terapia variem essencialmente de uma sociedade para outra, de um indivíduo para outro, e que sejam inclusive eminentemente evolutivas numa mesma sociedade — o que faz com que pareçam, a nível empírico, praticamente infinitas —, o que tentaremos mostrar é que não deixam por isso de existir permanências, constantes ou, se preferirmos, invariantes da experiência mórbida e da esperança de cura perfeitamente identificáveis, cujo número não é ilimitado.

O objetivo que, em nossa opinião, deve ser então visado por uma antropologia das formas elementares do normal e do patológico é a *trans-*

QUESTÕES DE MÉTODO

formação das representações da doença e da cura, tal como são empiricamente vivenciadas pelos interessados (os que curam e os que são curados), em verdadeiros *modelos etiológico-terapêuticos*. Ou seja, uma vez que as representações em questão constituem a matéria-prima com que trabalha o pesquisador, o empreendimento antropológico propriamente dito consiste em construir cientificamente — tentando jamais reintroduzir involuntariamente a pré-compreensão implícita ou a opção ideológica — *esses objetos teóricos* que são os modelos etiológicos e terapêuticos e a estudar os processos sintáticos e semânticos de suas ligações, de suas disjunções, bem como de suas transformações.

Como se excluiu totalmente, por evidentes razões científicas, estudar o conjunto dos sistemas de representações etnograficamente conhecidos, optamos deliberadamente por concentrar nossa atenção em uma única sociedade em um dado momento de seu desenvolvimento: a sociedade francesa contemporânea[1]. As razões de tal opção, além do interesse que encontramos em nossa própria cultura e que nos levou a empreender o mesmo tipo de pesquisa que havíamos empreendido no "ultramar" (na Costa do Marfim, no Marrocos, na Tunísia e mais recentemente no Brasil), nos foram, por assim dizer, ditadas pela notável carência, no domínio francês, de trabalhos propriamente etnográficos sobre a saúde. Mais precisamente, o objetivo deste livro será o estudo comparativo dos diversos discursos, conhecimentos e práticas que são postos em jogo, tanto a nível da interpretação da origem (suposta ou real) da doença quanto da resposta terapêutica proposta ou considerada; ou seja, os diferentes modos pelos quais os homens e as mulheres de nossa sociedade se representam hoje a morbidez e a saúde.

Tal pesquisa, que não pode ter, por sua própria natureza, a pretensão de ser exaustiva, deverá, não obstante, se interessar por *todos* os sistemas médicos de que dispomos atualmente, ou seja, estar atenta ao *pluralismo etiológico e terapêutico* característico de nossa sociedade. Para tanto, não bastará fazer uma distinção sumária entre "a medicina oficial" e "as medicinas paralelas", pois no interior da primeira existem, na verdade, *diversas medicinas* comandadas por modelos por vezes resolutamente antinômicos. Quanto às segundas, constituem um campo extremamente diversificado, mais caracterizado pelo antagonismo que pela convergência. Será, então, conveniente marcar com precisão quais são, em nossa própria sociedade atual, *os sistemas médicos dominantes*, bem como seus subsistemas; os sistemas médicos e os subsistemas *dominados* ou que tendem a ser *anexados* pelos precedentes ou por um deles; mas também os sistemas *aparentemente* inexistentes, ou seja, relegados à periferia do social, verdadeiros *rejeitados*, mas que não são menos presentes, notadamente sob a forma de fantasias que se exprimem precisamente nas situações das quais a doença parece-nos ser o protótipo[2].

OS OBJETIVOS DESTE LIVRO

Sem levar, de momento, mais longe a análise, indiquemos, numa primeira tentativa, que a sociedade francesa contemporânea é cruzada por três campos de conhecimentos e de significações médicas, ora entrando decididamente em conflito, ora se sobrepondo, se entremeando, chegando mesmo a se combinar: os *sistemas* que designaremos, à maneira de Fabrega (1977, 1978) e de Genest (1981), de biomédicos, cujo modelo *epistemológico* de referência é de natureza psicoquímica e que predominam largamente (o que se explica por sua própria natureza) não apenas entre os praticantes oficiais da medicina, como também na população medicada; os *sistemas psicológicos* (psiquiátricos, psicossomáticos, psicanalíticos), que chamaremos de *psicomédicos*; os *sistemas relacionais* designados por Genest (1981) como *sócio-médicos*.

Por fim, entre os diferentes discursos sobre a saúde que vamos encontrar, atribuiremos rigorosamente a mesma importância:

— às interpretações explícitas e teorizadas pelos pensamentos médicos que podemos qualificar de eruditos e às interpretações que podemos qualificar de populares, que desempenham parte importante na reinterpretação das primeiras ou na reatualização do que foi abandonado pelas últimas;

— às interpretações elaboradas sob forma de sistemas produzidos pelas "elites" ou pelos especialistas, e às interpretações incultas e fragmentárias tais como se nos apresentam com mais freqüência por meio de expressões ou anedotas, mas que nem por isso deixam de ser menos lógicas;

— às interpretações fundamentadas na positividade do método experimental e às que põem em jogo todo um *imaginário da angústia* (de ser atingido, por exemplo, por uma doença incurável como o câncer) *e da esperança* (de curar-se)[3].

Convencidos da pertinência do método que aprendemos com Georges Devereux, ocupar-nos-emos com igual atenção das *representações* propriamente ditas que pertencem aos discursos coletivos e das *fantasias* que, por seu lado, pertencem aos discursos individuais, mas que podem ser igualmente reveladoras das formas elementares da doença não apenas na cultura de quem as produz, mas também de uma cultura que lhes é exterior, verdadeiramente estranha a elas. Este último ponto nos leva a precisar a importância que dedicaremos ao discurso do próprio doente. A medicina, como disse Henri Péquignot (1953, p. 7), é o "encontro de uma técnica científica e de um corpo", ou seja, a relação que provém do confronto entre *dois campos de conhecimento e de significado*:

— *o campo do doente*, caracterizado pelo sofrimento e pela consciência da experiência mórbida com seus componentes irracionais de angústia e de esperança. Ora, tudo o que concerne aos efeitos e sentimentos experimentados "de dentro" é com freqüência, como veremos, rigorosamente irredutível ao que pode ser lido "de fora". O significado que o

QUESTÕES DE MÉTODO

doente atribui ao que lhe acontece não progride em absoluto no mesmo ritmo da ciência, cujas descobertas são reinterpretadas e filtradas em função de sua carga simbólica e das preocupações que zombam implacavelmente da racionalidade;

— *o campo do médico* que, no caso do diagnóstico, do prognóstico e do tratamento, é o único sujeito dos enunciados socialmente legítimos e fundamenta sua prática precisamente na recusa de uma parte da experiência do doente (notadamente do prazer, do desejo, da linguagem e do "triunfo" sobre o sofrimento), em benefício do que Jacques Monot chama de "o conhecimento objetivo como única fonte da verdade autêntica".

A constatação de que partimos — e que nos levou entusiasticamente a empreender esta pesquisa — é de que, quando se fala de etiologia em nossa sociedade, considera-se quase sempre exclusivamente a única etiologia científica da Medicina contemporânea e praticamente jamais a etiologia subjetiva, mas simultaneamente social, que é a dos próprios doentes. A idéia largamente predominante é que a causalidade (bio)médica é isenta de representações, como se sentíssemos dificuldade em admitir que a doença é um fenômeno social que não é unicamente produto do especialista, mas absolutamente de todos. Correlativamente, o ponto de vista dos clientes (ou dos "consumidores") é na maior parte do tempo percebido como uma fonte de ignorância ou de desconhecimento em relação a esta medicina. Supõe-se que ele não desperte grande interesse. Mas o que, sem dúvida, nos tem mais surpreendido é que tal tendência é compartilhada pela maioria dos pesquisadores das ciências sociais, que — com algumas exceções que se afiguram verdadeiramente como pesquisas pioneiras — parecem na verdade pouco preocupados com este aspecto da questão, uma vez que, por assim dizer, jamais falam dele.

Tentaremos resumir essa situação de carência, na verdade bastante notável, de pesquisas antropológicas concernentes à interpretação etiológica da doença pelos doentes da seguinte maneira:

1) Uma grande parte dos trabalhos desenvolvidos em *etnomedicina* integra em seu campo de pesquisa este objeto preciso de investigação, mas ele concerne, em seu essencial, às sociedades que evoluíram fora de nossa área cultural e, de maneira subalterna, às camadas marginais de nossa própria sociedade que recusam ou escapam à medicalização científica.

2) Os trabalhos desenvolvidos do ponto de vista da *sociomedicina* (ou seja, pela sociologia médica e também pelos práticos da saúde que desenvolvem sua própria antropologia, por assim dizer, a partir do interior) apresentam-se como rigorosamente inversos com relação aos precedentes. Desta vez, eles dizem respeito à nossa própria sociedade, mas se atribuem como campo temático privilegiado o estudo do próprio corpo médico e, mais ainda, os sistemas institucionais e particularmente o *hos-*

OS OBJETIVOS DESTE LIVRO

pital que, como já apontava Jacques Maître em 1973, exerce um verdadeiro fascínio sobre a sociologia médica. Ora, essa escolha privilegiada pela sociedade global e pela própria medicina científica se efetua em detrimento do que é *vivenciado* pelos doentes, o que não parece interessar demais aos sociólogos.

3) Em compensação, a exploração deste aspecto da doença conhece em nosso país um desenvolvimento considerável por parte das ciências psicológicas. Psicólogos, psiquiatras, psicanalistas, psicossomatistas multiplicam os colóquios, os congressos, as revistas especializadas do que se tornou campo disciplinar totalmente à parte: a *psicologia médica*, que sempre leva em consideração o ponto de vista do doente.

Pensamos precisamente que o procedimento etnológico, que é necessariamente microssociológico, tem muita afinidade com a abordagem clínica em seu estudo de casos singulares e que, correlativamente, uma antropologia que só se interessasse pela "medicina" seria singularmente restritiva. Também o nosso próprio trabalho, que se coloca sob a dupla égide do teórico e do concreto, dedicará a mesma atenção ao que é vivenciado pelos doentes e ao que é vivenciado pelos médicos no exercício de sua prática cotidiana. Uma de nossas preocupações visará analisar as oscilações, os conflitos, as convergências entre os dois pólos assim constituídos:

— *doença na terceira pessoa*, ou seja, o conhecimento médico "objetivo" que por vezes também denominamos "valores médicos" (os que são objeto da maior legitimação social de que acabamos de falar, mas também as práticas excêntricas com relação à normalidade oficial). Este campo da pesquisa deve fazer parte integrante de nosso objeto de estudo, mas com a condição de a ele integrarmos o imaginário da medicina;

— *doença na primeira pessoa* — à qual as ciências sociais devem, estamos convencidos disso, voltar a dedicar um lugar à parte, ou seja, o estudo da subjetividade do doente que interpreta por si mesmo os processos que fazem com que ele "se sinta mal" ou "em plena forma", bem como o da subjetividade do médico.

Com relação a esses últimos tópicos, detenhamo-nos um instante e abramos um breve parêntese que diz respeito ao vocabulário utilizado, mas que tem, como veremos, uma importância capital. A fim de exprimir essa bipolaridade a partir da qual se estrutura a relação médica, só dispomos em francês da palavra *maladie* (doença) onde a língua inglesa possui uma tripla terminologia: *disease* (a doença tal como ela é apreendida pelo conhecimento médico), *illness* (a doença como é experimentada pelo doente), *sickness* (um estado muito menos grave e mais incerto que o precedente, tal como o enjôo em viagens marítimas, a opressão no coração e, de maneira mais geral, o mal-estar). Ora, é a partir dessa tripla terminologia que os pesquisadores anglo-saxônicos têm tentado, há cerca

15

QUESTÕES DE MÉTODO

de uns dez anos, estabelecer os conceitos de que somos totalmente desprovidos na França.

Para Eisenberg (1977), *illness* deve ser reservado para caracterizar a experiência *subjetiva* do doente, enquanto que para Fabrega (1977-1978) designa os comportamentos socioculturais ligados à doença em uma dada sociedade, assim se opondo a *disease*, que seria a apreensão propriamente biomédica da doença, única fundamentada em um conhecimento *objetivo* dos sintomas físicos do doente, o que evidentemente implica, por parte da prática médica, uma ocultação ou, pelo menos, uma relegação a segundo plano do existencial *e* do social. Enquanto que *illness*, termo que Fabrega reservava até 1972 apenas para designar as interpretações não ocidentais da doença e da saúde, significaria, por extensão, o *conjuto dos sistemas exteriores ao campo biomédico*, ou seja, tanto as tradições médicas orais (populares ou eruditas), quanto as abordagens tradicionais organizadas em um corpus de conhecimentos escritos elaborados por especialistas, os médicos eruditos que não abraçam o modelo precedente como, por exemplo, a homeopatia ou a psicanálise, quanto, finalmente, os sistemas interpretativos forjados pela subjetividade dos próprios doentes. Não obstante, tal distinção, tal como foi exposta particularmente por S. Genest em 1981, logo se mostra insuficiente, e isso por três razões. Por um lado, porque a oposição *doença-sujeito* (Eisenberg) ou a *doença-sociedade* (Fabrega), distintas da *doença-objeto* (*disease*) de fato encobrem toda uma série de oposições clássicas de caráter não crítico: o popular e o erudito (a medicina popular e a medicina erudita), o experimental (por um lado) e o empírico e o simbólico (por outro lado), o objetivo e o subjetivo, o natural e o cultural. Por outro lado, como corolário do tópico precedente, porque realmente não há nenhuma razão para se dotar a medicina (e, por conseqüência, a noção de *disease*) de um status de extraterritorialidade social, cultural e histórica. Por fim, porque a noção de *illness* se tornou tão extensiva, que acaba por confundir o psicológico e o social, quando se trata de articulá-los.

Convém, portanto, introduzir um terceiro termo suscetível, ao mesmo tempo, de reintegrar a doença-objeto (*disease*) na cultura (assim também liberando a [bio]medicina) e de diferenciar a *doença-sujeito* (*illness*, segundo Eisenberg) da *doença-sociedade* (*illness*, segundo Fabrega). Ora, foi isso que recentemente propôs Jean Benoist (1983) que, levando em consideração os últimos trabalhos americanos de antropologia da doença e da saúde, fez uma colocação, em nossa opinião particularmente pertinente, com relação aos sentidos que ele achava conveniente associar ao conceito de *sickness*. Sickness, avalia Jean Benoist, é suscetível de explicar, ao mesmo tempo, as condições sociais, históricas e culturais de elaboração das representações do doente e das representações do médico,

OS OBJETIVOS DESTE LIVRO

e isso qualquer que seja a sociedade considerada. Ele designa o quadro antropológico que permite analisar e situar, uma em relação às demais, "todas as dimensões" do discurso e do comportamento do doente (e notadamente *illness*, que não é mais que a experiência vivenciada pelo indivíduo que sofre de uma afecção) e "todas as dimensões de uma prática social": a medicina (e, portanto, notadamente a *disease*). Assim, *sickness*, esclarece Jean Benoist (1983, p. 56), pode então ser utilizado para designar "o processo de socialização de *disease* e *illness*".

Fechemos aqui nosso parêntese, que, do nosso ponto de vista, não terá sido inútil tanto com relação ao esforço de conceituação que buscamos, quanto com relação à compreensão de um sistema que tende a compreender a si próprio como não desvinculado da psicologia e do social; voltemos, então, à dupla polaridade que se faz presente. Nesse encontro entre a doença tal como é subjetivamente experimentada (*illness*) e tal como é cientificamente observada e objetivada (*disease*), a prática biomédica consiste em reintegrar totalmente a primeira à segunda. E é precisamente no espaço dessa inadequação que se perfilam e se instalam as interpretações psico e sociomédicas da doença, cuja própria existência e o desenvolvimento atual nos permitem medir os limites do único discurso médico-biológico em nossa própria sociedade que, em muitos aspectos, deixa insatisfeito nosso desejo de atinarmos com significados.

Tentaremos partir em busca desses últimos por caminhos freqüentemente mais perigosos; tentaremos ler a doença com outra visão, diferente da que hoje se beneficia de uma plena legitimação social[4], bem como tentaremos exprimi-la em uma outra linguagem; tentaremos mesmo ir até o ponto em que, interpelados pelo discurso da *alteridade médica* (tal como se exprime notadamente entre os não-médicos e, em particular, entre os escritores[5], aos quais voltaremos em breve), a perspectiva mais correntemente admitida oscila, pela inversão dos papéis e dos status — e é bem disso que se trata quando nos engajamos em um itinerário etimológico. Resumindo, o que esperamos mostrar é que, ao lado ou, mais exatamente, com relação à *doença tomada como objeto do conhecimento científico*, ou seja, como ato de objetivação por um saber positivo, *não é apenas "importante", "interessante"... mas cientificamente necessário que uma verdadeira antropologia da saúde se volte também para o doente, que não só pode como deve ser levado em consideração, tornando-se um autêntico pólo de conhecimento.*

É, portanto, menos para a doença objetiva, tal como pode ser conhecida pela medicina científica (e aprendida pelos doentes, que, por vezes, vão mais longe que os médicos no sentido da objetivação), que se voltará nossa atenção nestas páginas; em vez disso, ocupar-nos-emos da *idéia da doença*. Ocupar-nos-emos menos da cura constatada, por exem-

QUESTÕES DE MÉTODO

plo, pelas análises de laboratório que da *idéia que os que curam e os que são curados* fazem da doença e da cura *sonhadas, imaginadas, espiritualizadas, representadas*, ou seja, *vivenciadas*. Por fim, uma última explicação. Vamos reservar um grande espaço para a cultura (bio)médica e isso por duas razões. Por um lado, porque ela é difusa e largamente dominante em nossa sociedade e porque não existe hoje qualquer representação da doença que não se construa através do contato com ela e sob sua influência. Por outro lado, porque nos parece necessário mostrar que essa cultura, que se imagina ao abrigo do imaginário e do social, não seria capaz de confirmar a neutralidade que ela se atribui. Todo discurso sobre a doença — e não vemos por que aí não incluir o do médico —, longe de se fundamentar no registro de "dados" (!), procede de um trabalho de seleção e elaboração, bem como de uma opção teórica. O discurso médico consiste, como disse Victor Ségalen (que, lembremos, não foi apenas escritor, que conhecemos através de Immémoriaux, mas também médico praticante), em *"transformar a ressonância emotiva* em noções *intelectuais*, em mudar automaticamente as imagens concretas, terríveis enquanto imagens, em elementos abstratos do diagnóstico"[6].

Mas convém ir mais além. Qualquer médico, seja em sua prática do diagnóstico, seja no tratamento que administra e, evidentemente, em sua própria experiência da doença, tem também uma compreensão não (bio)médica da patologia e da terapia. Cotidianamente confrontado com a doença, ele não pode se apegar a um comportamento estritamente racional. Nem os processos de troca entre os que curam e os que são curados efetuam-se apenas, como demonstraremos, entre a experiência vivida pelo paciente e o saber científico do médico, mas também entre o saber do doente quanto à sua doença e a experiência vivida pelo médico. Ou seja, o corolário do fato de a representação mais afetiva da doença pelo primeiro jamais ser integralmente fictícia é que a compreensão mais "cientificamente neutra" do segundo jamais é integralmente científica, ou seja, isenta de representações.

Notas

1. O que não exclui em absoluto, mas, ao contrário, apela à comparação (com outras sociedades ou com a mesma sociedade em uma outra etapa de sua história), sem a qual não existe antropologia possível.
2. Parece-nos necessário que uma antropologia da doença que busque construir seus fundamentos em um ato de ruptura, tanto com relação a uma sociologia empírica quanto com relação aos pressupostos que consideramos não críticos do culturalismo, introduza ex-

OS OBJETIVOS DESTE LIVRO

plicitamente o conceito operatório de *rejeição* em sua conduta metodológica. Também não hesitamos, quando os comportamentos etiológicos ou terapêuticos nos *pareciam* ausentes do campo social contemporâneo, em apelar às observações que havíamos efetuado na África Negra (Costa do Marfim) ou no Maghreb (Marrocos, Tunísia), a fim de esclarecer o jogo alternado que existe em toda sociedade entre o *manifesto* e o *latente*. Tal conduta é eminentemente devida à obra de Georges Devereux. Repetidas vezes tentamos (cf. F. Laplantine, 1, 11, 16, 30, 32, 39; estes números remetem à lista de nossas próprias publicações mencionadas no Anexo bibliográfico), a partir de nossa prática de campo, explicitar-lhe os fundamentos teóricos e, por isso, não voltaremos a fazê-lo aqui.

3. Uma vez que a etnologia supõe, da perspectiva que foi aberta por Marcel Mauss, que não existe assunto nobre e assunto indigno da ciência, não estabeleceremos nenhuma discriminação temática entre, por exemplo, um essencialismo racionalmente fundamentado (como talvez seja a medicina pasteuriana) e um essencialismo decididamente especulativo (que encontramos entre um certo número de doentes), ou ainda um funcionalismo experimental (a fisiologia contemporânea tal como se manifesta nas descobertas de Claude bernard) e um funcionalismo que, por sua ligação com a biomedicina, aparece como totalmente fictício (um certo número de práticas observadas entre os que curam). Dito de outra forma, dedicaremos rigorosamente o mesmo interesse a *todos* os sistemas médicos, bem como a *todos* os discursos sobre a doença e a saúde, qualquer que seja sua procedência. O corolário desta atitude é que o próprio sistema dominante (biomédico) deve fazer, da mesma forma que os outros, parte integrante do nosso objeto de estudo: ele deve ser considerado como uma forma, entre outras possíveis, do pensamento médico e não como um referente que ocupe um lugar absoluto.

4. As ciências médicas, enquanto conhecimento do corpo doente, mas também em um estágio abaixo das ciências sociais, se apóiam em um instrumento de formalização quantitativa.

5. "Havia 'um momento certo' para se falar do sofrimento físico", escreve Raymond Guérin em *Pus de la Plaie* (1982, p. 32). "É bem no campo de nossa ação, na hora que convém captá-lo. Uma vez que ele se acalma, se dissipa, o espírito só tende a esquecer ou, pelo menos, minimizar o que ele representou. Por mais violento, por mais imperioso que seja, o sofrimento físico acaba por cessar e, assim, para a memória, não passa de uma lembrança má. Portanto, após seu golpe, não saberíamos nem descrever nem analisar seus efeitos. É no momento exato em que te atormenta, te corrói, em que ele te aniquila, que é preciso agarrá-lo. É enquanto estamos doentes que é preciso falar da doença. Se esperarmos pelo restabelecimento, as impressões que ficarão serão vagas, imprecisas, sem vigor e sem cor." (R. Guérin, 1982, p. 32)

6. "Esta passagem da ordem sensitiva para a ordem intelectual", prossegue Ségalen, "do mundo das imagens para o das idéias, pode ser observada comparando-se as duas séries de vocábulos pelos quais um médico, de um lado, e um leigo, de outro lado, traduziriam os mesmos quadros clínicos." E, após utilizar dois exemplos tirados da prática cirúrgica, conclui: "A transposição é completa. Trata-se de uma verdadeira *transposição de valores*. A intensidade, o pitoresco da descrição — e, conseqüentemente, sua *ressonância* emotiva — se perdem, em favor da precisão profissional. Acreditamos ser esse, em grande parte, o mecanismo psicológico da assim chamada insensibilidade, que, deste modo, se torna *metassensibilidade*." "Não se trata", acrescenta ainda Ségalen, "de amortização, mas de transferência de impressões." (*Les cliniciens ès lettres*, Paris, Ed. Fata Morgana, 1980, pp. 52-53)

2
As fontes de nossa pesquisa

I. A história da medicina no Ocidente

Uma antropologia preocupada em dar conta do conjunto das representações da doença e da cura postas em jogo, de maneira manifesta ou dissimulada, na sociedade francesa contemporânea, não pode, em nossa opinião, dispensar-se de um conhecimento preciso da história de nosso pensamento e de nossas práticas médicas. Não é apenas importante, mas também necessário, saber o que permitiu a emergência das diferentes correntes que constituem a medicina de hoje e em particular a biomedicina tal como é ensinada e posta em prática. É ainda mais fundamental, de nossa perspectiva, esclarecer as linhas de força que atravessam nosso próprio horizonte médico — sobretudo quando o que buscamos não são fatos empíricos, mas modelos teóricos — graças a um certo número de *recorrências*.

A leitura (ou utilização) antropológica que se pode fazer dos livros de história da medicina contém, desse ponto de vista, um paradoxo: por um lado, esses últimos ocultam quase que sistematicamente a relação da doença com a sociedade, mas, por outro lado, mostram-se eminentemente *reveladores* de alguns de nossos comportamentos atuais. Os doentes, os que curam, mas também os médicos, freqüentemente à revelia, reatualizam modos de abordagem e de sensibilidade que se podem encontrar no passado mas que não mais pertencem, enquanto tais, a ele ou a outra época, mas apenas a um fundo comum de significações ao qual recorremos, tanto como cultura quanto como indivíduos, para elaborarmos nossas representações da doença e da saúde.

Os historiadores contemporâneos e, em particular, os historiadores franceses dedicam-se a descrever e analisar as formas elementares da vida social, e a história, diz-se com freqüência, está em vias de se tornar uma história antropológica. Mas esse já era, observe-se, um dos objetivos buscados por Tucídides ao narrar a guerra do Peloponeso. O historiador grego não se interessava apenas pelo caráter único e pela sucessão dos eventos,

QUESTÕES DE MÉTODO

ele já buscava as *constantes* e pressentia a noção de *contemporaneidade* descoberta no século XX, de maneira independente, por Toynbee e por Spengler: este último toma o exemplo da Antiguidade e do fim da época moderna; Toynbee, o do começo da guerra de 14 e do começo da guerra do Peloponeso; Lichtenthaeler, o do fim da Idade Média e de nossa sociedade atual; duas épocas podendo ser consideradas "contemporâneas", ainda que separadas por vários séculos, já que apresentam situações semelhantes ou, como diz Spengler, "homólogas".

É dessa forma e dessa ótica que a história, e mais precisamente a história da medicina, nos interessa. Ao qualificarmos, por exemplo, um dos oito modelos etiológicos que vamos analisar mais adiante como "pasteuriano", não designaremos um tipo exclusivo de pensamento médico estritamente limitado à microbiologia do século XIX e ao que se convencionou chamar de área pasteuriana, mas uma das *formas de base* — conceito que tomamos de Toynbee — que comandam e recapitulam, ao mesmo tempo, um modo de conhecimento e de compreensão da doença, certamente característico do procedimento médico de Pasteur, mas que lhe é igualmente anterior, posterior e exterior.

II. Entrevistas com os doentes

Realizamos entrevistas com cinqüenta e duas pessoas (todas de nacionalidade francesa) representando a gama mais diversificada de afecções patológicas. Algumas dessas entrevistas ocorreram em nosso domicílio, outras no domicílio do doente, outras, por fim, em um consultório de clínica geral da região lionesa.

Com duração variável entre meia hora e cinco horas (divididas nesse caso em diversas sessões), tais entrevistas foram realizadas de uma maneira semidiretiva. Nossa preocupação era conhecer, através do relato que nos era transmitido, a interpretação que o próprio doente — na ausência de seu médico e reagindo a alguém que sabia não ser médico — dava de *sua* doença e, mais particularmente, da origem dessa última, bem como do tratamento que lhe era proposto ou de como ele próprio via o tratamento[1].

III. Entrevistas com os médicos

Realizamos vinte e nove entrevistas com médicos atuantes, em sua maior parte, na região de Lyon. Todos eles eram *clínicos gerais* ou já tinham tido experiência em medicina geral[2]. Encontramos a maioria deles

AS FONTES DE NOSSA PESQUISA

em seu consultório ou domicílio e alguns em nosso domicílio. O mais jovem tinha vinte e oito anos de idade e o mais velho, setenta e cinco anos. Tivemos o cuidado de saber como eles se situavam, individualmente, com relação à formação hospitalar e universitária que receberam (e assim obter as informações da sua ótica quanto a uma formação que não é a nossa), mas sobretudo de compreender como eles, em *sua experiência cotidiana*, apreendiam a origem das doenças que tratavam, bem como dos próprios tratamentos que prescreviam. Essas entrevistas, que variaram de três quartos de hora a dez horas, foram, como as anteriores, conduzidas de maneira semidiretiva.

Por fim, não nos esquecemos de utilizar uma fonte de informação muito mais participante: durante os últimos anos, foi-nos dada a oportunidade de acompanhar pessoas de nosso relacionamento ao médico, ou de chamá-lo à nossa casa e, por que não dizê-lo, de estarmos nós mesmos doentes. Aproveitamo-nos infalivelmente dessas "chances" que nos eram oferecidas para efetuar uma série de observações tanto quanto à determinação do diagnóstico quanto à natureza do tratamento.

IV. A literatura médica destinada ao grande público

Utilizamos cerca de cento e cinqüenta obras contemporâneas dedicadas à doença, à medicina e à saúde, centrando, a cada vez, nossa atenção na imputação etiológica e na prescrição terapêutica.

Essas obras[3], que não foram objeto de qualquer seleção de nossa parte, mas que simplesmente encontramos nas prateleiras das grandes bibliotecas lionesas (e às vezes parisienses) ou ainda na Biblioteca Municipal de Lyon, podem ser divididas em cinco grupos:

1º) As obras estritamente técnicas, que são as *Enciclopédias* e os *Guias práticos* que tratam da biologia aplicada ao domínio da saúde.

2º) As obras que se atribuem uma tradição humanista (hipocrática ou cristã) e procuram promover o que se poderia chamar de uma moral contemporânea da qual a medicina seria o pivô[4].

3º) As obras que preconizam uma medicina do homem total, implicando a consideração da contribuição das ciências humanas (por exemplo, Norbert Bensaïd [1979, 1981], Léon Chertok [1977], René Dubos [1961, 1973, 1979], Lucien Israël [1968]), oriundas, em sua maior parte, de psiquiatras e psicanalistas.

4º) As obras escritas por médicos e que consistem em uma crítica severa, e por vezes mesmo polêmica, do funcionamento da medicina contemporânea.

5º) Por fim, as obras de médicos que, instituindo eles próprios uma ruptura deliberada com a formação hospitalar e universitária que receberam, preconizam a utilização de terapias alternativas.

V. O acesso à doença através do texto literário

Mais que qualquer outro, o escritor está atento a ele mesmo e às modificações das sensações e sentimentos experimentados por ocasião da doença. A literatura, e em particular a literatura romanesca, desenvolve um interesse especial pelo detalhe e pelo detalhe do detalhe, pelos "acontecimentos minúsculos" e pelos "pequenos fatos" de que fala Marcel Proust[5] — os "pequenos fatos", prossegue Raymond Guérin, que "se teriam perdido se eu tivesse esperado me curar para enfrentá-los"[6] —, pela observação escrupulosa dos estados físicos e dos estados da alma. Ora, essa preocupação pelo microscópico — e não, como diz ainda Proust, pelas "grandes dimensões dos fenômenos sociais" — cai na perspectiva que é, ao mesmo tempo, a do etnólogo e do clínico. Ficamos particularmente impressionados pelo rigor da descrição das afecções patológicas na literatura. Quer se trate da uremia em Proust (1981) e Martin du Gard (1979), das crises de hemoptise em Katherine Mansfield (1973), da enxaqueca em Virginia Woolf (1948, 1958), da crise asmática em Raymond Queneau (1982), ou ainda das diferentes fases da evolução da sífilis (1950), do cólera (1981) e da tuberculose (1960) na obra de Thomas Mann, todos esses autores dão prova de um cuidado com a precisão que não pode deixar indiferente nem o clínico nem o etnólogo. Também podemos falar de uma verdadeira *contribuição do texto literário à medicina*, não evidentemente sob a forma de biomedicina, mas de autoobservação (se o próprio escritor estiver doente) e da observação de outrem (os doentes e também os médicos). Esse ponto de vista do observador (e particularmente do observador que sofre de um sintoma) e essa faculdade de exprimir com palavras, com efeito, constituem, como tentaremos demonstrar, não apenas uma autêntica fonte de conhecimento, mas também, em nossa opinião, de conhecimento científico.

Utilizamos cerca de quatrocentas obras — romances em sua maioria — que podem ser divididas em três grupos: a) as que consideram a doença do ponto de vista do médico: trata-se essencialmente do "romance médico" — ele aborda a *doença* "na terceira pessoa"; b) aquelas em que o personagem principal ou o narrador se confronta com a doença do outro — eles abordam *a doença "na segunda pessoa"*; c) as que, por fim, se situam no próprio âmago da doença, pois o escritor mesmo ou o herói estão doentes. Estes abordam *a doença "na primeira pessoa"*.

AS FONTES DE NOSSA PESQUISA

1. A doença "na terceira pessoa"

O romance médico constitui um verdadeiro gênero literário. Imaginado por Balzac (com *O médico do interior*), desenvolvido por Flaubert (*Madame Bovary*), em seguida por Zola (*O doutor Pascal*), ele entra no século XX com Maxence Van der Meersch (*Corpos e almas*) e Georges Duhamel (*Crônica dos Pasquier*), conhece o triunfo com os escritores anglo-saxônicos como Munthe (*O livro de São Miguel*), Knittel (*O doutor Ibrahim*), Cronin (*O destino de Robert Shanon*), Konsalik (*O médico de Estalingrado*) e principalmente Slaughter, e segue hoje seu curso na França com autores como Guy des Cars (*O impuro*), Michel de Saint-Pierre (*Doutor Erikson*) e sobretudo André Soubiran (*Os homens de branco*)[7]. Se seu impacto popular é, sem dúvida, menor hoje que há uns vinte anos, quando a medicina era praticamente incontestada, seu sucesso de livraria permanece, não obstante, impressionante. Acrescentemos, por fim, que esse é um romance essencialmente humanitário, apresentando, e voltaremos a este ponto, um certo número de estereótipos apreciados por uma larga margem do grande público: o médico que sempre dá provas de uma abnegação inaudita e que, depois de ter suplantado dificuldades enormes, sempre termina por vencer a doença, ou seja, por "salvar vidas humanas".

2. A doença "na segunda pessoa"

Desta vez não é mais o médico que ocupa o centro da narrativa, mas o doente, que, não obstante, permanece sendo um ser totalmente distinto do narrador. Textos autobiográficos, como *A morte tranqüila* e *A cerimônia do adeus* de Simone de Beauvoir, *O tempo de um suspiro* de Anne Philippe, *As roupas íntimas* de Madeleine Riffaud, *Uma família como as outras* de Marie Viviez, ou romanescos como *A vida tranqüila* de Marguerite Duras, *A vida diante de si* de Emile Ajar (aliás, Romain Gary), ou *A árvore de natal* de Michel Bataille são representantes deste segundo grupo de obras.

Parece-nos interessante destacar aqui até que ponto uma tendência particular da literatura tem-se dedicado a descrever com a maior preocupação de objetividade a doença de outrem: trata-se do *naturalismo etnográfico* — que poderíamos denominar igualmente de *naturalismo clínico* — resultado de verdadeiras enquetes etnomédicas[8].

25

QUESTÕES DE MÉTODO

3. *A doença "na primeira pessoa"*

Exprime-se através de duas categorias distintas de obras:

a) *Os diários da doença*, que constituem um fenômeno social original e novo. A partir de uns dez anos atrás, com efeito, um número cada vez mais considerável de doentes descobre a escrita por ocasião de uma provação patológica, enquanto que muitos escritores decidem, a exemplo de Raymond Guérin, se tornar "o próprio escriba e, ao mesmo tempo, a testemunha e o memorialista de meus males"[9].

b) *A criação romanesca propriamente dita*, em que a doença não é, como na precedente, o objeto, mas o sujeito da narrativa. Seja a experiência patológica exclusivamente autobiográfica (M. Soriano, 1982), parcialmente reconstituída (J. D. Wolfromm, 1980) ou totalmente inventada (J. Giono, 1981), indiquemos desde já por que este terceiro grupo de obras literárias mostra-se, a nosso ver, infinitamente mais importante que os outros dois.

O romance médico coloca no centro da história que é contada não o doente e a doença, mas o médico e a medicina. Ele apresenta um interesse evidente pelo estudo das representações que uma determinada sociedade faz, em um certo momento de sua história, de sua medicina, mas traz um conhecimento completamente lateral com relação ao nosso objeto de estudo[10]. Várias obras que situamos (necessariamente com uma certa arbitrariedade) no segundo grupo são paradoxalmente passíveis de sofrer a mesma apreciação. Seus autores, que relemos — por vezes, não sem pena — por ocasião deste trabalho, são ainda mais diretamente influenciados pela medicina e muito particularmente pelo conhecimento médico. Eles vão buscar não apenas seus conhecimentos, mas também uma parte de sua inspiração e de suas análises nas próprias fontes da medicina. Suas descrições do patológico consistem, portanto, para citarmos Proust mais uma vez, em um simples "levantamento" dos sintomas mórbidos tais como podem ser encontrados sob a pena do clínico ou do etnólogo. Por fim, o estudo da doença entre eles não deixa de abraçar as idéias de seu tempo, de ser testemunho — apaixonante, é verdade, mas esta não é nossa questão central — e também de envelhecer com as idéias médicas de uma época.

Percebemos, portanto, os limites daquilo que o naturalismo clínico em literatura pode trazer de original com relação à medicina no sentido hospitalar e universitário. Eis a razão por que, na construção de uma antropologia médica ciosa de integrar *o ponto de vista do doente*, esses escritores nos interessam infinitamente menos que aqueles de que vamos agora nos ocupar, e para os quais a lógica da doença jamais se reduz à lógica médica.

26

AS FONTES DE NOSSA PESQUISA

A originalidade da compreensão literária, no sentido que a entendemos a partir daqui, reside precisamente no fato de não ser a mera reprodução de idéias médicas de uma dada época, ou seja, a retomada (redundante), sob forma de romance, do que é dito, pensado e executado sob forma médica (ou seja, biomédica). Todo seu interesse está no fato de que ela é suscetível de nos ensinar, ao mesmo tempo, uma coisa diferente do que nos ensina o clínico e do que normalmente aprendemos a partir de relações etnográficas ou de enquetes sociológicas. Mas tudo depende, finalmente, do que procuramos. Se o que procuramos é a explicação do social pela neutralização da afetividade e da objetivação dos comportamentos coletivos[11], Proust, deste ponto de vista, é bem inferior aos irmãos Gouncourt, e vale mais a pena recomendar a leitura de *A taberna* e mesmo a de *O marido de Charlotte* de Hector Malot que a de *Em busca do tempo perdido*. Mas, se o que procuramos é também aquilo que pertence ao domínio do fantástico, do imaginário, do afeto, das reações e das interpretações do *sujeito* no que existe de mais aparentemente irracional — e como fazer abstração disso em um estudo social da doença? —, então a antropologia do romance — que se afasta tanto da literatura realista quanto do cientificismo em ciências humanas[12] — é uma fonte de informação e de conhecimento da qual não vemos por que uma autêntica antropologia científica deveria se privar.

Não faremos qualquer distinção, a cada vez que apelarmos para um texto literário, entre as obras unanimemente consideradas obras maiores de nossa época e as que aparecem como pertencentes "ao segundo escalão". Para nós, todas são reveladoras das representações que uma determinada sociedade faz da doença e, por isso, explorá-las-emos indistintamente, ainda que compartilhemos, com relação a algumas delas, da opinião expressa por Julien Gracq em *A literatura no estômago*.

Tendo feito essa colocação, parece-nos, não obstante, que somente o gênio romanesco (teatral, poético) — aqui pensamos nos que pessoalmente consideramos como os escritores que melhor descreveram e analisaram a doença: Kafka, Proust, Katherine Mansfield, Virginia Woolf, Céline, Thomas Mann —, por sua capacidade de criação artística, tende a uma exigência de verdade que confere à literatura um valor científico inegável. Tentemos estabelecer com precisão em que consiste esse modo de conhecimento, em nossa opinião insubstituível.

1) Ele consiste de um trabalho de elaboração do *imaginário da doença*, baseado na interpretação desta última, não apenas como fato, mas também como metáfora. É, por exemplo, a tuberculose como impulso da espiritualidade que nos faz escapar da mediocridade da condição material em Thomas Mann. É a dor como horror à existência e, mais parti-

QUESTÕES DE MÉTODO

cularmente, o ferimento de guerra em sua relação com a ascensão dos fascismos em Céline. É a peste que evoca para o leitor de Camus, ao mesmo tempo, a ocupação nazista, o Estado totalitário e a perspectiva de uma terceira guerra mundial. É o câncer como símbolo do regime do campo de concentração em Irma Varlamova ou como "doença da alma" em Fritz Zorn. É a tuberculose como símbolo de um mal mais profundo que não destrói apenas os pulmões, mas todo o ser humano em Katherine Mansfield. Por vezes, o escritor vai ainda mais além. Ele inventa doenças como símbolos metafóricos. Assim, a "rinocerite" de Ionesco (1976), símbolo do contágio da barbárie moderna caracterizada pela supremacia da ideologia e pelo conformismo da utopia.

2) O que nos parece ser igualmente específico quanto ao modo de conhecimento autenticamente literário é o fato de ele *pôr em evidência significados velados ou ocultos, verdadeiramente proibidos em uma cultura*, e de liberar a linguagem das convenções, dos clichês e dos estereótipos. Assim, em uma sociedade — a nossa — que considera a doença como uma aberração que deve ser destruída, o escritor freqüentemente se questiona — por caminhos que nada ficam a dever à crítica social ou psicanalítica — quanto ao sentido da doença e procura captar, decifrar e exprimir esse sentido por meio de uma estética que lhe é própria.

3) Outro mérito da literatura está no fato de ter colocado explicitamente o *problema do "ponto de vista" daquele que escreve*, e isso a partir de Stendhal, ou seja, bem antes da elaboração de uma reflexão de conjunto em ciências humanas com relação ao status do sujeito do discurso científico. Esta questão — que é a interrogação maior e, em nossa opinião, incontornável, originária do próprio âmago da prática antropológica — foi formulada da melhor maneira possível por Maxime Chastaing em um livro dedicado a Virginia Woolf: quando o romancista descreve um bêbado, é a rua que oscila ou é o bêbado que titubeia? A esta pergunta — a mais séria que alguém se pode propor quanto à função do romancista e também do antropólogo — podem ser dados quatro tipos de resposta.

Apreender o bêbado que titubeia e que vê a rua oscilar a partir do fenômeno mais amplo do alcoolismo: é o que faz a sociologia clássica que, de inspiração marxista, durkheimiana ou weberiana, opta deliberadamente por uma abordagem macrossociológica.

Observar diretamente "em campo" o comportamento objetivo do bêbado na rua: desta feita, adotamos o ponto de vista do observador que procura descrever o que vê, mas não permanecemos, como no caso anterior, perfeitamente exteriores ao objeto. Esta atitude é caracterizada tanto pela descrição etnográfica clássica que se pretende a mais objetiva possível, pelo romance realista do início do século, pelo "cinema verdade" dos anos 50, quanto pelo "olhar" romanesco de um escritor como Robbe-Grillet.

Experimentar em si mesmo a tensão (e analisá-la) entre o ponto de vista do bêbado que vê a rua oscilar (e é preciso que participemos nós mesmos dessa embriaguez para saber o que ela busca!) e o ponto de vista do espectador que vê o bêbado que vê a rua oscilar. Ora, essa tensão é, em nossa opinião, constitutiva da antropologia que não tem um caráter maior de "ciência social do ponto de vista do observador" (é assim que Lévi-Strauss define a sociologia) do que o de ciência social do ponto de vista do observado, mas que assume o caráter de um terceiro discurso necessariamente ambíguo e insatisfatório, tanto em função dos atores sociais quanto dos que se esforçam em analisar objetivamente por que os atores sociais fazem o que fazem, e que advém precisamente da conjunção dos outros dois.

Existe, por fim, uma quarta maneira possível de apreender a cena em questão, ou seja, adotar deliberadamente o ponto de vista do bêbado e, em seguida, organizá-lo em texto narrativo que, não fazendo qualquer concessão à exterioridade das situações e, em particular, à linearidade do tempo social, procurará a linguagem formal mais apta a explicar as sensações furtivas, o caráter vertiginoso, o sentimento do possível que experimentamos ao ver a rua que oscila. Ora, tal perspectiva — que corresponde ao que Ségalen chama de "introspecção dolorosa"[13] e que adota deliberadamente o ponto de vista do "interno", mas apostando que uma transmissão social é possível — faz, em nossa opinião, parte integrante do objeto de estudo da antropologia. Foi ela a escolhida ou, mais exatamente, construída por Joyce, e arrancada das convenções sociolingüísticas de sua época quando ele precisamente nos narra cenas de embriaguez nos cabarés e bordéis de Dublin. É ela, para voltarmos à doença propriamente dita, que domina, nas diferentes formalizações estéticas, tanto a obra de Proust quanto a de Céline, quando o primeiro descreve a patologia da ansiedade e do amor, e o segundo vocifera em longas narrativas alucinadas os sofrimentos consecutivos a um ferimento de guerra.

4) O que nos parece, por fim, caracterizar o modo de conhecimento literário — "conhecimento pela voragem", segundo Henri Michaux — é o fato de ele não se reduzir à faculdade de observação, de imaginação e de organização. O que ele busca é a *análise* dos fatos, tentando tirar deles *leis gerais* que possam explicar os comportamentos humanos. O verdadeiro escritor é, segundo Proust, um "escavador de detalhes", mas é preciso que acrescentemos: com a condição de que o detalhe seja significativo, e significativo notadamente — é o que nos interessa aqui — com relação àquilo que todo doente, de maneira mais ou menos confusa, experimentou ou pressentiu, mas sem jamais poder exprimir. Em resumo,

QUESTÕES DE MÉTODO

o texto narrativo é sempre simultaneamente um texto explicativo, mas que nos diz uma coisa diferente do que nos diz a medicina em sua tríplice abordagem biomédica, psicomédica ou sociomédica[14].

Notas

1. Dos doentes que inquirimos, 28 eram mulheres e 24 eram homens; 8 tinham menos de 25 anos, 16 entre 25 e 40 anos, 18 de 40 a 60 anos, 10 mais de 60 anos; 25 haviam concluído o primário, 17 o estudo secundário, 10 o estudo superior; por fim, 16 podiam ser considerados, notadamente por sua profissão, como pertencentes à classe "inferior" da sociedade, 28 à classe "média", 8 à classe "superior".
Se bem que não tendo realizado um trabalho sociológico, pensamos que, a partir desta pesquisa e de outras realizadas anteriormente ou atualmente em curso com doentes em tratamento, os critérios de nível econômico e cultural ou de posição social são muito pouco significativos no que se refere às representações propriamente ditas da doença. Mas queremos esclarecer desde já que esse trabalho de estabelecer relações entre sistemas de representações e categorias sócioculturais de doentes (cf. em particular L. Boltanski, 1969, 1971) não faz parte, em razão da escolha teórica que fizemos, do objeto que nos propusemos a estudar ao empreendermos esta pesquisa.
2. Entre esses últimos: quatro psiquiatras, dois endocrinologistas, três homeopatas e um reumatólogo.
3. Depois do romance, do romance policial e do livro de história, as obras dedicadas à saúde ocupam hoje *o quarto lugar em vendas na edição francesa*. Enquanto o romance e o romance policial respondem, ao que tudo indica, a um desejo de evasão, e o livro de história responde ao desejo de um enraizamento, parece-nos, pelas discussões que tivemos com alguns de seus leitores (que eram justamente a própria população medicalizada de nossa enquete), que as obras dedicadas à saúde correspondiam não apenas às preocupações estritamente sanitárias, mas também à procura de valores.
4. A esta categoria pertence a imensa maioria dos livros dos "grandes chefes" da medicina contemporânea destinados a um enorme público. Este fenômeno relativamente recente e que conhece um sucesso considerável parece-nos ser dos mais significativos. O que caracteriza, em nossa opinião, esta nova literatura médica é sua aptidão pela abertura (ou, se preferirmos, pela "extensão") ou seu poder de "recuperação", de acordo com nosso ponto de vista. Certamente, trata-se de livros científicos, mas também filosóficos, organizados em torno de uma reflexão do médico-escritor quanto à sua atividade e ao lugar da medicina em nossa sociedade.
5. M. Proust, *Du côté de chez Swann*, 1982, p. 364.
6. R. Guérin, *Le Pus de la Plaie*, 1982, p. 104.
7. Observemos aqui que um grande número desses autores (Munthe, Cronin, Slaughter, Duhamel, Soubiran) também são médicos. O lugar dos médicos na literatura é bastante considerável (basta lembrar os nomes de Sainte-Beuve, Musset, Keats, Eugène Sue, Tchekov, Ibsen, Mirbeau, Andersen, Léon Daudet, Conan Doyle, Somerset Maugham, Armand Salacrou, Marcel Aymé, Döblin, Breton, Céline, Reverzy, Aragon, Chauviré, Freustié, Han Suyin..., que são todos, como afirma Victor Ségalen, ele também médico, "evadidos da medicina"). Um certo número desses *escritores-médicos* merecerá particularmente nossa atenção, mas também a receberão os *escritores-doentes* (Kafka, Huysmans, Proust, Gide, Artaud, Roussel, Queneau, Bousquet, Camus, Vailland, Guérin, Barthes, Soriano...) e a fortiori os *escritores-médicos-doentes* (Allendy, Céline, Reverzy).

AS FONTES DE NOSSA PESQUISA

8. Lembraremos alguns exemplos célebres da relação do escritor com a doença, que, nesta abordagem romanesca, passa necessariamente pela mediação da medicina. Flaubert nasceu em uma família de médicos. "Atraído pelos estudos médicos", freqüentando assiduamente cursos de anatomia, enquanto prepara seu curso de direito, bem como as salas de dissecação em que seu pai atua, ele tende, tamanho é seu desejo de exatidão, a transpor a medicina para a literatura sempre que se trata de descrever a doença de um de seus personagens. Assim, antes de proceder à descrição de uma afecção patológica (uma crise convulsiva, o estado pós-operatório ou ainda um envenenamento — o de Emma Bovary), faz perguntas a vários médicos e consulta diversos dicionários médicos e tratados de patologia, dos quais faz vários empréstimos. Zola vai ainda mais longe. Se, como Flaubert, freqüenta a faculdade antes de escrever a menor linha sobre um caso de doença, ele acalenta o projeto de uma transposição não só das idéias médicas de sua época para o romance, mas também do próprio método experimental de Claude Bernard para a escrita romanesca. Quanto aos irmãos Goncourt, passavam dias e noites em hospitais e clínicas a fim de recolher a documentação realmente etnográfica que constituiria a base de *Germinie Lacerteux* ou de *Irmã Filomena*. Martin du Gard, por fim, vai buscar a maior parte de suas informações sobre a doença nos médicos aos quais se dirige expressamente para escrever o segundo volume de *Thibault*.

9. R. Guérin, 1982, p. 29. Cf. igualmente, a este respeito, os cadernos póstumos de A. Cohen, que se impõe como objetivo, durante sua agonia, "anotar todos os fatos, registrar tudo ao vivo e fazer uma verdadeira reportagem sobre a doença" (1983, p. 37).

10. Uma fonte de conhecimento que, não obstante, não podemos ignorar, pois a doença é um fenômeno social que não pode ser estudado cientificamente fazendo-se abstração do imaginário inerente à função de médico e à instituição da medicina.

11. A famosa "impassibilidade" de que fala Victor Ségalen, pela qual aspiram, ao mesmo tempo, o médico e o escritor naturalista que trabalha em sua esteira.

12. Parece-nos, com efeito, que o processo que visa a investigação mais completa de um grupo humano por meio da documentação e da observação distanciada da "realidade social" é comum às correntes *positivistas* das ciências humanas e *naturalistas* do romance. Trata-se porém, em nossa opinião, de uma compreensão limitativa e redutora, e, de qualquer modo, em absoluto exclusiva do social.

13. "A segunda qualidade da introspecção dolorosa é a intensidade de vida das imagens que ela fornece. Certamente, dissecar esse sofrimento significa, para um curioso de si mesmo, suavizá-lo em parte. Significa, por uma lei mental análoga à lei física da equivalência de forças, transmutar a ressonância dolorosa em um outro modo de vibrar: a *criação estética*, em que a energia total não foi em absoluto diminuída. O cão ferido uiva e se agita; o artista doente escreve e se acalma. Oh! a calma luminosa que surge quando, o espírito em aflição, entrevemos essa possível gênese de uma obra de arte, filha dessa aflição assim fecundada. E que conselho mais eficaz podemos dar a um artista em sofrimento, nesta terapia especial dos homens de letras, que lhe dizer: 'Você está sofrendo: observe-se'? (V. Ségalen, 1980, p. 74)

14. Jamais, em nossa opinião, a compreensão romanesca da doença atingiu maior grau de perspicácia que na obra de Marcel Proust. Proust nos diz, por intermédio de Swann, que "ele considera seu mal com tanta sagacidade que é como se ele o tivesse inoculado em si mesmo para poder estudá-lo" (*Du côté de chez Swann*, 1982, p. 349). Sua ambição é jamais se ater às sensações que "afetam sem representar", mas também ambiciona, a partir de "um único fato bem escolhido", conseguir obter o "geral" a partir do "particular", ou seja, de chegar a uma lei geral que trará o conhecimento da verdade a partir dos milhares de fatos análogos (*Albertine disparue*, 1980, p. 136) e que permitirá, articulada a outras leis, lançar as bases de uma "teoria do conhecimento".

Compreender-se-á, então, por que, em vista do que nos propusemos ao iniciar este trabalho, vamos dedicar um espaço todo especial à obra de Marcel Proust.

3
A construção dos modelos

I. O caráter inconsciente dos modelos etnológicos e terapêuticos

Ao lado das pré-compreensões implícitas da doença, que são mais vivenciadas que pensadas e que não se apresentam sob a forma de sistema, existem em todas as sociedades modelos interpretativos construídos, teorizados, configurados ou, como diz Lévi-Strauss, "feitos em casa" por diferentes culturas. Assim, a sociedade baulê da Costa do Marfim tem seus próprios especialistas (os adivinhos e os "videntes") que estabelecem os critérios (que certamente não são os nossos) do normal e do patológico, da possessão maligna a ser extirpada e da possessão benigna a ser cultivada. Neste caso, não falaremos ainda de modelos no sentido estrito, mas de normas interpretativas que funcionam em vários aspectos como justificativas que vêm sancionar uma ordem social cuja natureza inconsciente não é geralmente percebida. Tomemos outro exemplo: o da feitiçaria na Europa. Passamos sucessivamente de uma explicação teológico-jurídica a uma explicação médico-biológica, e desta última a uma explicação psicológica e psiquiátrica. Essas teorizações sucessivas do mal merecem toda nossa atenção, mas identificá-las significa nomear interpretações, desta feita sistematizadas, que não poderiam, da mesma forma que as interpretações "primitivas", ser confundidas com modelos patogênicos e terapêuticos propriamente ditos, cujo caráter é geralmente inconsciente, ou seja, que não podem ser diretamente percebidos e apreendidos, uma vez que se situam no interior de uma determinada sociedade.

Pode acontecer, bem entendido, que um certo número de representações conscientes sejam por si mesmas modelos no sentido estrito, tal como os entendemos (existe uma pertinência científica das etnociências indígenas). Não obstante, na maior parte dos casos, as interpretações conscientes da doença e da cura não passam de normas culturais eminentemente relativas e que, portanto, não possuem o caráter operatório que buscamos. Em resumo, por todas essas razões, o trabalho da antropologia médica consiste em *revelar o que deveria permanecer oculto em ter-*

mos sociais. Ela não poderia, particularmente, dispor-se a abandonar a reflexão sobre a doença aos cuidados das pretensões da filosofia, das ideologias, das religiões, bem como do discurso oficial da (bio)medicina.

II. Um modelo é uma construção teórica

Se a etnologia não é "a ciência social do ponto de vista do observador", como diz Lévi-Strauss, ela também não é ciência social do ponto de vista do observado e, portanto, não poderia ser constituída pela designação redundante daquilo que é percebido pelos atores sociais (os que curam e os que são curados, os terapeutas diplomados e não diplomados) de uma sociedade em um determinado momento de sua história. Os modelos que vamos propor devem ser aceitos pelo que são: construções teóricas de caráter operatório, ou seja, hipóteses de pesquisa elaboradas a partir de uma ruptura epistemológica com relação ao que é superado, e que não podem, portanto, substituir a realidade empírica, uma vez que têm por objetivo precisamente pensar esta última e, em particular, pôr em evidência o que ela não diz.

Assim, por exemplo, os modelos ontológicos ou sociológicos de que em breve nos ocuparemos não podem ser considerados como fatos, mas como duas de suas interpretações, ou seja, tentativas de construção que buscam a explicação dos fatos. A este propósito, é preciso que deixemos bem claro, mais do que normalmente deixamos, se nos situamos do lado das representações vivenciadas pelos atores sociais (ou recolhidas pelo etnógrafo como constatação de dados brutos) ou do lado dos modelos construídos pelo pesquisador, que evidentemente não pode ater-se ao registro da percepção espontânea. Assim, a feitiçaria contemporânea é, antes de mais nada, operada e pensada pelos participantes do drama como um "fado", ou seja, um ser, uma força materializada por um apoio simbólico (é o que nós chamaremos de uma das variantes de um *modelo de base ontológico*), enquanto que a feitiçaria como discurso social que permite a regularização de conflitos no grupo não constitui sua descrição, mas uma de suas interpretações científicas possíveis (é o que convém chamar de *modelo epistemológico*).

III. O caráter metacultural dos modelos etiológico-terapêuticos

Na busca de modelos de base decididamente metaculturais e que possam ser aplicáveis a qualquer sociedade sob a forma de variação original atualizada ou de potencialidade comprimida, o pior método e, certamente, a melhor maneira de se equivocar consistiria em projetar para além de nosso horizonte histórico-cultural as linhas de força empíricas ligadas à nossa própria tradição médica erudita.

A CONSTRUÇÃO DOS MODELOS

Basta consultar um certo número de Histórias da medicina no Ocidente, para percebermos que ela foi, e ainda é hoje em dia, cruzada por um certo número de correntes antinômicas que podemos assim resumir:

representações mágico-religiosas da doença	representações naturalistas da doença
terapias rituais (fundamentadas na fé, na confiança)	terapias médicas (fundamentadas na eficácia exclusivamente natural do tratamento)
personalismo médico	objetivismo
vitalismo	materialismo
sistematismo	empirismo
pensamento clínico	pensamento experimental
hospital (ou "leito do enfermo")	laboratório

Ora, essas tendências do pensamento médico não podem absolutamente nos servir como fio condutor na construção de modelos antropológicos no sentido em que os entendemos, principalmente porque estes últimos procuram explicar a extraordinária diversidade dos saberes e das habilidades. Retomemos, para melhor apreciá-los, cada um desses pares antitéticos.

1) A cada vez que se invoca o primeiro, comandado pela oposição entre natureza e cultura, geralmente se considera que a elevação do pensamento médico à categoria de "ciência" e não mais de "arte" consiste na emancipação progressiva do segundo termo com relação ao primeiro, este relegado à condição pouco gloriosa de vestígio residual, ou seja, de "sobrevivência". Esta oposição empírica tem como objetivo ocultar a relação da doença com o social e manter a ilusão de uma medicina que pudesse estar definitivamente isenta das representações da sociedade em que se inscreve.

2) A segunda antítese é conseqüência da primeira. Um texto atribuído a Zoroastro nos diz: "Existem três tipos de curandeiro: o que cura pelas plantas, o que cura pela faca e o que cura pela palavra." Mas "as plantas" e "a faca" — ou, se preferirmos, a quimioterapia e a cirurgia, às quais seria preciso acrescentar o tratamento por raios —, de um lado, e "a palavra", de outro, determinam duas modalidades práticas de intervenção médica mais do que definem dois modelos teóricos.

3) A terceira oposição — personalismo médico contra objetivismo naturalista — não pode de forma alguma servir de fio condutor na constituição de uma *antropologia geral* da saúde. A primeira tendência, atenta à

QUESTÕES DE MÉTODO

pessoa do doente em sua individualidade própria, se origina de uma concepção humanista relativa ao pensamento ocidental ou, de maneira ainda mais restrita, a uma corrente desse pensamento. Quanto à segunda, ela está totalmente associada à nossa história e, em particular, à história de nossas descobertas técnicas.

4) Os pares antitéticos em quarto e quinto lugares — vitalismo contra materialismo, sistematismo contra empirismo — pertencem igualmente ao nosso horizonte sociocultural e apenas a ele. Se não é impossível encontrar equivalentes do vitalismo — à maneira de Paracelso, que percebe a natureza como algo animado — e do sistematismo — à maneira de Galeno, que fundamenta em grande parte sua medicina em um conjunto de princípios lógicos — em sociedades diferentes da nossa, em compensação, o naturalismo médico — produto do mecanismo de Descartes — e o empirismo — à maneira de Claude Bernard — só partem de uma antropologia especializada e só podem dizer respeito à nossa sociedade e a mais nenhuma outra.

5) O mesmo é válido para o sexto e o sétimo pares em oposição (clínicos/experimentalistas; hospital/laboratório); o primeiro significa uma orientação no sentido da pesquisa dos sintomas da doença "no leito do enfermo", e o segundo indica tudo o que a prática, mais centrada na doença que no próprio doente, deve à medicina instrumental.

Esses diferentes grupos de representações ordenam-se em torno da oposição — histórica ou legendária, isso pouco importa aqui — entre *Cós*, animada por uma percepção de conjunto do doente, teleológica da doença e reguladora do tratamento, e *Cnido*, que teria sido naturalista a nível da etiologia, mecânica a nível da interpretação dos processos mórbidos e hiperintervencionista a nível da terapia. Ora, a transposição desses critérios diferenciativos simbolizados pela oposição entre escolas nascidas no seio do Ocidente erudito e letrado para outras sociedades (e mesmo à totalidade do campo social de nossas próprias sociedades) consistiria, nem mais nem menos, no etnocentrismo, dissimulado no caso dos primeiros e segundos pares distintos, deliberado nos seguintes. Além disso, trata-se de tendências médicas, ou seja, de correntes empíricas, enquanto que nós estamos à procura de modelos teóricos decididamente universais, ou seja, cujo valor heurístico possa ser aplicável a qualquer sociedade. Resumindo, uma vez que nos esforçamos por pensar cientificamente a diversidade etiológico-terapêutica, procurando jamais reintroduzir à nossa revelia a projeção ideológica, parece necessário procurar, além das clivagens regionais, verdadeiros modelos que consistem na atualização de formas elementares da doença e da cura que possam ser apontadas em qualquer sociedade. Nossa função de etnólogo nos prepara para tal empreitada. Ela permite principalmente nos distanciarmos dessa forma de medicina — a medicina científica (ou biomedicina) de hoje — que nos é tão familiar.

A CONSTRUÇÃO DOS MODELOS

IV. Distinção entre os modelos

Um dos procedimentos que, em nossa opinião, deve motivar o pesquisador em seu trabalho de construção de modelos da doença e da cura consiste em identificar, quando na presença de um discurso (partindo tanto do doente quando do médico), o âmago do significado expresso a partir de uma opção etiológica e terapêutica. Com efeito, cada sociedade, cada grupo social, cada indivíduo só retém um pequeno número de soluções entre aquelas possíveis. Em toda cultura, em um determinado momento, privilegia-se um certo número de representações (que podem ser chamadas de dominantes), em detrimento de outras representações que nem por isso estão ausentes, mas marginalizadas com relação às precedentes e, algumas delas, descartadas (definitiva ou momentaneamente), ou seja, eliminadas do campo social atual. Toda sociedade, toda época é obcecada pelo que considera causa por excelência da doença: trata-se, entre os baulês da costa do Marfim, da dupla série interpretativa dos "asyê usu" (= gênios da terra) e dos "bayefuê" (= feitiçaria); trata-se do que foi para o Ocidente o álcool, a insalubridade e a subnutrição, os casamentos consangüíneos e hoje em dia (entre outros) o tabaco, o consumo de gorduras, a vida sedentária, o ritmo da vida urbana e, em menor grau, o patrimônio genético. Mas a extrema variabilidade dos modos de imputação causal, bem como as respostas terapêuticas consideradas, não deve, entretanto, nos esconder que a interpretação da doença e da cura, em seu próprio processo de elaboração, só tem à sua disposição um número limitado de termos: cerca de trinta apenas, que são palavras-chave, idéias-força que pontuam e organizam *todos* os discursos que recolhemos, *todos* os textos que lemos. Ora, cada modelo consiste precisamente na organização particular de um certo número de relações entre esses termos, que permanecem idênticos:

a coisa	/ a sociedade
a substância	/ a relação
o interior	/ o exterior
a natureza	/ a cultura
o senso	/ o contra-senso
o bem	/ o mal
o homogêneo	/ o heterogêneo
o individual	/ o social
o aditivo	/ o subtrativo
o dualismo	/ o monismo
a alteridade	/ a alteração
a quantidade	/ a qualidade
o semelhante	/ o contrário
a inibição	/ a estimulação

QUESTÕES DE MÉTODO

São as combinações entre esses termos que se apresentam sempre constantes que nos permitem reconhecer quatro grupos de modelos etiológicos e quatro grupos de modelos terapêuticos organizados respectivamente por pares contrastantes:

Modelo etiológico   ontológico / relacional
Modelo etiológico   exógeno   / endógeno
Modelo etiológico   subtrativo / aditivo
Modelo etiológico   benéfico   / maléfico
Modelo terapêutico alopático / homeopático
Modelo terapêutico exorcista / adorcista
Modelo terapêutico aditivo   / subtrativo
Modelo terapêutico sedativo   / excitante

A percepção dita "espontânea" da doença — e que, de fato, é sempre aprendida — é eminentemente seletiva. Ela não se fundamenta no conhecimento objetivo e, em particular, no pensamento científico (principalmente biomédico), mesmo quando este a influencia. E, quanto a este último, também ele sofre a tentação da explicação unívoca. Raros são os médicos que encontramos, raros são os textos que estudamos que, na determinação patogênica, dedicam igual atenção ao "campo" e ao "meio". E raras vezes encara-se — até mesmo entre os práticos — a imputação etiológica como uma totalidade plurifatorial. Pelo contrário, ela quase sempre se organiza em torno de um modelo elementar dominante que só contém soluções extremas. Se, por exemplo, se confere primazia absoluta ou quase absoluta ao exógeno, conclui-se necessariamente que o organismo não representa aí grande papel. Se, por outro lado, se confere prioridade à constituição do sujeito, o meio em que ele vive é então considerado acessório. Assim, toda elaboração (tanto erudita quanto popular) de uma representação resulta de uma escolha ao mesmo tempo cultural e individual, lógica e afetiva; os modelos que propomos têm precisamente por objetivo dar conta teoricamente dessa exploração empírica limitada, ou seja, do número total limitado de ligações conhecidas ou, se preferirmos, das formas atualizadas e realizadas dentre uma gama infinitamente mais rica de potencialidades teóricas.

Essa autonomia dos modelos, que é a expressão teórica da originalidade e, com freqüência, da irredutibilidade das diferentes formas possíveis de percepção coletiva e individual da causa da doença e da resposta terapêutica, exige algumas precisões metodológicas. É essencialmente no prolongamento do procedimento metodológico aberto pela antropologia estrutural que vemos a tarefa da construção de modelos de representações da morbidez e da saúde. Não obstante, não empregaremos o conceito de modelo na acepção que lhe é atribuída por Lévi-Strauss, mas sim na se-

A CONSTRUÇÃO DOS MODELOS

guinte acepção: *um modelo etiológico* (ou um modelo terapêutico, ou ainda um modelo etiológico-terapêutico) *é uma matriz que consiste em uma certa combinação de relações de sentido e que comanda, com mais freqüência à revelia dos atores sociais, soluções originais, distintas e irredutíveis, para responder ao problema da doença.* Certas relações entre os elementos constitutivos do modelo serão chamadas de *fundamentais*: assim, a especificidade estrutural do modelo exógeno procede da organização particular de um certo número de termos em torno do pólo do exógeno. Certas relações serão chamadas de *subordinadas*: assim, a variante "pasteuriana" ou a variante "de feitiçaria" do mesmo modelo que exprime a diferenciação semântica de uma totalidade que, do ponto de vista da lógica, permanece rigorosamente idêntica a si mesma.

V. Comparação entre os modelos

Não existe antropologia médica sem comparação, ou seja, sem estudo das relações recíprocas entre os modelos etiológicos e terapêuticos que devem ser analisados em sua variedade. Em nossa opinião, é menos devido à imensidão de seu campo geográfico que ao método que lhe é próprio que a etnologia nos permite pensar os diferentes grupos de interpretação da doença e da cura, não um a um, mas uns com relação aos outros. Assim, os comportamentos e as sensibilidades médicas que encontramos nas sociedades extra-européias podem ser utilizados como verdadeiros reveladores de nossos próprios comportamentos e de nossa própria sensibilidade. Elas agem no sentido de um desvendamento de significações que, entre nós, são caracterizadas por uma forte capacidade de ocultação e das quais, conseqüentemente, não temos um conhecimento imediato. Da mesma maneira, a existência obstinada de curandeiros não diplomados e de médicos não oficiais em pleno coração da modernidade médica deste final de século XX incita-nos a não mais ignorarmos, mas esclarecermos os modos de representações que talvez não sejam os nossos, mas que poderiam muito bem ser (temos prova disso no registro de discurso de vários médicos que se dizem "enfeitiçados") e que, de qualquer forma, são alguns de nossos vizinhos.

São as variações, portanto, que nos interessam, mas para serem estudadas antropologicamente elas devem ser postas em relação com um certo número de invariantes, pois é precisamente essa relação que fundamenta a tarefa de comparação tão característica de nossa disciplina. Se, com efeito, tudo varia — como parecem pensar certos autores —, não existe comparação possível, e é por essa razão que a condição prévia de um trabalho como o que aqui esboçamos é a crítica sem concessão do relativismo cultural que a etnologia não cessa de perseguir. O fato de existir uma variedade

QUESTÕES DE MÉTODO

muito grande de interpretações e de reinterpretações da doença através das quais a lógica combinatória produz o inédito (é o que notoriamente acontece em nossa sociedade atual com relação às técnicas de levantamento e tratamento) não muda em nada a especificidade dos modelos de base que podem se enriquecer ao longo da história, articular-se entre si de maneira diferente daquela empregada no passado e, finalmente, mudar de significado, permanecendo, contudo, logicamente constantes. Por fim, as diferentes representações da doença e da saúde deverão ser, nesta perspectiva, rigorosamente *comparadas* umas com relação às outras e não, como ocorre com freqüência, *avaliadas* a partir de uma dentre elas, que poderia ser, por exemplo, a biomedicina contemporânea, a psicanálise, ou ainda a abordagem relacional empregada pelas ciências sociais da saúde. Assim, cada conjunto poderá ser considerado como uma variante de um outro conjunto ou, mais precisamente: cada um dos conjuntos como produto de uma combinação, ou seja, como uma das variantes de todas as variantes, e não de uma dentre elas que pudesse ser considerada como primeira, cronológica, normativa ou operacionalmente.

Esse último ponto — que não é absolutamente evidente para todos os pesquisadores — merece que nos detenhamos mais em sua consideração. Em nossa opinião, nenhum sistema poderia escapar à investigação da ciência. Nenhum — inclusive, e talvez principalmente, aquele a que aderimos pessoalmente — pode ser considerado como sujeito exclusivo do saber, pois ele próprio pode vir a se tornar um possível objeto de estudo.

Essa perspectiva nos separa decididamente de trabalhos como os de F. Dagognet que, em *La raison et les remèdes* (1964), opõe:

as "patologias fantásticas" (p. 186) que devem figurar em um "exame do arcaísmo ou do falacioso" e originando pura e simplesmente do "falso" e do "insensato" (p. 25)	"a razão"
"o falso remédio" (p. 30)	"o verdadeiro remédio" (p. 30)
as "drogas imaginárias e falaciosas" (p. 25), essas "terapêuticas ilusórias" (p. 186) que têm um "passado estraestranho" (p. 15) e resultam da "sociologia da crença" e da psicologia da moda"	os "medicamentos reais" (p. 183) fundamentados em um "estudo objetivo", ou seja, "estritamente farmacológico" (p. 21) e que se inscreve no "positivo" e no contemporâneo (p. 25)

Essa dicotomização do "verdadeiro" e do "falso" (p. 30), recobrindo totalmente o "presente" e o "passado" (p. 1) e funcionando sem reservas somente em proveito dos primeiros termos da alternativa, opõe-se ao

A CONSTRUÇÃO DOS MODELOS

nosso próprio projeto, que visa *situar* o que habitualmente se apresenta como situante, ou seja, dispensado de ser situado. Convém, pelo contrário, esclarecer o que S. Genest (1981, p. 6) qualifica de "pressuposto jamais explicitado", que consiste principalmente no fato de "a tradição médica erudita ocidental tornar-se o ponto a partir do qual 'medimos' as outras tradições".

VI. O estudo dos processos de transformação dos diferentes modelos

O trabalho do antropólogo não consiste apenas em indicar a lógica específica de unidades relativamente distintas entre si, mas em analisar as evoluções próprias de cada uma delas com relação às outras. Existem, é claro, casos (e muito numerosos) em que o modelo é caracterizado pelo fechamento, ou seja, em que o sistema de conhecimento ou de crença mobilizado apresenta-se como um sistema fechado. As representações da doença e da cura não podem, por si mesmas, ser postas em questão, nem podem os indivíduos aceitar que estejam enganados. Em resumo, o modelo se recusa a aceitar o fato que o obrigaria a renunciar ao que é. Pensamos, por exemplo, na maneira pela qual pode ser apreendida por numerosas populações (e não apenas no Terceiro Mundo) a inoculação profilática da doença, e particularmente nas resistências encontradas quando das grandes campanhas de informação médica e, mais ainda, quando da vacinação obrigatória.

Isso não impede, com mais freqüência, que um mesmo modelo seja dotado de propriedades dinâmicas. Assim, a "medicina das assinaturas" ainda não deu a última palavra com a teorização sistemática realizada por Paracelso. Hahnemann iria, sobre novas bases, renovar o próprio princípio da homeopatia. Além disso, e principalmente, um certo número de elementos exteriores intervêm e explicam que o modelo é chamado a se transformar. Assim, como veremos, esses "obstáculos epistemológicos", que foram para a exogenidade pasteuriana uma série de experiências sobre o bicho-da-seda, a raiva, o carbúnculo, as doenças pútridas e sobretudo a passagem das doenças do vinagre para as do ser humano, iriam orientar o primeiro microbiologismo que, mesmo continuando a atribuir prioridade à patogenia externa, foi capaz de integrar as influências do "campo" próprio do organismo.

Para estudarmos essas evoluções, uma recontextualização social que visa desencravar a medicina (que sempre se pensa como ciência da vida e não, evidentemente, como ciência social) se impõe. Porque, se existe uma autonomia lógica dos modelos e dos grupos de modelos etiológico-terapêuticos, ela só pode ser uma autonomia relativa. Esses últimos se trans-

QUESTÕES DE MÉTODO

formam sempre em relação estreita com uma dinâmica infinitamente mais global que é a da sociedade considerada.
Dois casos merecem ser destacados:

1. A mutação de um modelo que passa de uma variante a outra sem mudar de especificidade lógica, mas mudando de significado. Estaríamos errados em acreditar, por exemplo, que a medicina que qualificamos de científica acabou por impor-se tomando de assalto o lugar de uma outra medicina. Suas condições de imposição e, como conseqüência, de sucesso só podem ser explicadas se levarmos em conta o fato de que ela encontrou um terreno social (e principalmente religioso) favorável a sua eclosão. Nesse sentido, seria interessante estudar, de um lado, as mentalidades que contribuíram para sua implantação e de outro, as reinterpretações "populares" que facilitaram seu desenvolvimento. Principalmente, achamos, e teremos a oportunidade de voltar a este ponto, que uma das tradições dominantes do cristianismo em termos etiológicos certamente facilitou a adoção da patogenia microbiana infecciosa e contribuiu para seu sucesso[1]. De um ponto de vista cristão, com efeito, a doença é considerada menos como negação, ausência (como é o caso no Islão ortodoxo) que como presença intempestiva que força sua entrada e apela para uma prática de exorcismo. O que nos explica passarmos sem descontinuidade do "Cordeiro de Deus que tira os pecados do mundo" para a intervenção cirúrgica, que procede igualmente pela extração e que se desenvolveu precisamente em terras cristãs (bem como a célebre trilogia subtrativa do purgante, da lavagem e da sangria) e não em terras árabes, onde o Islão ensina que perder sangue torna o muçulmano impuro e onde as intervenções cirúrgicas, como sabemos, foram por longo tempo proibidas.

2. A transformação de um modelo pode chegar até a inversão em seu contrário. Aqui, não se trata mais de apenas um processo sintático e semântico de evolução que faz que se passe, como no caso anterior, de uma variante a outra, mas de uma mutação completa que opera, ao mesmo tempo, uma mudança de sentido e de lógica que era até então tida como desconhecida ou impensável. Em nossa opinião, para analisarmos esta emergência de um modelo novo (que é, na verdade, a reatualização sob uma nova forma de um modelo rejeitado) é preciso levar em conta que:
1º) por si mesmo, um modelo não se transforma em outro, mas se esmaece, perde sua influência, não mais responde ao que se espera dele e atravessa uma crise simultânea de seus fundamentos teóricos e de sua credibilidade social. Aqui, faz-se necessário introduzir o conceito de ruptura não apenas epistemológica, mas também sociocultural e histórica. Temos um bom exemplo disso em nossa própria sociedade quando, nos anos 70, no interior de uma mesma especialidade médica — a psiquiatria —, um

A CONSTRUÇÃO DOS MODELOS

certo número de médicos que se auto-intitulam "antipsiquiatras" avalia que sua própria formação, bem como as instituições em que trabalham, se tornaram totalmente inadequadas para compreender e curar os pacientes que lhes são destinados;

2º) os modelos etiológicos e terapêuticos não podem ser estudados separadamente, pois estão em estreita relação uns com os outros e formam entre si sistemas de transformação.

É sobre esse último ponto que gostaríamos de insistir, pois estimamos que a própria possibilidade de transformação requer uma condição prévia que pode, aliás, ser apreendida pelos esclarecimentos tanto da sintaxe quanto da semântica.

a) Uma transformação é um processo de realização de uma nova reorganização das relações possíveis entre os termos que enunciamos anteriormente e que permanecem rigorosamente constantes. Por exemplo, a apreensão da doença como entidade inimiga heterogênea (Pasteur) consiste em pensar de maneira conflitante as relações entre o interno e o externo, o indivíduo e a sociedade, o organismo e o meio, etc. Por outro lado, a relação entre os pares precedentes não sendo interpretada como sendo de natureza antagônica, o modelo que comanda a representação se apresenta (por exemplo, em Claude Bernard) sob forma de um *continuum*, ou seja, de uma escala gradativa que permite unir, através de gradações imperceptíveis (mas mensuráveis), o normal e o patológico, e o pensamento médico se encontra, então, totalmente aberto à idéia (totalmente absurda na perspectiva anterior) de que o homem participa ativamente de sua própria patogenia.

b) Para que um processo de transformação possa chegar até a reversibilidade, ou seja, a seu avesso, para que a transformação de um modelo em seu oposto seja realizável, é preciso que os termos que compõem as representações da doença e da cura sejam ambivalentes ou, como se diz atualmente, "sobredeterminados".

Este movimento de inversão semântica[2] é bastante conhecido em termos das representações que o doente produz em relação ao médico[3]. Assim, o mesmo personagem pode ser vivido como castrador (quando da angústia da operação e em caso de um revés) ou como redentor (em caso de sucesso). Ora, encontramo-nos diante de um processo idêntico quando estudamos as representações da doença e da cura. O ato cirúrgico pode ser apreendido como uma mutilação ou como o que precede e institui um renascimento. E, da mesma forma que existe uma patologia da terapia, ou seja, uma patologização possível no interior de uma ação com propósitos terapêuticos — as terapêuticas patógenas são então chamadas de "iatrogênicas" —, existem também doenças terapêuticas.

Esse último ponto — obter do mal o que pode curar o mal — nos leva a considerar a ambivalência do próprio remédio. O que mata pode

QUESTÕES DE MÉTODO

curar e o que cura pode matar. O medicamento é alternativamente um instrumento que salva e um veneno. O mais nocivo pode-se tornar benéfico, e o melhor, maléfico. Trata-se, então, de uma questão de prescrição posológica (o álcool é suscetível de excitar e de acalmar), uma noção capital, como veremos em seguida, pois contribui para uma dessubstancialização do tratamento, estando aí compreendido o mais rigorosamente farmacológico, podendo este ser então definido não como a administração de uma coisa de virtude constante por si mesma, mas como uma relação com um sistema de graduação.

O projeto a longo prazo que nos alenta — e do qual este livro só constitui os primeiros passos — é, como se pode perceber, bastante ambicioso: ele visa estudar a desagregação, o revés, a reatualização, sob uma forma inédita, dos diferentes modelos de que dispõe, em um certo momento, uma determinada sociedade, não um a um, mas relacionados com os grupos de transformação de que participam. Em nossa opinião, só uma abordagem fundamentada no jogo alternado da proximidade e da distância, da alteridade e da identidade, do manifesto e do descartado nos permite, por exemplo, perceber que a medicina ocidental contemporânea, em sua tendência dominante, provém do mesmo modelo teórico que o exorcismo cristão, ou, ainda, que o discurso da "antipsiquiatria" pertence, não analogicamente ou por uma vaga familiaridade, mas estruturalmente, ao modelo a que igualmente pertence o proceder do xamanismo. Em outros termos, acreditamos que o antropólogo, ao se afastar do duplo perigo do relativismo cultural e do dogmatismo médico, tem a possibilidade de compreender esse procedimento de cura em termos de extração de um elemento patogênico fora do campo biológico, psicológico e social da doença (opção exorcista), *sem necessariamente se referir à sua cultura*, pois essa opção, que é a nossa, ele a pôde encontrar, como é o nosso caso, na África Negra. E, da mesma forma, ele pode compreender o que nos sugerem os que se intitulam "antipsiquiatras", *sem se referir* apenas à crise que atualmente atravessa nossa sociedade, pois essa opção — "adorcística", segundo o neologismo forjado por Luc de Heusch — pode ser encontrada no Níger.

Muitas vezes, imaginamos a história e o progresso da medicina de uma forma linear, como se tivessem seguido uma trajetória de sentido único. Para alguns (a maioria dos historiadores da medicina e a quase totalidade dos médicos), essa trajetória tem seu ponto de partida na libertação das crenças mágico-religiosas (as "superstições") e conquista sua maioridade a partir do momento em que triunfa a "objetividade", ou seja, a abordagem centrada no corpo. Para outros (na verdade, uma minoria em que se inscrevem as ciências sociais da saúde), a medicina, parte de um conceito objetivista (e objetivante) do homem doente, é chamada a desvendar o que ela dissimula e a chegar gradualmente ao que poderíamos chamar de verdade relacional.

A CONSTRUÇÃO DOS MODELOS

De fato, confrontamo-nos com dois grupos de representações sobre os quais é importante enfatizar que um não está "adiantado" ou "atrasado" em relação ao outro, e principalmente que um não representa a verdade com relação ao outro, que representaria o erro. Assim, o que nos ensina uma leitura antropológica da história da medicina é que o ressurgimento da abordagem relacional atualmente (que se exprime através de buscas tão diferentes quanto o movimento antipsiquiátrico ou a epidemiologia), da mesma forma que a abordagem inversa e freqüentemente adversa, é também a retomada, sob nova forma, de um sistema de representações muito arcaicas que nossa sociedade certamente não inventou. Assim, de acordo com a sociedade, a época e o indivíduo — ou mais precisamente de uma cultura com relação a outra, de uma cultura em relação a si mesma no tempo, e de indivíduos em relação a si mesmos e aos outros —, encontramos tanto a alternância de vários sistemas de representações da doença quanto seu entrelaçamento e sua coexistência, esta, na maior parte dos casos, conflitante.

— *A alternância*. A história da medicina pode ser considerada como a história de modelos etiológicos irredutíveis que se excluem, bem como de respostas terapêuticas que se sucedem. Isto se traduz ao nível de uma leitura empírica pelos renascimentos, descontinuidades, rupturas, distâncias (por exemplo, entre a interpretação erudita ou especializada e a reinterpretação popular ou comum). O antropólogo, portanto, se perguntará: por que em uma determinada época um dos modelos sobrepõe-se aos outros, que nem por isso estão ausentes, mas marginalizados ou rechaçados?

— *A coexistência conflituosa* que os modelos mantêm entre si. O antropólogo, desta feita, vai se fazer a seguinte pergunta: como um mesmo conjunto social chega a se dotar, em um mesmo momento (e por que nesse exato momento), de diversos sistemas de interpretação da doença? Ele tentará explicar por esse meio as *contradições* de uma sociedade num determinado momento de sua evolução, sem que as representações da morbidez e da saúde possam, não obstante, ser consideradas como reflexos perfeitos da sociedade considerada.

Assim, a história das sensibilidades médicas se torna por essa leitura a história das *soluções* apresentadas à doença, soluções que se sucedem por descontinuidades significativas ou que, pelo contrário, combinam-se entre si, fazendo surgir assim, ao mesmo tempo, rupturas e permanências. Mas, qualquer que seja a solução posta em prática, ela sempre nos remete ao problema das relações possíveis entre os modelos e a sociedade e entre os próprios modelos. Em resumo, o pensamento científico, como o pensamento "popular" ou o "selvagem", escrevem ao longo do curso da história a narrativa de variações infinitas. Fazem-no, porém, sempre a partir de alguns grupos genéricos. Esses pensamentos trabalham sobre algumas formas de base que vamos agora tentar colocar em evidência.

QUESTÕES DE MÉTODO

Notas

1. Aqui, se trata de reinterpretações "não eruditas" do pasteurismo no que têm de mais afetivo e irracional, e não da acolhida — muito hostil, como sabemos — que se reservou nos anos 1880 ao microbiologismo nascente, por parte do corpo médico.
2. Cf. G. Devereux e mais especialmente *Essais d'etnopsychiatrie générale*, 1970, pp. 354-372, bem como J. P. Valabrega, *Phantasme, mythe, corps et sens*, 1980.
3. Cf. especialmente J. P. Valabrega, *La rélation thérapeutique*, 1962.

Parte II

As formas elementares da doença: os modelos etiológicos

1
Modelo ontológico e modelo relacional (ou funcional)

No campo extremamente diversificado das imputações etiológicas etnograficamente conhecidas, é possível distinguir duas grandes tendências: as medicinas centradas na doença e cujos sistemas de representações são comandados por um modelo ontológico de natureza mais freqüentemente física; as medicinas centradas no homem doente e cujos sistemas de representações são comandados por um modelo relacional que pode ser pensado em termos fisiológicos, psicológicos, cosmológicos ou sociais.

I. O modelo ontológico

1. A ontologia médica "erudita" no Ocidente

A idéia de que existe um "ser" da doença encontra sua primeira expressão científica em uma das correntes da medicina hipocrática, em sua tentativa de ruptura com o pensamento especulativo e sua atenção com relação aos sintomas corporais do doente. Essa idéia adquire uma formulação sistemática com o dualismo cartesiano que separa a alma do corpo, sendo a primeira, nesta perspectiva, da alçada da metafísica e o segundo, da física. Ela conhece um desenvolvimento prodigioso graças à exploração da anatomia e triunfa, por fim, com as descobertas microbiológicas de Pasteur, que abrem o caminho para nossa medicina contemporânea. Nossa intenção é estudar os diferentes sistemas de representações veiculadas por esse modelo amplamente dominante em nossa cultura, as pré-compreensões selvagens que o acompanham e, por vezes, o precedem; em resumo, as interpretações "eruditas" e as reinterpretações "populares" dessa medicina. De início, faremos uma distinção, para efeito de clareza, entre três abordagens que estão imbricadas nos fatos: uma medicina das espécies, uma medicina das lesões, uma medicina das especificidades.

AS FORMAS ELEMENTARES DA DOENÇA

1º) *A medicina das espécies: o essencialismo*. Se com Hipócrates aparece claramente no saber médico a noção de "entidade mórbida"[1], o pensamento ontológico "erudito" só encontra seu verdadeiro fundamento em medicina a partir do momento em que adota o que vai se tornar durante longo tempo seu *modelo epistemológico* de referência: o modelo botânico fundamentado na localização das propriedades "essenciais" das doenças que podem ser catalogadas, ou seja, divididas em famílias, gêneros, espécies e subespécies, à maneira das classificações botânicas. Essa maneira de pensar a doença — que culmina na ontologia de Pinel com sua proposta de repertoriar de maneira exaustiva os distúrbios mentais segundo o espírito naturalista de Linné — é realmente característica de toda compreensão médica ocidental quando esta é animada por um projeto nosológico.

O que convém observar aqui é que, se o essencialismo médico — e as entrevistas com médicos nos mostraram que este estava longe de poder ser considerado superado, mostrando-se suscetível, pelo contrário, de reaparecer de forma recorrente na prática cotidiana — procede de um isolamento das doenças a partir dos doentes e de uma classificação das doenças em espécies, isso se explica porque as ciências naturais e as ciências médicas têm, de fato, a mesma origem histórica. O saber médico ocidental, e com freqüência voltaremos a este ponto, é fundamentalmente *biológico*.

2º) *A medicina das lesões: o anatomismo (ou solidismo) e a anatomopatologia*. As preocupações da anatomopatologia não se sobrepõem rigorosamente às do essencialismo. Desta feita, a abordagem médica não está mais centrada nas "entidades", nas "formas" ou "variedades mórbidas", mas nos "danos orgânicos". Se todos os historiadores da medicina são acordes em reconhecer que a anatomia humana encontra em Vesálio seu fundador, foi preciso, entretanto, esperar pelos trabalhos de Morgani, que começa a relacionar sobre bases experimentais os sintomas clínicos com as lesões orgânicas, mostrando que a cada *alteração funcional* que se traduz por uma *expressão sintomática* corresponde *necessariamente* uma *alteração orgânica*. Com Morgani, e mais ainda com Bichat, a medicina anatômica encontra, por assim dizer, seu fundamento científico retroativo. Todas as pesquisas tornadas possíveis graças ao aperfeiçoamento da observação do cadáver virão fornecer as bases objetivas que faltavam a essa patologia orgânica, a qual havia começado por postular o conhecimento dos princípios antes de possuir certezas das provas.

Todo o pensamento médico do século XIX será animado por essa procura que é uma procura da localização das doenças. De onde a importância da dissecação, cara a Laennec e Corvisart. O próprio Broussais, que pode ser considerado um dos fundadores da patofisiologia moderna, ou seja, a apreensão da doença comandada por uma opção que não ad-

MODELO ONTOLÓGICO E RELACIONAL

vêm de maneira manifesta de um modelo ontológico, afirmará: quaisquer que sejam os sintomas clínicos apresentados, não há um só deles que não seja acompanhado por uma lesão. Ora, essa idéia de que não existe etiologia que não possa ser explicada pela anatomia (ou que ela não poderia explicar no futuro), longe de corresponder apenas a um momento da história do pensamento médico do Ocidente, será encontrada, como veremos, na imensa maioria dos práticos contemporâneos.

3º) *A medicina das especificidades.* O especifismo etiológico, ao qual voltaremos diversas vezes, surgiu-nos como um dos pilares do pensamento médico de hoje: o ser da doença, provocando lesões e se traduzindo por sintomas, tem sempre uma causa precisa. Bretonneau foi o primeiro a conseguir isolar o grupo das anginas e a mostrar que, entre elas, é possível distinguir as anginas das falsas membranas e, entre estas, a difteria. Procedendo da mesma forma, Louis estabeleceu que, entre todas as espécies de febre, existe uma em especial — a tifóide — que apresenta sintomas originais, lesões que lhe são próprias, o que pode ser associado a uma única causa. Mas foram sobretudo as grandes descobertas da bacteriologia, cerca de uns vinte anos mais tarde, que contribuíram para assegurar o enorme sucesso dessa representação que apreende a doença segundo as categorias de entrada e de saída.

Seu modelo terapêutico correspondente consiste, portanto, em restituir o que foi perdido (fazer reentrar o que havia saído) ou em extrair o que entrou (fazer sair o que é demais), ou seja, neste último caso combater o que se considera como uma entidade inimiga e estranha ao doente. Quanto à própria pessoa desse doente, ela tende, nesta perspectiva, a se tornar o lugar de encontro acidental entre forças de intensidade variável: a infecção virótica ou microbiana, por exemplo, e a intervenção quimioterapêutica, que deve ser mais poderosa que a primeira.

4º) *Diferenças, identidade e vantagens deste grupo de representações.* Já de início, é possível perceber notáveis diferenças entre essas três grandes figuras da ontologia médica. De um lado, o modelo epistemológico de referência pode ser de natureza física, naturalista (e mesmo botânica, como já vimos), química ou ainda bioquímica. Por outro lado, cada uma delas dá ênfase a um aspecto particular da doença. *O especificismo* está sobretudo preocupado em descobrir a origem do mal e a encontra no exterior do corpo, em uma entidade patogênica. *O essencialismo*, aqui, se esforça por estabelecer os ideais-tipos construídos por abstração e cuja existência se situa além de qualquer localização. Quanto à anatomopatologia, se ela procede de um modo de classificação distinto do anterior (segundo as lesões reparáveis a nível dos órgãos [Morgani] ou dos tecidos [Bichat]), ela se diferencia ainda mais da medicina das especificidades pois, sendo a localização da causa pensada como coextensiva à determinação da "sede", a doença coincide totalmente com sua inscrição corporal, não sendo mais do que isso[2].

Podemos, não obstante, distinguir um certo número de idéias-força comuns ao conjunto dessas representações que pertencem, sem dúvida, a um modelo idêntico — o da ontologia médica (quer seja esta última especulativa ou experimental, popular ou erudita). De um lado, a diferenciação das doenças (à qual corresponde o trabalho classificatório da nosologia), mesmo que se efetue segundo o critério das especificidades causais, das essenciais ou evidentemente, ainda mais, do estudo topológico das diversas regiões do corpo, provém de um pensamento geográfico e não histórico. A medicina ocidental moderna é um pensamento da extensão no sentido cartesiano, ou seja, do espaço, que é ainda hoje o quadro de referência do conhecimento médico positivo. Por outro lado, munidos deste modelo, o prático e seu cliente podem proceder a uma reificação da doença considerada como um mal em si mesma.

A interpretação ontológica da doença oferece duas vantagens incontestáveis.

As doenças são isoláveis. A anatomia, por meio de observações instrumentais após a dissecação, determina o local exato em que todo um mal se concentra em um órgão, e a cirurgia — prática localizadora, por assim dizer — fica então em condição de agir. Além disso, a causa da lesão é freqüentemente apreendida como um agente material, em si mesmo perfeitamente isolável. Assim, a medicina se torna *objetiva*, no sentido de que procede a uma *objetivação*, e o prático, que pode designar o adversário pelo nome, é capaz de melhor enfrentá-lo e fazê-lo bater em retirada.

As representações localizadoras *tranqüilizam.* Com efeito, é tranqüilizante saber que o que não funciona é um de meus órgãos e na verdade não eu próprio. É tranqüilizante saber que as doenças são realidades que, finalmente, têm pouco a ver com a pessoa do doente. De maneira inversa, é inquietante pensar que eu sou a origem de minha doença. Assim, ao se optar por uma representação ontológica, põe-se um termo à desgastante busca do sentido. Se "é o fígado" ou "o estômago" ou "os nervos", então nada tenho a ver com isso, não tenho culpa de nada[3].

2. A pregnância do modelo ontológico na literatura contemporânea e no discurso dos doentes

Nossa intenção não é a de estabelecer se os doentes, os escritores, os escritores-doentes, os doentes-escritores adotam com muita freqüência uma representação substancial da doença por terem integrado o discurso médico dominante em sua cultura, mas, de maneira mais modesta, pretendemos mostrar que essa representação está impregnada, ainda mais quando se deixa o campo propriamente dito do saber médico constituído. Para tanto, voltaremos nossa atenção para a linguagem utilizada para se exprimir a doença, dedicando um interesse especial ao texto literário que exprime quase sempre, a nosso ver, uma maior liberdade com relação às convenções sociais.

1º) *A doença como não-eu: Franz Kafka, Emmanuel Berl, René Allendy*. "Minha cabeça e meus pulmões conspiraram contra mim sem que eu o soubesse", confidencia Kafka a seu amigo Max Brod. E, em termos idênticos, Emmanuel Berl escreve em *Présence des morts* (1982):

Meu corpo? Há dois anos, ele me tem trazido misérias demais para que eu possa dizer "eu" ao me referir a ele. Esses cálculos que vão tirar de mim são mais o contrário de mim mesmo, meus inimigos. Meu ombro esquerdo tem sido carcomido por uma zona-zéster que continua a me atormentar; um lumbago paralisou minha perna direita. Ombro e perna, em suma, revoltaram-se contra mim. Quando digo: meu corpo, pareço o rei teimoso que diz: meu povo, ao falar daqueles que precisamente o destronaram e lhe negam qualquer autoridade. (pp. 16-17)

Citaremos, por fim, uma passagem breve, que nos parece particularmente representativa, do *Journal d'un médecin malade* (1980) de René Allendy.

O personagem que sufoca é ele inteiro e absolutamente eu mesmo? (p. 1) Começo a ver como estranhos a mim esses tornozelos inchados de edemas, esses dedos de formas enfraquecidas pelo inchaço quando os movo, e sem dúvida também esse rosto em que não mais me reencontro. (p. 21)

2º) *A doença como ser anônimo ("ela", "isso"): Céline, Raymond Guérin, Alain Cahen*.

"Depois da guerra, me aconteceu", escreve Céline em *Mort à credit*. "*Ela* correu atrás de mim, *a loucura*... com insistência, durante vinte e dois anos. É engraçado. *Ela* tentou mil e quinhentos ruídos, um alarido imenso, mas eu delirei mais rápido que *ela*. Eu fodi com ela. Eu a possuí ao 'finish'. Eu me faço de bobo, eu *a* enfeitiço, eu *a* forço a me esquecer. Minha grande rival é a música, *ela* fica imobilizada, *ela* se deteriora no fundo de meus ouvidos. *Ela* não pára de injuriar... Ela me perturba a golpes de trombone, *ela* se defende dia e noite."[4]

Essa alguma coisa que não sou eu, mas um "isso" que me agride, encontra-se expressa da mesma maneira no diário póstumo de Raymond Guérin (1982) bem como nos cadernos de Alain Cahen (1983):

Raymond Guérin: À noite, *isso* me acorda. E de manhã, desde a alvorada, *isso* não pára de me corroer. (p. 40) *Isso* me corrói, me usa. (p. 45)

Alain Cahen: ... *isso* dura, está em mim, está lá como meus ossos e meus nervos. E é o câncer. Ele está em mim. Ainda posso viver. Eu faço o que ele me permite. É ele. Ele está nessa lesão em minha orelha. (...) É lá. E, como se trata do câncer, irei com *isso* até o fim. (p. 89)

3. A doença como "coisa": Marie Cardinal

Ficamos impressionados pelo fato de um grande número de escritores utilizarem o termo "coisa" para designar a doença. Rilke fala da "grande coisa" (1941, p. 86), Tolstoi dessa "coisa horrível que havia tomado corpo no organismo" de Ivan Illitch (1979, p. 48), e Boris Vian (1963, p. 110) imagina, por seu lado, a tuberculose como "um nenúfar de um metro", "com uma enorme flor de vinte centímetros", que é extraído do pulmão direito de Cloé. Mas é no livro de Marie Cardinal, *Les mots pour le dire* (1981), que concentraremos nossa atenção. A narradora nos conta o que foi sua doença — palpitações cardíacas, crises de angústia, alucinações visuais, suores e, sobretudo, sangramento intempestivo que se torna quase permanente, diagnosticado como um fibroma no útero — e como o último sintoma iria cessar logo após uma sessão de cura analítica, bem como todos os outros ao término da análise. Ora, para designar essa ontologização da doença que é vivida antes do encontro com o psicanalista como um ser totalmente estranho que provoca "uma agitação em meu interior", escorrendo sem cessar pela vagina sob forma de sangue, a escritora recorreu precisamente ao termo "coisa":

A coisa veio, voltou e não me deixou mais. Ela me absorvia tão totalmente que eu cheguei a não mais me ocupar dela. Houve um período, no início, em que acreditei poder viver com a coisa como outros vivem com um olho só ou com uma perna só, com uma doença do estômago ou dos rins. Certas drogas, com efeito, relegavam a coisa a um canto em que ela não mais se mexia. Então, eu podia ouvir, falar, andar. Eu podia ir passear com meus filhos, fazer compras, preparar-lhes sobremesas e contar-lhes histórias para diverti-los. Depois, os efeitos da droga diminuíram. Então, eu tomava doses duplas, triplas. E, uma bela manhã, acordei prisioneira da "coisa" (pp. 18-19)

A maldita estava lá, ela se ria de mim, ela não obedecia mais (p. 23). (...) ela ia atacar de novo; ela ia me assaltar com a angústia, os arrepios, os tremores de frio, o medo, o suor. (p. 29)

Para mim só importava o combate contra a coisa instalada em meu espírito, essa matrona suja cujas nádegas enormes eram os lóbulos de meu cérebro. Em certos momentos, ela instalava seu rabo enorme sobre meu crânio (eu a sentia se instalar) e, a cabeça para baixo, ela manipulava os nervos que me fechavam a garganta e o ventre e abria as comportas do suor. (p. 50)

Assim, como podemos ver, a narradora, longe de viver sua doença como uma alteração de seu ser, percebe-a, pelo contrário, como uma "luta extenuante com a coisa", ou seja, com uma alteração absoluta sem medida comum com sua identidade própria, pois "a coisa" é "o sangue, o suor, a merda, o ranho, a saliva, o pus, o vômito" (p. 25), é uma "caverna atapetada com algas sanguinolentas. Buraco inchado e monstruoso. Sapo pustulento. Polvo". (p. 14)

Essa representação da doença-objeto foi por nós encontrada na imensa maioria dos doentes que inquirimos. Assim que eles começam a nos contar os fatos patológicos de sua existência ou quando começam a nos explicar por que vieram consultar o médico, o discurso da doença já se apresenta como um discurso do espaço corporal, um discurso *sobre* o corpo e mesmo sobre *uma parte* do corpo. Não obstante, essa quase-constante da relação *instrumental* com o corpo apreendido em seu desmembramento e que implica a idéia de que a doença é totalmente distinta do sujeito, pois se pensa que ela veio se fixar em um órgão, não deve esconder-nos que o discurso em questão, que nada ignora da plena legitimação social que o beneficia, funciona com freqüência e de muitos modos como um *discurso-tela*.

Com efeito, quando tivemos a oportunidade de rever muitas outras vezes os doentes que contribuíram para a realização deste livro, percebemos, ao longo dos encontros, que entre alguns deles as representações ontológicas e localizadoras sofriam, principalmente pelo efeito da confiança no interlocutor, uma certa erosão, por vezes chegando mesmo a ceder lugar a uma representação decididamente oposta, que vamos agora estudar e que supõe uma implicação fisiológica, psicológica e social do doente muito maior no campo e na história de sua doença.

II. O modelo funcional (ou relacional)

O normal e o patológico não são mais pensados em termos de *ser* ("alguma coisa em algum lugar"), mas em termos de harmonia e desarmonia, de equilíbrio e desequilíbrio, e a doença não é mais considerada como uma entidade inimiga e estranha (germe, vírus, micróbio, possessão demoníaca, penetração de uma substância enfeitiçante no corpo), mas como um desarranjo, por excesso ou por falta. Assim, qualquer que seja a diversidade dos sistemas de representações advindas deste modelo (e que são suscetíveis, como veremos, de se atualizar em numerosas variantes,

AS FORMAS ELEMENTARES DA DOENÇA

cada uma delas comportando diversos casos), a uma compreensão danosa se opõe uma compreensão funcional, a uma compreensão substancialista, uma compreensão relacional e à noção de espaço, por fim, a de temporalidade.

1. A doença como ruptura do equilíbrio entre o homem e ele mesmo

1?) *A medicina "humoral".* Partindo de uma idéia-força polarmente oposta à ontologia médica, ela se exprime no Ocidente pela concepção hipocrática da doença, que apreende os sintomas menos como o efeito de um agente patogênico estranho ao doente do que como variações de um dos quatro "humores" dos quais se constitui: o sangue, a fleuma, a bílis amarela, a bílis negra.

A saúde (chamada de "crase" por Hipócrates) resulta, nesta perspectiva, de uma justa proporção desses quatro componentes no corpo, e as doenças (chamadas de estados "discrásicos", segundo Hipócrates), de um desequilíbrio devido ao excesso ou à falta de um deles.

Esta compreensão do normal e do patológico enquanto realização harmoniosa e alteração dos "humores" está, por fim, estreitamente ligada à noção de "idiossincrasia": cada indivíduo pertence ao que hoje chamaríamos de um "tipo", caracterizado pela particularidade *única* de um equilíbrio e também pela predisposição a um certo desequilíbrio. Essa é a razão pela qual cada "tipo" — que, na compreensão médica extremamente individualizante de Hipócrates, é um "tipo" humano — estará sujeito a suas próprias doenças.

2?) *A fisiopatologia.* Enquanto no século XVI a tendência dominante da medicina ocidental é decididamente anatômica, a partir do século XVII a anatomia se torna, segundo a expressão de Harvey, "anatomia animata", ou seja, fisiologia. O organismo é apreendido de uma maneira dinâmica e funcional: não se considera mais o olho, mas a função do olhar; não o músculo, mas sua contração; não o coração em sua morfologia, mas a circulação do sangue. No entanto, o próprio fundador da fisiologia não especulativa é um anatomista, e será preciso esperar pelo fim do século XVIII e o começo do XIX para que a medicina oficial opte por uma compreensão mais francamente fisiológica, considerando que a causa da doença deve ser buscada menos em um agente patogênico que no esforço do organismo para responder a ele e centrando correlativamente sua atenção menos sobre os órgãos propriamente ditos que sobre as desordens das funções, que serão consideradas como responsáveis pelas lesões anatômicas e não o inverso. Assim, orientamo-nos progressivamente em direção à idéia de que a doença é a própria função fisiológica, mas a função fisiológica *desviada.*

MODELO ONTOLÓGICO E RELACIONAL

Como está fora de questão — e fora de nossa competência — retraçar o longo e complexo curso desse pensamento fisiológico, que vai de Magendie a Reilly e Selye, reter-nos-emos em quatro momentos privilegiados de sua elaboração, que pode ser ilustrada pelos trabalhos respectivos de Claude Bernard, de Bichat, de Broussais e de Leriche.

Os trabalhos de Claude Bernard têm por objeto a dinâmica das funções e em particular dos líquidos. Em sua *Leçon sur le diabète et la glycogénie animale* (1877), ele estuda a função glicogênica do fígado e faz a descoberta da glicose na veia sobre-hepática. Ele mostra, é isso que nos interessa aqui, que a glicemia, não constituindo uma diferença de grau, mas de natureza, com relação à função natural do fígado, é uma doença não por *diferença qualitativa*, mas por *alteração quantitativa*, ou seja, por "exagero" do normal. Dito de outra forma, a patologia (que está nessa ótica da fisiopatologia) resulta de uma disfunção, ou seja, de uma variação por "exagero", mas em outros casos por "atenuação", do funcionamento normal do organismo. Assim, torna-se possível, nessas condições, indicar uma continuidade ou, se preferirmos, uma homogeneidade entre a doença e a saúde, que não são mais compreendidas como duas qualidades diferentes em luta, mas como "simples modificações fisiológicas" (Cl. Bernard, 1966, p. 279), ou seja, graduações de uma com relação à outra.

O que gostaríamos de salientar aqui, e que nos ocorreu quando da leitura da *Introduction à l'étude de la médicine expérimentale*, é que, de fato, encontramo-nos em presença de uma anterioridade fundadora do modelo epistemológico sobre a variante do modelo autenticamente funcional posto em evidência por Claude Bernard. Se, com efeito, para este último, bem como para seu mestre Magendie, a patologia é aquilo que se afasta do normal, é porque só a alteração de um estado a outro pode ser *medida*. Assim, a compreensão quantitativa, que é a da nova fisiologia, resulta de uma *escolha* metodológica: a escolha de um modelo científico de referência que não é mais que o modelo físico postulante da necessidade de se medir as variações.

Tanto para Bichat quanto para Magendie, a doença é igualmente uma alteração, seja por aumento ou, ao contrário, por diminuição, mas é uma alteração da própria *vida*. Além disso, no interior de um modelo de base fundamentalmente idêntico ao anterior, Bichat reatualiza uma variação diferente: a que chamamos de "vitalismo médico", que enfatiza o tema da especificidade do que é vivo. O autor das *Recherches physiologiques sur la vie et la mort* introduz o conceito de "vida patológica", insistindo na aptidão que tem a vida de funcionar normalmente e também de se alterar, ou seja, de degenerar na doença e, ainda mais, de tender em direção à morte.

AS FORMAS ELEMENTARES DA DOENÇA

Se, tanto para Bichat como Magendie e Claude Bernard, a doença não é mais considerada como uma realidade em si, é só com Broussais que a medicina ocidental se vê definitivamente livre do tema das essências mórbidas. Opondo-se ao pensamento biológico de sua época, dominada pelos trabalhos de Laennec e também de Claude Bernard, Broussais é o pesquisador do século XIX que acaba por consumar a ruptura com a ontologia médica. Com ele, passamos — e se trata mesmo de um giro completo com relação ao modelo ontológico, giro este que ainda não havia sido realizado nem por seus predecessores nem por seus contemporâneos — de uma medicina dos agentes patogênicos ou das essências como as febres "essenciais", a que ele propõe, segundo sua própria expressão, "desessencializar", a uma medicina de reações patológicas. A doença não pode ser percebida como "ser" que preexistiria ao processo fisiopatológico. Ela não é mais que a própria reação do organismo e, de maneira mais precisa, o acréscimo de irritação dos tecidos, que vai ser julgado, durante um certo tempo, como responsável pela maior parte, para não dizer pela totalidade, dos problemas patológicos.

Um quarto momento dessa evolução do modelo funcional em (bio)medicina pode ser detectado no conjunto das pesquisas que, no século XX, têm por objetivo o aprofundamento dos processos mórbidos em que nenhuma lesão de órgão pode ser percebida ou em que a lesão deve ser considerada como secundária com relação à perturbação do equilíbrio (nervoso, hormonal). Trata-se de todas as doenças em que não se percebe nenhum agente patogênico propriamente dito ou que não têm localização precisa como, por exemplo, o diabetes. Neste último caso, o doente se arrisca a sofrer uma lesão, mas esta não gozará de qualquer status etiológico. Longe de se ver assinalada a responsabilidade causal da doença, ela só pode ser apreendida como sua complicação, ou seja, como a conseqüência anatômica de uma disfunção fisiológica que preexiste a ela. Ora, essa atenção com relação ao que chamamos hoje de problemas funcionais, tidos como originais e não como derivados do quadro do modelo explicativo que estudamos aqui, só data dos últimos anos. Durante toda sua vida, um pesquisador como Leriche não cessou de mostrar que as doenças de disfunção eram capazes de provocar verdadeiras afecções orgânicas.

O estudo do funcionalismo médico que acabamos de esboçar nos permite perceber que a distância que separa a medicina hipocrática e neohipocrática da patofisiologia moderna e contemporânea é imensa. É principalmente a primazia do modelo epistemológico tomado das ciências experimentais e que visa fazer da medicina uma ciência exata, a exemplo da física e da química; é a ruptura com as noções de humor, de temperamento, de caráter, de tipo, agora consideradas como especulativas e pré-científicas; é a consideração mínima dedicada ao exame clínico e à individualidade própria da pessoa do doente, da qual pouco temos a aprender, principalmente se, como discípulos de Claude Bernard, apreendemos a doença a partir da fisiologia do homem de boa saúde; é sobretudo a convicção de que em patologia o esforço do organismo por se defender é freqüentemente um esforço *inadequado* — o que está em total contradição com o famoso preceito da "natura medicatrix" de Hipócrates.

Tendo colocado isso tudo, nada impede que a compreensão fisiológica e a compreensão humoral da doença sejam comandadas por *um mesmo modelo* que se opõe ao conjunto das representações anatômicas e "solidistas" do homem, em suas preocupações de ligar os sintomas a danos orgânicos e de localizar a causa do mal em um corpo estranho. Desta vez, a opção etiológica é, tanto em um caso quanto no outro, decididamente *funcional* e não mais lesional, *monista* e não mais dualista, *quantitativa* e não mais qualitativa. A doença como alteridade é substituída pela doença como *alteração* (humoral e portanto imponderável no hipocratismo, mensurável na fisiopatologia experimental). A morbidez não é mais considerada como um ser independente do organismo, ou seja, um agente patogênico que poderíamos isolar (ou destruir), mas como um processo de reação, e até mesmo — esta última perspectiva vai ser desenvolvida sobretudo a partir dos anos 30 — como um sintoma que devemos nos esforçar por compreender em sua globalidade. Assim, a noção do germe patogênico, como a da lesão do órgão, passa para segundo plano com relação ao problema da função que pode ser percebido ao nível dos tecidos (em Broussais), das células (em Virchow), das moléculas (na medicina contemporânea).

3º) *A homeopatia e a psicanálise*. Dois exemplos — obtidos ao mesmo tempo de nossa experiência pessoal e das entrevistas tanto com práticos quanto com doentes — vão-nos permitir captar, sob sua forma mais forte, a oposição polar dos procedimentos respectivamente fundamentados na observação do espaço (=modelo ontológico) e na compreensão do tempo e mais precisamente da duração interior (=variante do modelo funcional).

A consulta homeopática é principalmente característica de uma abordagem propriamente clínica da doença. O que se pede ao doente é que fale de seu estado, não omitindo nenhum dos detalhes mais anódinos, e o que se pede ao terapeuta é que compreenda a dinâmica da doença desde seu aparecimento até sua transformação atual, observando a alternância dos sintomas, bem como os ciclos de mais forte intensidade da afecção. Escutar o doente, estudar o significado das fases e dos períodos mórbidos, das sucessões sintomatológicas, das reversibilidades possíveis, das complicações, da cronicidade e da transformação, constituem os conceitos cardiais da cura, enquanto seu instrumento consiste em uma individualização medicinal que se esforça por ser a mais adequada possível ao caso em questão, sempre considerado único.

Se bem que radicalmente não quimioterápica, é uma mesma compreensão do movimento e não da extensão, fundamentada na tomada de consciência dos processos de organização e de desorganização funcional do indivíduo, que encontramos em *psicanálise*. Esta última procura pôr em relação a experiência atual do doente com sua fantasia passada a fim de explorar a inteligibilidade escondida na *continuidade*, ainda que esta tenha sido perturbada em um dado momento da história do sujeito. Ela acredita que não haja heterogeneidade radical entre a personalidade que apresenta um sintoma e a personalidade anterior que, por seu lado, aparentemente não o apresentava, uma vez que se trata do mesmo indivíduo. Nessas condições, de vez que a doença e a saúde não podem ser percebidas como dois estados qualitativamente distintos e uma vez que só existem casos individuais cuja solução deve ser encontrada em uma relação interindividual, é o próprio princípio da ontologia médica ("por trás dos doentes, encontrar as doenças") que é radicalmente posto em questão.

Esses dois últimos casos nos permitem medir o abismo que separa uma compreensão ontogênica de uma compreensão funcional da doença. Enquanto a primeira faz, como já vimos, referência à geografia — a localização da causa, a proveniência do agente responsável, a determinação do local e a espacialização regional das doenças no corpo — e está sempre articulada a um projeto nosológico, com a segunda encontramos, pelo contrário, em presença de *um pensamento decididamente voltado para a história*. Enfim, se esta opção médica é singularmente mais evidente no procedimento clínico centrado a) na narração do indivíduo, o qual, no quadro de sua temporalidade própria, conta a gênese de seu sofrimento, descreve os processos de evolução e de maturação de sua doença, b) na escuta e, depois, na reconstituição de uma genealogia por parte do terapeuta, que formula um diagnóstico e forma um prognóstico, essa opção médica anima igualmente o médico fisiologista, que está tão engajado quanto seu colega clínico em uma compreensão dinâmica da doença.

Antes de examinarmos, dentro da mesma opção de princípio, outros grupos interpretativos, que além do mais nem sempre estão excluídos dos precedentes, convém que nos asseguremos, interrogando a própria legitimidade da bipolaridade do ontogênico e do funcional, de não nos termos enganado até este momento. Essa oposição que comanda tudo o que precede tem um fundamento epistemológico irrefutável? Ela chega mesmo a ter sentido tanto na prática quanto na teoria da medicina ocidental? O que vai nos permitir estabelecer esse debate e assim proceder a um ree-

MODELO ONTOLÓGICO E RELACIONAL

xame crítico do que acabou de ser dito é a própria existência de um procedimento que parece se situar além dos dois modelos considerados: *o procedimento anátomo-clínico*. Esse procedimento, introduzido e posto em prática por Bichat, consiste na determinação das correlações entre os sintomas observados no exame clínico na pessoa viva (o visível externamente) e as lesões orgânicas constatadas no morto por ocasião da autópsia (o visível internamente). Nessas condições, se as correspondências podem e devem ser percorridas nos dois sentidos e a leitura médica se tornar, segundo a terminologia de Péquignot, uma leitura "de dupla entrada", não seria ingênuo continuar a opor um modelo clínico apoiado na observação dos sintomas a um modelo anatômico baseado no estudo das lesões; uma geografia médica do corpo fundamentada na diferenciação espacial dos órgãos e a indicação dos danos orgânicos a uma história do sujeito fundamentada no estudo dinâmico dos processos patológicos; uma medicina completamente atenta ao que diz o doente e o que pode ser lido na superfície de sua pele a uma medicina que, por seu lado, atribui primazia absoluta à observação do que se passa nas profundezas do corpo?

Não nos cabe aqui, uma vez que não somos médicos, julgar da validade heurística desse procedimento. Por outro lado, o que podemos afirmar, pois o percebemos através das entrevistas realizadas principalmente com médicos, é que, dois séculos depois de Bichat, nossa compreensão da doença continua realmente a oscilar entre dois pólos (o orgânico e o espacial; o psicofisiológico e o temporal). E, mesmo quando o terapeuta se esforça por unir os dois extremos da corrente (anátomo-clínica), parece-nos que existe sempre um momento em que o pensamento oscila e acaba por optar por um modo de apreensão em detrimento do outro. E essa tensão maior, que se exprime por seu incremento mais forte no afrontamento que com freqüência opõe os psicanalistas aos cirurgiões, não data dos últimos anos e, em nossa opinião, não está prestes a se desvanecer.

Já apenas vinte anos depois da revolução epistemológica introduzida por Bichat na medicina, vemos esse antagonismo se manifestar praticamente nos mesmos termos de hoje. Em 1821, Broussais declarava:

> Estudar os órgãos alterados sem fazer menção aos sintomas das doenças é como considerar o estômago independentemente da digestão.

E Bouillaud replicava:

> Se existe um axioma em medicina, trata-se sem dúvida da proposição de que não existe doença nenhuma sem localização. Se admitirmos a opinião contrária, será também preciso admitir que existem funções sem órgãos, o que é um verda-

AS FORMAS ELEMENTARES DA DOENÇA

deiro absurdo. A determinação da localização das doenças é uma das mais belas conquistas da medicina moderna.

Assim, ora é a busca obstinada da localização mórbida que a associa ao estudo dos processos funcionais e à análise semiológica, ora é o inverso que ocorre. Por fim, e principalmente, o próprio procedimento anátomo-clínico, embora eminentemente relacional em seus princípios, introduz uma ordem de precedência entre o anatômico e o clínico: em Bichat e seus discípulos é quase sempre *o anatômico* que precede o clínico. Uma medicina que se atém à superfície é considerada como uma medicina superficial e o discurso clínico só pode ser tomado por um discurso confuso, ou seja, um discurso que, confundindo o significante (sintoma) e o significado (a doença), só pode tender aos riscos do nominalismo[5].

Por outro lado, o discurso anátomo-clínico é um discurso em profundidade, e só ele pode levar ao conhecimento do além das palavras, tendo assim podido constatar a realidade das coisas. Assim, o clínico que não é simultaneamente anátomo-clínico não tem a possibilidade, a não ser pela especulação, de ir além dos sintomas que são apenas simples sinais. Ele se atém ao efeito quando se trata de percorrer nos dois sentidos o caminho que liga o original ao derivado[6].

É, portanto, o estudo da anatomia, e só ele — e, em particular, na época de Bichat o cadáver dissecado na autópsia que nos ensina tanto sobre o ser humano vivo[7] —, que, sem se opor à prática clínica, é reconhecido como o verdadeiro criador da legitimidade dessa última. Dito de outra forma, o estudo semiológico, sem ser de modo algum renegado, deve ser considerado nesta perspectiva como a expressão e o resultado cronológico de um ponto de partida anatômico. Portanto, o tempo não foi abolido em favor do espaço, nem a história em favor da geografia, mas é o espaço que fundamenta o tempo, e a geografia que fundamenta a história.

2. A doença como ruptura do equilíbrio entre o homem e o cosmos

A doença é considerada, desta feita, como o efeito de uma desarmonia entre o microcosmo e o macrocosmo, e o processo da cura consistirá de um reequilíbrio cósmico (intervenção direta nos elementos naturais ou por meio deles)[8].

Esse sistema de representação se exprime ao mesmo tempo no conjunto dos médicos populares de tradição oral, tanto européia quanto extra-européia, e na maioria dos sistemas tradicionais organizados em corpus escritos como, na Ásia, a medicina da antiga China ou, entre nós, a medicina espagírica*.

---

* Referente à alquimia.

MODELO ONTOLÓGICO E RELACIONAL

É, sem dúvida, na obra de Paracelso que encontramos em nossa cultura a elaboração mais completa dessa compreensão da doença e cuja expressão mais conhecida — tanto no conhecimento erudito não biomédico quanto no conhecimento popular — é a famosa medicina das correspondências ou das "assinaturas". Mas o advento do método experimental em fisiologia e principalmente, voltaremos a este ponto, as descobertas pasteurianas, que reatualizam no Ocidente uma interpretação decididamente ontológica da doença, foram impostos com tal força à nossa sociedade e às nossas mentalidades que acabaram por marginalizar, e até mesmo por ocultar, toda essa corrente do pensamento e da prática médica. Isso não foi até agora definitivamente superado[9] e está mesmo em vias de conhecer uma retomada de interesse, depois de alguns anos, principalmente sob a forma da cronobiologia.

3. A doença como ruptura de equilíbrio entre o homem e seu meio social

Ao passarmos de uma interpretação ontológica a uma interpretação relacional da doença, vemos se efetuar não apenas um deslocamento das significações em jogo, mas também uma completa mudança de perspectiva que faz surgir uma percepção não apenas anatômica, mas também biológica da doença, uma vez que ela consiste, com relação a todas as representações estudadas anteriormente, em recolocar a morbidez em um espaço semântico que vai além não apenas do corpo que sofre, mas também da pessoa do doente.

Essa explicação, seja ela "espontânea" ("selvagem") ou cientificamente retomada sob forma de leitura analítica, é suscetível de receber, segundo as épocas e as sociedades, diferentes formulações. Vamos nos ater brevemente a duas delas. *Uma formulação religiosa*: a doença é, ao mesmo tempo, uma advertência que faz supor uma infração (voluntária ou involuntária) cometida, um apelo à ordem que exige uma reparação, uma injunção para que se restaurem as relações da comunidade com ela mesma, já que foi posta em perigo pela doença de um só de seus elementos. É por isso que esse sistema de interpretação[10] pede a oferta de um sacrifício que a sociedade oferece, poderíamos dizer, a ela mesma, menos para curar o doente que para reencontrar ou fortalecer seu eixo de equilíbrio. *Uma formulação mágica e, mais precisamente, de feitiçaria*: a compreensão dos sintomas designados pelo termo "sortilégios" lançados e devolvidos ao expedidor, que tem a capacidade de pressentir aquilo a respeito do que, a partir de alguns anos atrás, tivemos a ilusão de revelar como um "achado", ou seja, que a doença de um só elemento remete a um espaço em que o que se passa tem, sem dúvida, algo a ver com o doente, mas se situa, não obstante, *no exterior* dele.

63

AS FORMAS ELEMENTARES DA DOENÇA

Essas últimas observações nos levam diretamente a mudarmos nossa leitura do pensamento etiológico: a considerá-la não mais à luz do relacional em sua oposição polar ao ontológico, mas sob a luz do exógeno em oposição ao endógeno. Mas, antes de abordarmos essa nova posição em perspectiva, é importante apontarmos um duplo paradoxo.

1. Pensar a doença e a saúde como modo de relação perturbado ou satisfatório do homem com seu meio social é, em nosso horizonte sócio-histórico, uma reação (anti-organicista) à hipertrofia do modelo que lhe é mais oposto: o modelo ontológico. Essa reação pode certamente ser considerada como um "progresso" — e a ela aderimos pessoalmente, embora dentro dos limites de uma estrita epistemologia da pluridisciplinaridade ciosa, antes de mais nada, de que a interpretação social do patológico não degenere, por desvios imperceptíveis, em um postulado puro e simples do sociologismo. Mas é também a revitalização de um modelo muito antigo e que, em sua redescoberta contemporânea, está dividido entre a idéia de que é preciso "desmedicalizar" a doença e a medicalização de fato dos comportamentos (delinqüência, "psicopatias") que outrora eram condenados em nossa sociedade pela moral e pela religião.

2. É quando o pensamento etiológico faz do mal biológico um simples caso de mal social, ou, se preferirmos, quando o segundo é tido como original e o primeiro apenas como derivado, que assistimos sub-repticiamente ao retorno inesperado do modelo que lhe é logicamente o mais oposto.

Assim, o pensamento africano tradicional, que consideramos e que, sob muitos aspectos, se considera a si próprio — quando o ouvimos atentamente em seu próprio discurso — *relacional* (a relação do homem com o sagrado, ou seja, para o etnólogo, do homem com o social), é *também* um pensamento deliberadamente *substancialista*.

Da mesma forma — diversas pesquisas que realizamos pessoalmente nos convenceram disso —, isso também vale para a feitiçaria européia, que antes de ser considerada sob forma de discurso científico põe em jogo realmente, para todos os que são seus atores, forças não (ou não apenas) psicológicas ou sociais, mas *materiais*.

Por fim, não é possível ficar insensível ao fato de que, quando os médicos — e entre eles principalmente os psiquiatras — denunciam a patologia social ("sociedade patogênica", patologia das famílias), o modelo de referência utilizado é ostensivamente durkheimiano, e até mesmo pré-durkheimiano: tudo se passa como se "a família", a "sociedade", "o Estado" etc. fossem dotados da condição de *coisa* e, ainda mais, de coisa que pode ser apreendida independentemente dos indivíduos. Mas temos o direito de nos perguntar, cada vez que o deslocamento do ontológico para o relacional é acompanhado por uma reificação do social, em que medida realmente mudamos de modelo. Assim, quando "a família", "a sociedade", "os gênios", "os ancestrais", "os sortilégios" são apreendidos como entidades morbíficas, a doença não mais aparece como pertencendo à ordem da alteração, mas da *alteridade*; não mais como pertencendo à ordem da variação quantitativa, mas da invasão, da agressão (ou da escolha), ou seja, da diferença *qualitativa*. Então, encontramos um modelo deliberadamente *dualista* e não mais monista: existem duas realidades antagônicas que se defrontam: o paciente e uma adversidade mórbida. E, como nas sociedades tradicionais — ou nos aspectos mais tradicionais de nossas sociedades —, eles não são (ou não são apenas) metáforas[11].

Notas

1. O fundador da escola de Cós distingue, por exemplo, doze doenças da bexiga, sete doenças da bílis, quatro doenças dos rins. Ele isola a "bílis negra", que reconhece como secreção específica, e ainda a "febre terçã" e a "febre quartã", que são, para ele, doenças em si e apresentam suas próprias características.
2. Aqui, estamos em presença de um pensamento que é ao mesmo tempo menos etiológico e menos essencialista, e para o qual o corpo, "essa máquina composta por ossos e carne, tal como se mostra em um cadáver", como diz Descartes em sua *Segunda meditação*, é o único local possível da doença, bem como o único objeto de estudo e intervenção de um saber que se quer decididamente positivo.
3. O reverso dessas vantagens é que, quanto mais pregnante estiver o modelo da ontologização do mal-doença e de sua pressão mecânica, haverá menos espaço, evidentemente, para uma compreensão das disposições pessoais de quem sofre e para uma individualização de seu tratamento.
4. L. F. Céline, *Mort à crédit*, I, Paris, Gallimard, Folio, 1982, pp. 37-38. Os grifos são nossos.
5. Esta crítica do vocabulário clínico e do caráter ilusório do que pode oferecer ao médico a observação dos sintomas pode ser encontrada em todos os teóricos da medicina anátomo-clínica e também em Claude Bernard. Só a experiência de laboratório, repete o autor da *Introduction à l'étude de la médicine expérimentale*, é a verdadeira fundadora tanto do estudo da fisiologia quanto do estudo da patologia. E Bernard opõe vigorosamente "a realidade dos fatos" experimentais à irrealidade das "palavras".
6. O mérito evidente desta posição é a de chamar nossa atenção para a distorção freqüentemente muito grande entre, de um lado, os indícios objetivos que podem ser lidos pelo médico ao nível da observação do corpo e mais ainda os sintomas tais como são subjetivamente sentidos pelo doente, e, de outro lado, a própria realidade anatômica. Efetivamente, existe um verdadeiro quiasma da doença. Por exemplo, às manifestações espetaculares e extremamente dolorosas de uma crise de taquicardia não corresponderá nenhum dano somático. Mas, inversamente, os sintomas aparentemente benignos daquele que tosse (e mesmo a ausência de sintoma naquele que não tosse) poderão esconder uma alteração orgânica importante que, por si só, indica a tuberculose.
7. Lembremos que, pelo aperfeiçoamento da auscultação instrumental, Laennec começa a renovar as condições da consulta médica, que se torna realmente anátomo-clínica.

AS FORMAS ELEMENTARES DA DOENÇA

O exame clínico por aparelhos, que hoje encontra seu prolongamento nas análises de laboratório, permite ao médico realizar uma autópsia projetiva, por assim dizer, por antecipação e se dispensar, na maioria dos casos, da leitura direta das lesões.

8. Cf. F. Laplantine, 1978, pp. 119-124.

9. Cf. por exemplo, o pensamento de Fliess tornado célebre por Freud e que avalia que os ciclos (vinte e oito dias para a mulher e, segundo ele, vinte e três dias para o homem) são primordiais para a compreensão das doenças.

10. O fato de a tendência largamente dominante em nossa medicina ser decididamente "centrada no corpo" (C. Herzlich) não deve nos ocultar que a própria idéia de uma doença individual que pudéssemos isolar, autonomizar e que fosse a morbidez específica de um ser humano em particular é raríssima e freqüentemente mesmo inconcebível no campo etnográfico das sociedades conhecidas.

11. Em um grande número de discursos de inspiração sociológica, concernentes aos processos de aculturação e de deculturação, igualmente encontramos essa tendência a uma interpretação formulada em termos de intensidade qualitativa (e, conseqüentemente, de "ser") tanto da agressão cultural quanto da resposta contra-aculturativa.

2
Modelo exógeno e modelo endógeno

O trabalho que nos propomos efetuar nos três capítulos seguintes vai consistir em reconsiderar a bipolaridade paradigmática do ontológico e do funcional sob um novo ângulo de abordagem e de esclarecimento, e que nos vai permitir, ao longo de nosso trajeto, proceder a um enriquecimento progressivo dos modelos considerados isoladamente. O que vamos mostrar, de início, é que toda imputação etiológica — seja ela popular ou erudita, espontânea ou teórica — exige uma segunda leitura, pois procede sempre de uma oscilação entre uma causalidade externa e uma causalidade interna. De maneira mais precisa, existe um modelo exógeno e um modelo endógeno da doença. O primeiro comanda as representações que consideram ser a doença o resultado de uma intervenção exterior (infecção microbiana, vírus, espírito patogênico, modo de vida malsão). O segundo, pelo contrário, insiste nas noções de campo, hereditariedade, temperamento e predisposições.

I. O modelo exógeno

A doença é um acidente devido à ação de um elemento estranho (real ou simbólico) ao doente que, a partir do exterior, vem se abater sobre esse último. No próprio interior dessa posição que confere uma prioridade (relativa ou absoluta) à exterioridade patogênica, dois grupos de significações podem, já de início, ser apontados.

1) A doença tem sua origem na vontade má de um poder antropomorfo ou antropomorfizado: feiticeiro, gênio, espírito, diabo, até mesmo o próprio Deus intervêm sob a forma do "destino": trata-se dos "sistemas" que Foster (1976) qualifica de "personalistas". Os processos patológicos e terapêuticos são então pensados em termos de relações humanas (ou supra-humanas) e a medicina é vista como uma sociomedicina.

2) A doença tem sua origem em um agente nocivo, mas que é concebido desta vez como "natural", e, aqui, diversas explicações causais, muito

AS FORMAS ELEMENTARES DA DOENÇA

freqüentemente radicalizadas e tidas como exclusivas, podem ser distinguidas.
a) A relação do ser humano com o meio físico. O que aqui se coloca em primeiro lugar é, por exemplo:
— a influência mórbida dos planetas,
— a influência geográfica, climática e meteorológica[1],
— o meio em sentido amplo, ou seja, as condições ecológicas e sociais da existência.
b) A relação do ser humano com o meio químico e bioquímico. Um dos adversários hoje apontado com maior preferência é o alimento, fraco demais ou forte demais em calorias, mal equilibrado, não "natural", mas de qualquer forma agindo como uma causa extrínseca sobre o organismo.

Os diferentes registros interpretativos que acabamos de invocar correspondem ao que Foster (1976) chama de "sistemas naturalistas". Expressando uma compreensão biomédica — ou ecomédica — da doença, eles aparecem como um progresso com relação aos anteriores, um progresso que consiste em uma emancipação e uma liberação das representações sóciomorfológicas. Evidentemente, como não é possível considerar o conjunto dos casos derivados dessa matriz de significação que confere a primazia lógica e cronológica ao pólo do exógeno, vamos mostrar que, para o pensamento médico ocidental moderno e contemporâneo, tanto erudito quanto popular, a imputação etiológica é orientada em dois sentidos principais, contrários e até mesmo contraditórios: uma causalidade química e uma causalidade social.

*1. A imputação etiológica dirigida no sentido da natureza:
o exemplo da microbiologia*

Quando, a partir de 1875, Pasteur, que não era clínico, mas sim químico, aborda o domínio da medicina, tende a estabelecer em princípio resolutamente uma explicação da doença como infecção cujo protótipo pode ser ilustrado pela raiva que se transmite pela saliva e transfere o germe patogênico de um indivíduo para outro[2]. Entretanto, a variante pasteuriana da imputação mórbida ao exógeno é infinitamente mais complexa do que parece. Um certo número de experiências — sobre o bicho-da-seda, a raiva, o carbúnculo e as doenças pútridas —, e principalmente a aplicação médica das descobertas microbiológicas efetuadas nas doenças do vinho e do vinagre, ou seja, a passagem da química à patologia humana, impõem ao autor do Estudo sobre o bicho-da-seda uma reavaliação da exclusividade atribuída à patogenia externa por elementos infinitamente pequenos. Ele se vê confrontado com fatos que mais negam que confirmam sua hipótese básica, nascida de suas pesquisas sobre a fermentação. Ele constata principalmente que os microrganismos patogênicos podem não encontrar os fatores necessários a seu desenvolvimento, e que sua eficácia é, então, mais ou menos forte de acordo com o meio. Além disso, ele deve reexaminar aquilo que considerava como estabelecido: a doença não deve mais ser considerada como a semeadura microbiológica de organismos inertes e idênticos uns aos outros; de um lado, não há mais o substancialismo do micróbio-agente e, de outro, o campo que seria apenas e simples receptor do primeiro. Resumindo, a etiologia deve considerar o hóspede não como um meio passivo, mas um agente que reage e, como conseqüência, a patogenia microbiana não pode mais ser tida como a causa única que se procurava.

Se Pasteur é levado a abandonar seu primeiro esquema, que tendia, até 1875, a se erigir em princípio (o determinismo unívoco da exogeneidade microbiológica, ou seja, a relação de causa e efeito exclusiva do micróbio sobre o organismo), e a integrar nesse esquema os fatores endógenos necessários à explicação do desenvolvimento das substâncias microbianas, ele jamais fará qualquer concessão à hipótese da espontaneidade: "geração espontânea" ou "espontaneidade mórbida", defendida na mesma época por médicos como Pidoux, afirmação da primazia do campo, cara à medicina "vitalista". Se, portanto, a realidade inflige um desmentido àquilo que alguns de seus adversários chamam de "microbiatria" nascente, ela não desvia Pasteur de sua primeira hipótese (a primazia de uma etiologia exógena de natureza microbiana). Esta última continua a ser sustentada e desenvolvida com tenacidade, mas em torno dela se ordenam outras variáveis que são levadas em consideração: principalmente o fato de a exterioridade patogênica e terapêutica passar necessariamente pelo canal do organismo. Não existe, portanto, para ser exato, superposição de duas explicações etiológicas que seriam consideradas como igualmente importantes mas, em vez disso, uma *diferenciação* entre o campo alterado ou infectado e a causalidade externa responsável pela alteração ou pela infecção, diferenciação obtida pelo *isolamento* do agente exterior que irrita ou infecta, não mais tido como causa exclusiva mas, não obstante, dominante. A tese central é, portanto, realmente mantida, mas a relação do germe patogênico com o organismo atingido é tornada, consideravelmente, mais complexa, e é sem dúvida por essa desdogmatização que a medicina que se qualifica de pasteuriana acaba por levar uma vantagem duradoura.

Se insistimos tanto sobre a variante microbiológica do modelo da exterioridade patogênica é 1º) em razão da *influência imensa* que ela exerceu e continua a exercer no campo da medicina ocidental; 2º) porque ela consiste, ao mesmo tempo, em uma *radicalização da imputação etiológi-*

ca exógena que se faz refluir, não inteiramente mas de uma maneira privilegiada, do indivíduo atingido para o agente responsável e numa *reativação da compreensão ontológica da doença*. Sendo a doença principalmente uma infecção — e a toda infecção corresponde um agente específico —, a pesquisa etiológica desenvolvida segundo o modelo pasteuriano dificilmente pode ser dissociada da noção de *entidade mórbida independente* (com relação a qual, entretanto, o procedimento de Pasteur instituía uma ruptura) ou, se preferirmos, de "grandes doenças"[3]. Com a microbiologia, a etiologia torna-se precisa, se particulariza e radicaliza. Já não é suficiente afirmar que a causa do paludismo (de "palus, paludis" = pântano) está ligada à insalubridade de um certo meio (o pântano) percebido em sua globalidade; demonstra-se que ela provém de um hematozoário específico (1880), transmitido por certos tipos de mosquitos, com relação aos quais o pântano só pode ser considerado como um fator de desenvolvimento. Enfim, e talvez principalmente, o modelo pasteuriano deve uma parte importante de seu enorme sucesso às *reinterpretações irracionais e imaginárias* que se superpuseram a ele, não importa de que mentalidade não científica proceda, já que ela representa "o micróbio" que vem infectar um indivíduo, antes aparentemente em boa saúde. A interpretação pasteuriana e neopasteuriana da doença é objeto da aceitação popular maciça que conhecemos, em razão de seu impacto simbólico: principalmente o impacto exercido por essas substâncias nocivas tidas como ainda mais eficazes do que invisíveis. Uma causalidade totalmente exógena liga-se, então, a uma representação totalmente ontológica. E essa ligação satisfaz a idéia de que eu não me encontro na origem de minha doença, de que não sou eu realmente que estou doente, quem está doente é um dos meus órgãos, acidentalmente infectado por minúsculos seres vindos do meu exterior. Essa idéia vai ao encontro de um desejo que acreditamos universalmente compartilhado. Enfim, ela está enraizada na certeza de deter a verdade da doença porque se acredita fundamentada em um modelo científico indiscutível que lhe serve de apoio e de garantia, e esse modelo, se bem que infinitamente mais complexo que sua reinterpretação popular, não é em si mesmo totalmente estranho a essa forma de pensamento cuja tendência é, como veremos adiante, generalizar, para além do grupo das doenças infecciosas, respostas etiológicas necessariamente limitadas ao domínio único da microbiologia.

2. A imputação etiológica a partir da cultura

1º) *A sociogênese das doenças na dualidade contemporânea médico/doente*. A pregnância da atribuição causal precedente não é exclusiva do fato de a maioria dos doentes e também dos médicos que entrevista-

MODELO EXÓGENO E MODELO ENDÓGENO

mos atribuírem a origem de um número muito grande de doenças tanto ao meio social quanto àquilo que Claudine Herzlich (1969) chama de "modo de vida". Entre essa segunda categoria de agentes externos, os mais freqüentemente incriminados são: a poluição atmosférica, o ruído, as más condições de moradia, o desemprego e, em menor grau, a "dificuldade de se chegar ao fim do mês"; os problemas familiares, o sedentarismo responsável pela obesidade e pelos riscos de problemas cardiovasculares (evocado sobretudo pelos médicos), os ritmos de trabalho e a duração das jornadas responsáveis pela "sobrecarga" e pela "fadiga"; o acidente propriamente dito (na estrada, no trabalho), exógeno, se assim podemos dizer; a nocividade da alimentação, particularmente das "conservas", e a inelutável trilogia contemporânea das gorduras, dos açúcares e do sal; o consumo de álcool e de tabaco.

Impõem-se, aqui, duas observações, uma com relação às duas causas mencionadas e a outra com relação à totalidade delas.

a) Desprezando tudo aquilo que poderia intervir em uma interpretação a partir do pólo endógeno das representações (principalmente a disfuncionalidade nutricional, ou seja, a patologia do metabolismo), o pensamento contemporâneo mais difundido — somos tentados a dizer o mais "espontâneo" — classifica os alimentos em "bons" e "maus". E os alimentos considerados patogênicos — os psicanalistas aqui falariam de "objetos malditos" — não são considerados como fatores de doença que possam ser postos em relação com outros fatores, mas como agentes tidos diretamente como responsáveis. Ora, pareceu-nos — nós já o suspeitávamos antes de empreender este trabalho — que essa convicção íntima da imensa maioria dos doentes de hoje, longe de se ver diminuída quando da consulta e da escuta do discurso médico, encontrava, pelo contrário, nesse último um aliado precioso, fornecendo-lhe ainda mais argumentos e principalmente um princípio de legitimação[4]. A vantagem conseguida é, se examinarmos atentamente esse processo, considerável. Tem-se a possibilidade de designar o inimigo pelo nome: "o cigarro", "o uísque", "os pratos condimentados", "a maionese", "os bolos de chocolate". Tem-se a certeza de isolar verdadeiras causas da doença: "o açúcar" é "*a* causa" do diabetes; "o sal", "*a* causa" da hipertensão arterial; "as gorduras", "*a* causa" do colesterol e do enfarte; e "o tabaco", do câncer de pulmão.

b) Pode ser considerado sadio — Claudine Herlich já o havia observado em sua pesquisa realizada há cerca de quinze anos — tudo o que foi feito sob medida para o homem: a alimentação "natural", a vida no campo em contato direto com a natureza. Inversamente, deve ser considerado patogênico tudo aquilo que se associa à vida moderna e particularmente à vida urbana, responsável pelo câncer, pelas doenças cardiovasculares, pelas doenças mentais e pelos acidentes.

2?) *A sociogênese das doenças nas teorias sociomédicas contemporâneas.* Para estas, a doença é franca e explicitamente social: ela se liga à educação, à política ou à cultura. Ora, é principalmente à explicação etiológica dos problemas mentais que se dirige a primazia da pesquisa consagrada às influências dos fatores sociais na gênese da doença. Entre as diferentes correntes psiquiátricas que partem de um modelo epistemológico deliberadamente sociomédico, convém citar, em razão de sua influência, as obras de Reich centradas na "moral familiar" e na repressão sexual diretamente geradora de sintomas, bem como a escola americana de Palo Alto que, pesquisando o que pode provocar a doença de um membro de um determinado grupo, estuda a patologia da comunicação[5]. Enfim, é impossível não evocar o interesse que suscitou nos anos 70 o pensamento que se autodenomina "antipsiquiátrico" e que se exprime em numerosas obras e também em filmes que conheceram um verdadeiro sucesso, como *Family Life* (1972) de Kenneth Leach.

Quaisquer que sejam as particularidades de cada uma dessas diferentes tendências (elas próprias largamente diversificadas) da explicação sociomédica, todas partilham da idéia maior de que a origem da doença não se situa a nível do indivíduo (tanto orgânico quanto psicológico ou indistintamente psicossomático), mas a nível da relação social. Se tal posição aparece seja como uma "descoberta", seja como um "retorno ao obscurantismo" com relação à tendência dominante de nossa medicina, que é biomédica e não sociomédica, ela é para o etnólogo o ressurgimento e a transposição moderna de uma compreensão da doença que procede de uma matriz universal. Por fim, parece-nos interessante sublinhar a reintrodução contemporânea de uma etiologia diretamente sociopolítica no próprio campo da patologia geral (e não apenas da doença mental). Os textos publicados pelo doutor Carpentier — que chegou mesmo a afixar alguns deles em sua própria sala de espera — são muito representativos desse ponto de vista:

(É) "a ordem social" (que) "nos deixa doentes".
"a medicina é uma atividade política."

Ou ainda:

"Agora se sabe bem que a doença é o resultado físico e psíquico dos conflitos e das rebeliões contra o esquema imposto: familiar, social, econômico e político (se é que ela não é apenas isso, o que ainda falta provar)."

Por seu lado, um outro clínico geral da região parisiense declara:

Eu sei de onde vem a fadiga, já é do conhecimento médico: dos transportes, das condições de trabalho, etc. A primeira coisa a fazer é lutar contra as verdadeiras causas da doença: 90% dos problemas estão ligados ao alcoolismo, ao tabaco, às condições de trabalho, de vida, de transporte, de isolamento, de desenraizamento.

3º) *A sociogênese das doenças na literatura: o exemplo de Fritz Zorn.* O tema da doença ligada à cultura e em particular à educação familiar é encontrado na literatura contemporânea. Citaremos aqui apenas um exemplo, mas um exemplo que o exprime com um vigor e uma intensidade tais que seria conveniente ficarmos só nele: trata-se de *Mars* (1979) de Fritz Zorn que, atingido por um câncer, morre aos trinta e dois anos. Duas idéias-força podem ser postas em evidência.

A primeira é a de que a imputação etiológica é diretamente reportada pelo escritor à sua sociedade e mais precisamente a seu meio familiar, e somente subsidiariamente à sua fragilidade individual. Para Zorn, uma série de termos que designam a educação burguesa e que permitem apontar o adversário aparecem como rigorosamente equivalentes: trata-se do "familiar" (p. 254), "burguês" (p. 254), "horror à verdade" (p. 88), "conveniente" (p. 90), "próprio" (p. 95), "recusa categórica de quase tudo o que faz a vida" (p. 85), "tranqüilo" (p. 254), "mau" (p. 254), "cristão" (p. 256), "divino" (p. 254), ou ainda "correto" (p. 256) e "como é preciso" (p. 229):

> o câncer que me devora não sou *eu*, é minha família, minha origem, é uma herança, em mim, que me devora. O que significa, em termos médico-políticos ou sociopolíticos: enquanto ainda tenho o câncer, sou garantia do meio burguês cancerígeno. (pp. 180-181)

> minha alma foi invadida pela proliferação do corpo estranho "pais" que, como todos os tumores cancerosos do corpo, só tem por objetivo destruir todo o organismo. (p. 205)

A segunda idéia-força que aqui desejamos apontar em *Mars* é a de que não é o meio social que deve ser reputado patogênico em si mesmo, mas apenas, como diz Zorn, sua "quantidade". A partir disso, elabora-se a representação da doença (no caso, o câncer) menos como um efeito da cultura propriamente dita que como conseqüência de um excesso de cultura:

> ... Creio que a casa de meus pais, tal como a descrevi anteriormente em diversos exemplos, constitui um caso bastante representativo e que toda uma série de outras casas de pais não deve se apresentar de maneira muito diferente. Pode até ser que em nossa casa as coisas ainda fossem um pouco maiores que alhures, mas não fundamentalmente diferentes do que se passava em outras casas burgue-

AS FORMAS ELEMENTARES DA DOENÇA

sas, sem nenhuma dúvida. Poder-se-ia, então, dizer que, se tudo isso me é tão danoso, no meu caso particular não foi certamente pelo que faltou na minha educação, mas pelo excesso. (p. 51)

A diferença entre meus pais e outros pais, tão normais ou anormais quanto eles, era puramente quantitativa. Ouço dizer que meus pais, no que se refere àquilo pelo que são culpados, nada tinham de original. (...) Eles eram apenas um pouco mais degenerados do que se é *a priori* na Rive dourada de Zurique, por essa época já bastante degenerada. Eles eram um pouco mais burgueses, um pouco mais inibidos, um pouco mais inimigos da vida, um pouco mais inimigos da sexualidade, um pouco mais limpos, um pouco mais *comme il faut*, um pouco mais suíços que seus vizinhos — e são justamente esses pequenos poucos que agora me matam. (p. 229)

... só existe um crime, que é perpetrado continuamente e contra cada um de nós; o que é determinante é unicamente a quantidade. (...) Já me defini acima como normal no sentido de que, como todo mundo, também sofri um golpe. O que existe de anormal em minha história é apenas que sofri demais. Ou, em outros termos: o mal me foi infligido em excesso. (p. 233)

3. As metáforas do exógeno na narrativa do romance e da autobiografia

As metáforas mais freqüentemente utilizadas para se distinguir a agressão são as da penetração, da invasão, da violentação, da possessão, da intoxicação, da contaminação, do ataque do assalto ou ainda do veneno, da peçonha, da ferida.

A possessão. Nós a encontramos principalmente na pena de André Gide e de André Malraux.

"A doença", escreve Gide em *L'immoraliste*, "entrou em Marcelina, já a habitava, marcava-a, manchava-a. Era uma coisa que destruía." (1981, p. 131)

"Nova crise", escreve Malraux em *Lazare*, que é a narrativa de uma temporada no La Salpêtrière (...) "fui possuído por uma tensão imensa, girei com todas as forças, precipitei-me contra a vidraça da biblioteca, choquei-me contra uma das vigas de madeira e caí. (...) Não desmaiei; depois da comoção escrevi, a fim de não esquecer: possessão fulminante." (1974, p. 89)

Malraux volta com mais detalhes a esse episódio:

Não me lembro de ter desmaiado. É possível se lembrar disso? Penso no que me disse o professor quanto a seus doentes salvos do pré-coma. Esses vinte e cinco minutos de vida sonâmbula sob a ameaça da morte não me perturbam como síncope, mas como possessão. (1974, p. 142)

A ferida. A doença como ferida se reveste de uma importância muito particular em dois escritores: Louis-Fernand Céline e Michel Leiris. Já invocamos o primeiro e a ele voltaremos ainda muitas vezes. Quanto ao segundo, ficamos surpresos ao constatar até que ponto numerosas narrativas-confidências que formam a própria textura de cada um de seus livros podiam ser lidas como sintomas experimentados por alguém ferido. Assim, em *L'âge d'homme* (1973), os capítulos intitulados "Olhos estalados" (pp. 80-81), "Pé ferido, nádega mordida, cabeça aberta" (pp. 107-109), "Ponto de sutura" (pp. 131-135), "Garganta cortada" (pp. 104-105).

A invasão. Dois textos provêm integralmente dessa forma de agressão que se propaga inexoravelmente e se espalha por contágio: trata-se de *La peste* de Albert Camus (1947) e *Le rhinocéros* de Eugène Ionesco (1976)[6].

A mordedura.

Até o meio-dia só consegui me virar de um lado para o outro da cama, mordido por um animal de mandíbulas múltiplas, que atacavam minhas costas, meus rins, meu estômago e meu ventre,

escreve Raymond Guérin em *Le Pus de la Plaie* (1982, p. 102).

O ataque. A metáfora do ataque e, mais precisamente, do ataque guerreiro, do invasor que se precipita sobre o inimigo é com certeza uma das mais utilizadas.

A doença "ataca", escreve Rilke (1941, p. 89), "golpeia" e ainda "golpeia em pleno coração" (Proust, 1978[b] e 1980[b]). "Madame Rosa", nos diz Romain Gary em *La vie devant soi*, "podia ser atacada a qualquer momento" (1982, p. 132). Igualmente, notaremos a freqüência dos termos "tumulto" (p. 29), "luta" (p. 18), "guerra" (p. 23), "combate" (p. 50), "atacar" (p. 29), "assaltar" (p. 29) em *Les mots pour le dire* de Marie Cardinal (1981).

Finalmente, citemos três breves passagens de *O imoralista* de André Gide, das *Mémorias de Adriano* de Marguerite Yourcenar e do *Pus de la Plaie* de Raymond Guérin.

"Bruscamente" (trata-se de uma crise de hemoptise) "minha vida pareceu-me atacada", nota André Gide, "atacada atrozmente em seu centro. Um inimigo numeroso, ativo, vivia em mim. Eu o ouvia; eu o espiava, eu o sentia. Eu não o venceria sem luta (...) e eu me dizia a meia-voz, como para melhor convencer a

AS FORMAS ELEMENTARES DA DOENÇA

mim mesmo: é uma questão de vontade. Coloquei-me em estado de hostilidade..."
(A. Gide, 1981, p. 35)

"Eu me observava: essa dor surda em meu peito", escreve Marguerite Yourcenar, "não era mais que uma doença passageira, o resultado de uma refeição tomada depressa demais, ou seria preciso esperar da parte do *inimigo* por um assalto que desta vez não seria rechaçado." (M. Yourcenar, 1981, p. 11)

"Sempre fui apanhado desprevenido", registra Raymond Guérin em seu diário da doença. "Espero pelo inimigo em um certo campo e ele surge em outro. Habituei-me a vê-lo *atacar* a tal hora e, nesse dia, ele continuava invisível. Mas é para *cair sobre mim* em um momento em que, até então, ele me havia deixado em paz." (R. Guérin, 1982, p. 84)

Em resumo, vemos que, quaisquer que sejam as expressões utilizadas por esses escritores, trata-se de imagens que têm por função justificar que o indivíduo é, em si mesmo, intrinsecamente estranho à transformação de seu estado e que as causas da doença devem ser procuradas no mundo exterior (germe patogênico, meio, modo de vida, educação, sociedade).

4. O ponto de partida das significações das representações exógenas

Agora, já sabemos o suficiente para isolar a especificidade semântica do grupo de representações comandadas pela primazia do exógeno. Elas se ordenam em torno dos seguintes pares em oposição:

interno	externo
individual	social
natureza	cultura[7]
saúde	doença
vítima que não participa em nada da gênese do processo patológico	inimigo totalmente responsável

A coluna da esquerda postula uma percepção do ser humano naturalmente são (se o situamos em um registro médico) ou espontaneamente bom e inocente (se o situamos em um registro moral ou religioso). Este último, que possui em si mesmo recursos terapêuticos, ou seja, capacidades de defesa mais ou menos grandes, é todo animado por um desejo de viver que só vem contrariar a existência no exterior de poderes nocivos ou malévolos. Quanto à coluna da direita, ela é a representação da própria origem do mal — doença que, sob a forma de violentação, de inva-

MODELO EXÓGENO E MODELO ENDÓGENO

são, de poluição, de infecção, vem agredir um indivíduo que, nessas condições, só pode ser tido como vítima. Em resumo, a patologia dedica-se inteiramente à pesquisa de um encontro conflitante: o que se considera e é considerado pelos outros como naturalmente em boa saúde "suporta", "se defende" contra, "resiste" a um agente exterior ("micróbio", "meio", "família", "sociedade") que o "ataca", o "desconcerta" e até mesmo o mata.

O vocabulário mais habitualmente empregado pelos doentes é, nesse sentido, dos mais significativos: "*De onde vem* isso, doutor?"; "Como eu *peguei isso?*"; "O que o senhor vai fazer para *me livrar disso?*"; "Estou com dor *no* fígado"; "*Peguei uma gripe*". Aqui, as palavras são duplamente reveladoras: de um lado, do caráter maciço da imputação exógena em nossa sociedade; por outro lado, da ligação preferencial da exogeneidade e da organicidade. Se analisarmos a frase "peguei uma gripe", não há dúvida de que, para quem a pronuncia, o "eu" é perfeitamente são, bom, inocente e não responsável pelo que lhe acontece e que "a gripe" pertence ao absolutamente mau que tomou conta dele e veio habitá-lo contra sua vontade. Mesmo que o agente designado seja um agente físico, químico, biológico ou social, não é de molde a modificar profundamente a lógica da representação. O indivíduo, em todo caso, mantém com sua doença uma relação de exterioridade. Esta última, conforme o caso, é alteridade, alteração, negação, destruição do ser, mas é sempre o *outro absoluto*, e a designação, seguindo-se à localização do intruso, permite separar o agressor do agredido, o culpado da vítima, o outro de si mesmo[8].

Agora, é interessante voltarmo-nos para o lado do médico, ouvindo atentamente o que ele responde ao doente quando este lhe declara que deve ter pego "uma gripe", "um golpe de ar", "um vírus" ou qualquer outra coisa. Duas possibilidades se apresentam então. De início, ele encontra a causa da doença, identifica a natureza da agressão externa e solicita, através do arsenal quimioterapêutico de que dispõe, ao intruso que abandone o corpo de seu cliente. Ele não a encontra e então declara que vai, através de exames e de análises profundas, procurar o responsável, que pode ser de natureza microbiológica (hipótese esperada) ou ligado a antecedentes familiares (segunda hipótese considerada mas receada), ou então, em último lugar e em desespero de causa, o próprio sujeito em sua história e em sua individualidade própria. Em resumo, parece-nos que o discurso do médico contribui com mais freqüência para reforçar a interpretação espontaneamente, ou de fato culturalmente, exógena do doente, o qual acha não estar diretamente implicado em sua doença e que, em conseqüência, acha que a cura só pode ser esperada a partir do exterior[9].

AS FORMAS ELEMENTARES DA DOENÇA

II. O modelo endógeno

A prioridade atribuída ao endógeno consiste na inversão do modelo precedente em seu contrário: desta feita, a doença é deslocada para o indivíduo e não é mais considerada como uma entidade que lhe é estranha; ela vem ou, antes, ela parte do próprio interior do sujeito. Esta compreensão se exprime, ao mesmo tempo, nas noções de temperamento, de constituição, de disposições e predisposições, de tipo de caráter ou astral (os signos do zodíaco), de natureza, de organismo, de campo, de hereditariedade (por exemplo, as leis de Mendel descobertas em 1865), de patrimônio genético, de "meio interior" (Claude Bernard), ou seja, as diversas secreções glandulares, bem como o sangue que é relativamente independente do exterior ou o grupo sanguíneo que lhe é totalmente estranho, de fragilidade, de disposição a tal doença, de potencial (inato ou adquirido), de recursos de autodefesa (a fabricação de anticorpos e de antígenos que são as reações próprias de um dado organismo).

A imputação etiológica em direção do endógeno ou, se preferirmos, a representação do movimento causal da doença como centrípeto e não mais centrífugo, se reveste, como podemos observar, de formas extremamente diversificadas. Evidentemente, como está fora de questão estudá-las todas, ou mesmo fazer uma listagem completa delas, procuraremos pôr em evidência: 1º) os grandes quadros mórbidos para os quais uma causalidade principalmente interna se impõe de uma maneira preferencial às mentalidades (eruditas ou populares); 2º) as tendências do pensamento médico que no Ocidente parecem-nos ser as mais representativas do modelo etiológico em questão. Seremos levados, durante nosso trajeto, a reconsiderar a polaridade do ontogênico e do funcional analisada no capítulo anterior e veremos que, submetidas a essa tomada diferente de perspectiva, as representações respectivas vão ainda se enriquecer de novas significações.

1. A relação da interpretação endógena com o tipo de doença apresentada

Ao lado de uma patologia atribuída quer ao meio social no sentido amplo, quer às agressões bacteriológicas, existe toda uma série de doenças para as quais uma etiologia endógena parece se impor como evidência. Trata-se principalmente das doenças da nutrição, os desarranjos do metabolismo; os desequilíbrios hormonais (fisiopatológicos das glândulas de secreção interna) como o diabetes, que não foi apreendido a partir de Claude Bernard como uma doença ligada às substâncias ingeridas, mas à perturbação da função glicogênica; os problemas de crescimento; as "alergias"; os distúrbios funcionais (disfuncionamentos neurovegetativos,

MODELO EXÓGENO E MODELO ENDÓGENO

bronquite asmática, hipertensão "essencial", problemas cardiovasculares)[10]. Gostaríamos particularmente de enfatizar os dois quadros patológicos muito diferentes mas que, em nossos dias, mobilizam particularmente a atenção dos pesquisadores, e parecem requerer uma interpretação que concede um novo lugar central à endogeneidade patológica: a *psicose maníaco-depressiva* e o *câncer*.

A *psicose maníaco-depressiva*, e em particular a melancolia, é percebida por um certo número de psiquiatras como uma "psicose endógena". Ela consiste, nessa perspectiva, em distúrbios da regulação interna e, mais precisamente, numa alteração dos ritmos biológicos — ritmos respiratórios, ritmos sexuais, ritmos da atividade e do repouso (o ciclo vigília/sono), da excreção e da micção, ritmos alimentares, enfim e principalmente, ritmos do humor — e se traduz por acessos de excitação ou de depressão absolutamente desproporcionais em relação às circunstâncias, verdadeiramente sem qualquer relação com as situações criadas pelo meio.

O que nos parece importante sublinhar é que esse grupo particular de psicoses — que muitos hoje acreditam poder ser aliviado por um tratamento com sal de lítio — recebe aqui uma explicação etiológica rigorosamente inversa com relação à pesquisa patológica orientada no sentido sociogênico. A teoria do "endon", principalmente desenvolvida por Tellenbach (1979), põe em evidência uma patologia mental não mais de reação, mas fundamentada na noção de ciclo, ou seja, de temporalidade interna. Esta última evidentemente não se separa da temporalidade ecológica e social, ou seja, da relação que o indivíduo mantém necessariamente com o mundo exterior, mas a ordem das precedências causais é invertida com relação ao modelo precedente. Tellenbach retoma principalmente a tese da *Teoria das cores* de Goethe, que acreditava que, se não existe visão independente da luz, o movimento vai sempre "de dentro para fora".

Já evocamos o *câncer* e uma de suas representações possíveis. O que agora gostaríamos de mostrar é que, se ele é percebido como um corpo estranho (v. acima), trata-se de um estranho bem particular, uma vez que nasce e se desenvolve por um processo de invasão e de consumação *interna*, provocando a degradação progressiva e, com freqüência, a morte do indivíduo. Etimologicamente, a palavra câncer significa ao mesmo tempo "caranguejo" e "corroer", e nesse sentido o pensamento científico confirma a raiz lingüística, uma vez que acredita tratar-se de uma doença constituída por uma proliferação aberrante de células. Já no século XVII, Thomas Paynell escrevia: "Um câncer é um tumor causado por um humor melancólico que corrói as partes do corpo." E o *Oxford English Dictionary* precisa: "câncer: tudo o que corrói, carcome, corrompe e consome lenta e secretamente". Uma das representações populares mais difundidas, pelo menos foi o que verificamos pessoalmente, utiliza o mesmo registro interpretativo: do câncer jamais se diz que o "pegamos" — como se diz que "pegamos" um resfriado, uma gripe, um paludismo... —, mesmo se pensarmos que a vida moderna tem algo a ver com a doença, pois acredita-se que ela advém de um processo de fabricação interna, freqüentemente comparado a "um animal" que nos "devora" "a partir do interior".

Assim, enquanto a representação patogênica da tuberculose optou manifestadamente por um modelo centrípeto da doença (ela "ataca" e, do lado de fora, "perfura" os pulmões), a representação patogênica do câncer (e, de maneira mais genérica, toda a patologia dos tumores) apela preferencialmente a um modelo centrífugo: é uma doença que "corrói" (A. Cahen, 1983, p. 92), mata de dentro para fora.

2. As formas de pensamento médico representativas da prioridade do endógeno

1?) *A tradição do humoral e do hipocrático*, em sua tendência a enfatizar as particularidades individuais (idiossincrasia) tanto normais quanto patológicas.

Para Hipócrates, a doença é uma alteração que certamente não pode ser compreendida independentemente do meio geográfico e climático, mas se liga principalmente a um desequilíbrio *interno*. Assim, a melancolia resulta da contaminação do sangue pela "bílis fria", e a mania resulta da corrupção do sangue pela "bílis quente". Platão, por seu lado, afirma que o equilíbrio (*symmetrica*) se baseia na união harmoniosa entre a alma e o corpo. Quando as exigências do corpo (*soma*) são demasiadamente fortes, surge a *amathia*, ou seja, a indocilidade e a ignorância. Quando, pelo contrário, as exigências da alma (*nous*) predominam, ela, "a partir do interior", nos "invade de doenças" (*Timeu*) e nos leva à *mania*, loucura humana que vem de dentro do ser e que Platão, no *Fedro*, distingue da loucura divina. A mesma interpretação da morbidez pela primazia do endógeno é igualmente retomada por Aristóteles, que considera que a patologia vem da própria natureza (*physis*) do indivíduo que a produz.

2?) *O vitalismo médico*. Desenvolvido mais particularmente, até o século XIX, na Faculdade de Medicina de Montpellier, (enquanto Paris já havia optado preferencialmente, na mesma época, por um estrito organicismo), insiste na complexidade e na originalidade do ser vivo, bem como na autonomia e na unidade funcional do ser humano. Em oposição à física médica, considera que as causas da doença não são localizáveis e isoláveis, mas provêm de um desequilíbrio geral que deve ser posto em relação com o campo particular de cada indivíduo. Por fim, defendendo a tese da espontaneidade mórbida, o vitalismo inspira uma grande parte dos médicos que combaterão a microbiologia nascente com o argumento de que uma infecção jamais é acidental e que os microrganismos parasitários só podem se desenvolver a partir de predisposições orgânicas específicas.

3º) *Um certo número de pesquisas biomédicas bastante diferentes entre si, mas cujo denominador comum é o de nos mostrar a enorme insuficiência das etiologias exógenas.* Toda uma corrente não negligenciável do pensamento médico contemporâneo orienta-se, principalmente desde cerca de uns trinta anos, em direção a esquemas complexos que levam em consideração modalidades relacionais globais próprias de cada organismo em particular. Como já dizia Sigerist (1932, p. 233): três homens caem de um barco: o primeiro pega uma pneumonia, o segundo um reumatismo e nada acontece para o terceiro. E Reilly nos lembra, por seu lado, que "só a galinha tem o cólera das galinhas e só o homem a febre tifóide".

Já que o nosso objetivo não é fazer um recenseamento exaustivo das diversas tendências do pensamento (bio)médico contemporâneo que partem diretamente do modelo que aqui retém nossa atenção, contentar-nos-emos com mencionar o imenso campo da genética, o da imunologia e, mais recentemente, da "espasmofilia", cuja noção (voltaremos a este ponto), assaz nebulosa, procede de uma extensão da "tetania crônica constitucional" e a respeito da qual o Dr. Rubinstein escreve: "somos espasmófilos da mesma forma que temos olhos azuis". (1982, p. 24)

4º) *As abordagens psicológicas, psicanalíticas e psicossomáticas da doença.* Com elas, assistimos a um retorno forçado do modelo endógeno e, mais precisamente, da importância atribuída ao indivíduo não apenas como participante de sua doença mas, ainda mais, criando ele próprio a gênese de seu estado atual. Uma das grandes originalidades da psicanálise parece-nos estar justamente no fato de ela só se interessar acessoriamente, pelos fatores externos que podem provocar distúrbios mentais, mas procurando compreender e tratá-los como conflito essencialmente *intrapsíquico*. O psicanalista, com efeito, não trabalha sobre a genealogia *objetiva* do patológico (por exemplo, as causas sociais que possam ter provocado a doença), mas sobre as fantasias suportadas e as modificações das relações não entre o homem e seu meio, mas entre as próprias instâncias psíquicas: o ego, o id e o superego. Todo o pensamento psicossomático contemporâneo, que aparece na década de vinte com Jeliffe e Ferenczi e se desenvolve em seguida tomando diversas direções (Alexander nos Estados Unidos, Balint na Inglaterra), participa do mesmo modelo etiológi-

81

co que põe em evidência a *psicogênese* das doenças. Dois autores, considerados como marginais em relação à ortodoxia psicanalítica, merecerão nossa atenção: Wilhelm Reich e Georg Groddeck.

Foi Reich que, um dos primeiros, contribuiu para popularizar a tese de que toda doença, inclusive a mais orgânica, procede do desequilíbrio e, em particular, do desequilíbrio da sexualidade. Não hesitando em tomar como exemplo a vida do próprio Freud, o autor de *A função do orgasmo* afirma que o câncer provém de uma etiologia psicoendógena. Essa explicação — que evidentemente não pode ser julgada intempestiva e aberrante do ponto de vista de uma compreensão médica que permanece essencialmente comandada por um modelo exógeno da doença — recebeu, não obstante, um fundamento retroativo, por assim dizer, através de toda uma série de pesquisas mostrando que o câncer da mama ou do útero afeta mais as mulheres que não tiveram filhos, tais como, por exemplo, as religiosas.

Mas é principalmente Groddeck que radicaliza e leva até as últimas conseqüências esse pensamento da psicogênese das doenças. Para o autor do *Livro do id*, nenhum sintoma, inclusive o mais corporal, em que o psiquismo não parece intervir em nada, como por exemplo "o nariz tapado do lado direito" (1980, pp. 194 e ss.), é alheio ao desejo do indivíduo. As doenças são intencionais e finalistas, são "criações oportunas de nosso id", são endógenas no mais alto grau, uma vez que não apenas as trazemos em nós, mas também as criamos. O homem "fabrica suas doenças", ele é "a causa" delas e "não é preciso que busquemos outras", escreve Groddeck. A doença, e em particular a doença física, é sempre a expressão psicológica ou, melhor ainda, a simbolização do que desejamos secretamente. Infligimos principalmente a nós mesmos um certo número de punições em reação à transgressão de uma proibição totalmente interiorizada:

> Quando quebramos o braço é porque pecamos — ou quisemos pecar — por esse braço: assassinar, roubar, masturbar-se... Quando se fica cego é porque não se quis mais ver, porque se pecou pelos olhos ou porque se teve a intenção de fazê-lo; quando se fica afônico é porque se possui um segredo que não se ousa revelar em voz alta... (p. 130)

No campo de nosso horizonte médico moderno e contemporâneo, a primazia atribuída a uma causalidade interna aparece como uma reação contra as representações da exteriorização patogênica que permanecem incontestavelmente privilegiadas por nossa cultura, mesmo que sejam menos abundantes hoje que há apenas uns trinta anos e, a fortiori, à época do pasteurianismo triunfante. O primeiro modelo pode ser lido no reverso do segundo. Se nos situamos, por exemplo, no período durante o qual se elabora a etiologia microbiológica, nós o encontramos em tudo o que se constitui em obstáculo às descobertas que levam à formulação da primeira hipótese de Pasteur. E, hoje, em tudo o que se opõe à generalização da pesquisa patogênica sobre o modo da agressão externa. A resistência das representações endógenas se afirma, então, principalmente nas próprias experiências que iam reorientar os trabalhos de Pasteur; na prática clínica ligada aos casos singulares e que vem chocar-se frontalmente com uma patogenia extrínseca pelos seres infinitamente pequenos, vindo reatualizar, como já vimos, um pensamento médico ontológico; na constatação de que toda doença não provoca lesões orgânicas e que mesmo estas freqüentemente não são mais que a conseqüência de um desregulamento funcional, mas não a causa primeira; enfim, no conjunto dos distúrbios que não podem (ou não podem somente) ser explicados por uma etiologia externa, como, por exemplo, os problemas de crescimento.

Ora, para além da enorme variedade das expressões endógenas, parece-nos possível captar um fio condutor que nos permita discernir a especificidade do modelo que estamos explorando. Sua originalidade com relação ao anterior está em sublinhar a responsabilidade do doente na gênese de seu estado mórbido. A doença tem sua origem no indivíduo, é o próprio ser humano o gerador do que lhe acontece[11].

2. As representações endógenas da doença na literatura

Considerado sob o ângulo da prioridade absoluta atribuída ao pólo do endógeno, Groddeck realmente nada inventou[12]. O estudo de alguns textos literários vai nos permitir estabelecer vários grupos de significações diferentes entre si, mas que têm por particularidade ordenar-se em torno do pólo do endógeno. A doença pode nascer (Rousseau, 1959; Flaubert, 1926; Ibsen, 1961), pode ser germinativa com o doente participando, com mais freqüência involuntariamente, de sua gênese (K. Mansfield, 1973; M. Cardinal, 1981), pode ser uma reação a uma situação até mesmo deliberadamente criada pelo homem (J. Reverzy, 1977; J. Giono, 1981; F. Zorn, 1979), ou ainda ser considerada como o próprio símbolo do indivíduo (K. Mansfield, 1973; F. Kafka, 1981).

A doença-herança. "Eu nasci enfermo e debilitado; custei a vida a minha mãe, e meu nascimento foi a primeira de minhas desgraças", escreve Jean-Jacques Rousseau no início das *Confissões*. Por seu lado, Flaubert escreve em sua *Correspondência*: "Nasci enfastiado, é a lepra que me corrói." Enfim, trata-se da mesma concepção hereditária da doença que encontramos expressa em *Os fantasmas* de Ibsen. Quando Oswald vai consultar um médico em Paris, este lhe diz: "Existe em você, desde o seu nascimento, algo de podre." (1961, p. 90) De volta a casa, o personagem tem uma longa discussão com a mãe. Um tema central domina o diálogo: "Os pecados dos pais caem sobre os filhos".

A doença-símbolo. Numerosos escritores consideram que a doença remete a uma realidade interior muito mais verdadeira que os próprios sintomas. Assim, Katherine Mansfield observa em seu *Diário* (1973) que a tuberculose que a atinge é apenas o sinal de um mal mais profundo que está prestes a destruir todo seu ser e principalmente o amor que a unia a seu marido John Middleton Murry. No fim da vida, não mais buscando "uma cura pela metade que só diz respeito a meu corpo", como ela escreve a John em 18 de outubro de 1922, ela decide abandonar todo tratamento médico e parte, tendo-se tornado discípula do mago Gurdjieff, em busca de uma cura total.

A percepção que a autora de *Felicidade* tem da doença não deixa de evocar a de Kafka, que escreve em seu *Diário* (1981, p. 495):

> Se, como tu pretendes, a ferida de teus pulmões não passa de um símbolo — símbolo da ferida cuja inflamação se chama F. e cuja profundidade se chama justificação — se for assim, os conselhos dos médicos (ar, sol, luz, repouso) também são um símbolo. Apossa-te desse símbolo...

A doença-criação original do sujeito. "Cada um tem a doença que merece", escreve Jean Reverzy em *Place des angoisses* (1977, p. 172), e o mesmo autor nos diz a respeito de Dufourt, que é o personagem principal de sua obra:

> a doença de que ele parecia padecer, com efeito, era obra *sua*, da qual ele podia se orgulhar, feita de instante em instante, peça por peça: a cada metamorfose ele havia dado uma resposta que não era senão dele. (1977, p. 371)

Jean Giono, por seu lado, vai ainda mais longe em *Le hussard sur le toit*:

> Bruscamente, toma-se a decisão de ter cólera em pleno meio de outras decisões interrompidas. (1981. p. 483)

E Fritz Zorn, a respeito do qual já constatamos o lugar que dedicava à educação familiar no processo de eclosão do câncer, paradoxalmente radicaliza também o modelo endógeno. Ele proclama em *Mars*:

MODELO EXÓGENO E MODELO ENDÓGENO

"Eu quis minha doença e meu câncer." (1979, p. 259)

Aqui, como não evocar igualmente a concepção sartreana da doença, tal como a elabora em *Esboço de uma teoria das emoções* (1939) e sua explicação literária em *O idiota da família* (1971)? Uma das teses defendidas nessa última obra é de que Flaubert, longe de padecer de uma fatalidade congênita, *escolheu*, pelo contrário, tornar-se epiléptico, sendo a epilepsia em seu caso uma conduta voluntária de desafio ao pai. Mas é principalmente a obra de Proust que nos vai permitir enriquecer nossa reflexão. Mais adiante, estudaremos a contribuição, capital em nossa opinião, que pode trazer a leitura metódica de *Em busca do tempo perdido* à elaboração de uma autêntica antropologia da doença. De momento, basta que lembremos "o estado doentio"[13], que foi o de Marcel Proust durante toda sua vida e que se exprime em sua obra-prima pela aceleração das batidas do coração e da respiração, culminante em crises de sufocação, bem como a "agitação" dos "nervos perturbados", tanto do narrador quanto dos personagens principais da narrativa. Examinemos, sem mais demora, a interpretação romanesca propriamente etiológica desse conjunto de sintomas.

De início, consideremos o sentimento amoroso que ocupa um lugar tão grande no texto proustiano e é sempre interpretado como uma verdadeira "doença", acompanhada por um cortejo de desordens físicas. Desde o primeiro volume de *Em busca do tempo perdido* — eles são quinze no total — sabemos que a verdadeira causa "dessa doença que era o amor de Swann" por Odette (p. 359) não é absolutamente externa ou estranha à individualidade de Swann. A origem da "perturbação dolorosa e constante" (p. 358) que toma conta do personagem central do livro ao saber que Odette lhe é infiel não deve ser procurada no exterior do doente, mas na verdade nele próprio, ou seja, em sua reação característica a uma situação que para outro nada teria de dolorosa. Por exemplo, Proust escreve:

> Ele (Swann) se dizia com espanto: É ela (Odette), como se nos mostrasse exteriorizada diante de nós uma de nossas doenças e como se não a achássemos parecida com o que sofremos. (pp. 358-359)

A l'ombre des jeunes filles en fleurs, que se segue imediatamente a *Du côté de chez Swann*, retoma e aprofunda a interpretação francamente endógena do amor-doença. Proust insiste principalmente no "caráter puramente subjetivo do fenômeno que é o amor", que ele qualifica de "criação de uma pessoa suplementar, distinta daquela que se apresenta sob o mesmo nome neste mundo, e da qual a maior parte dos elementos são tirados de nós mesmos" (p. 53).

Um terceiro exemplo nos é oferecido na narrativa da gênese do sentimento amoroso experimentado por Albertine:

"Eu havia compreendido", escreve o narrador de *Albertine disparue*, "que meu amor era menos um amor por ela que um amor em mim." (p. 196)

Indiquemos, por fim, que a origem propriamente interior da sintomatologia passional diz respeito, na narrativa proustiana, ao conjunto das perturbações patológicas. As seguintes reflexões, que literalmente pontuam *La recherche*, e que não contradizem Groddeck, bastarão para demonstrá-lo:

Cada um tem sua maneira própria de ser traído, como tem sua maneira de se resfriar. (*Albertine disparue*, p. 16) Um homem quase sempre tem a mesma maneira de se resfriar, de ficar doente. (*ibid*., p. 120) (A doença é) uma emanação do próprio doente. (*A l'ombre des jeunes filles en fleurs*, p. 247)

4. As duas grandes variantes do modelo endógeno

Se multiplicamos as referências aos romances que exprimem um deslocamento radical com relação ao modelo precedente, é porque a idéia de que o doente está totalmente presente em sua doença, ou melhor, de que ele *é* sua doença, a qual se reveste de um significado, aparece na verdade como refluxo de nosso horizonte cultural médico[14]. A prova disso é que, quando em nossa sociedade, que optou decididamente pela exterioridade da causalidade mórbida, alguém pressente a verdade da explicação endógena quase sempre tem a impressão de fazer uma "descoberta". Uma "descoberta" ou, se preferirmos, uma revelação — a revelação endógena — que, tanto entre os doentes quanto entre os médicos, é dificilmente aceitável e às vezes provoca mesmo um verdadeiro sentimento de pânico. Assim, quando a maioria dos médicos que entrevistamos não chega a encontrar uma causalidade mórbida que seja verdadeiramente exterior ao doente, continuam não obstante a buscá-la como uma exogeneidade que ainda seria cientificamente desconhecida, ou então, em desespero de causa, conformam-se com a evidência, reconhecendo o papel da patologia endógena, mas limitando-a freqüentemente ao quadro único da origem hereditária da doença.

Essas últimas observações levam-nos a introduzir e a precisar a dupla variante do modelo que estamos analisando: *uma variante somática e mais precisamente genética*, que negligencia a personalidade no que ela tem de singular atribuindo a etiologia aos ascendentes do doente e a doença a um exterior — não mais espacial como no modelo pasteuriano, mas tem-

MODELO EXÓGENO E MODELO ENDÓGENO

poral — com relação ao sujeito; *uma variante psicológica* que dá ênfase maior ao doente do que à doença e que comporta vários casos possíveis: a) uma representação comum a La Rochefoucauld, Freud, Groddeck... que insistem na dinâmica da personalidade com seu componente inconsciente; b) a representação do behaviourismo (Pavlov, Watson) e do neobehaviourismo (Cottraux, 1979; Dorna e Guilbert, 1982; Skinner, 1971; Wolpe, 1975), tão monista quanto a primeira, mas procedendo de um monismo mecanicista ligado à aprendizagem dos comportamentos, para a qual a patogênese é antes procurada no aspecto córtico-visceral.

Parece-nos que o primeiro caso que atualiza uma das variantes do modelo endógeno é aquele que se mostra mais intempestivo com relação à corrente dominante de nossa medicina, institui ele mesmo uma ruptura entre a verdade da exterioridade patogênica (o acaso infeccioso e até mesmo, em uma certa medida, a necessidade genética) e os procedimentos por ele considerados mágicos ou antimédicos, como a sofrologia, a psicologia e, é claro, a psicanálise. Aceita-se muito bem na medicina, atualmente, a somatogênese das doenças mentais (os distúrbios fisiológicos provocando distúrbios psicológicos), mas muito menos o seu inverso, ou seja, a *psicogênese das doenças orgânicas*, que supõe o reconhecimento de um estatuto autônomo (e não derivado) do psiquismo:

"Jamais", escreve Marie Cardinal, "qualquer ginecologista, qualquer psiquiatra, qualquer neurologista reconheceu que o sangue vinha da coisa. Pelo contrário, diziam-me que a coisa vinha do sangue." (*op. cit.*, 1981, pp. 45-46)

Observemos que, se a variante genética do modelo endógeno tira sua explicação do *destino* e da *fatalidade* (está em mim, mas nada tenho a ver com isso), a variante psicológica do mesmo modelo se orienta a partir da *liberdade* e também da *culpabilidade* (está em mim porque eu o quis ou desejei involuntariamente). Não obstante, nos dois casos, quer se trate de relacionar a etiologia com a *natureza* (o patrimônio genético) ou com a *personalidade* (a história do sujeito), situuamo-nos, ao mesmo tempo, nos antípodas do *acaso* (explicação comum com relação aos acidentes rodoviários e à infecção microbiológica) e do social (a "sociedade patogênica"). Parece-nos interessante, a partir do que foi exposto, perguntar-nos agora a respeito das diferentes relações possíveis entre essas duas grandes variantes da patologia endógena. A questão das relações entre o psicológico e o fisiológico permanece, a partir do nascimento da medicina psicossomática, uma questão em aberto. Charcot, para situar a histeria do lado da objetividade científica (abordagem biomédica), apela para o conceito de lesão dinâmica, enquanto que Groddeck dirige a pesquisa patogênica em outro sentido. No que diz respeito ao próprio Freud, con-

AS FORMAS ELEMENTARES DA DOENÇA

vém lembrar que o modelo de referência, principalmente no início das primeiras descobertas da psicanálise, continua a ser a fisiologia. Em razão de sua formação como neurologista, e principalmente porque ele compartilhava do biologismo de sua época, sua tendência é transpor ao domínio psicológico os próprios conceitos de irritação, de excitação e de quantidade de energia[15].

A partir daí, um grande número de psicólogos, biólogos, médicos, psiquiatras e também de escritores não cessaram de se interrogar quanto às relações entre o psicológico e o somático. Uma leitura atenta de *Em busca do tempo perdido* mostra até que ponto Proust está preocupado com esse problema. Ele parece, de um lado, perfeitamente convencido da origem psicológica de suas crises asmáticas: um estado de emoção intensa é suscetível, acredita ele, de provocar uma somatização. Por outro lado, parecendo-lhe possível fazer distinção entre os problemas exclusivamente somáticos ("os que são causados por um agente puramente físico", *Albertine disparue*, p. 314) e os problemas autenticamente psicossomáticos ("os que só agem sobre o corpo por intermédio da inteligência" e particularmente por essa "parte da inteligência que serve de transmissão ao organismo que é a memória", *op. cit.*, p. 314), ele se pergunta se, em seu próprio caso, não poderia se tratar de uma etiologia propriamente física:

nenhuma imagem dela (Albertine) acompanhando as palpitações cruéis, as lágrimas que traziam a meus olhos um vento frio soprando como em Balbec sobre as macieiras em flor, eu chegava a me perguntar se o renascimento da minha dor não era devido a causas completamente patológicas e o que eu acreditava ser a revivificação de uma lembrança e o último período de um amor não era antes o início de uma doença do coração. (*op. cit.*, p. 163)

Por fim, parece-lhe difícil, para não dizer impossível, diferenciar o que advém das influências hereditárias daquilo que advém dos processos de projeção psicológica. Pressentindo, através do romance, as pesquisas psicanalíticas sobre a identificação e as mais recentes sobre filiação, Proust se coloca muitas vezes — principalmente em *La prisonnière* — a questão de saber se a hipersensibilidade "doentia" que é sua provém de sua constituição, de uma imitação inconsciente de seu pai, ou da estreita ligação entre eles.

Reich, por outro lado, a partir da mesma época, começa a insistir na unidade profunda do funcionamento do psiquismo e do somático, e em seguida estuda essa unidade do ponto de vista de uma energética e mesmo de uma bioeletricidade: a energia bioelétrica à qual dá o nome de "orgone", energia da matéria viva. Por fim, recentemente, um colóquio realizado em Paris permitiu-nos avaliar até que ponto a psicanálise e a biologia, que são, aparentemente, dois procedimentos totalmente diferentes, deviam ser consideradas como duas grandes variantes possíveis do mesmo modelo explicativo da doença: o modelo endógeno.

3. As relações do par ontológico/funcional e do par exógeno/endógeno

A fim de examinar as relações preferenciais e de oposição que mantêm entre si os dois pares de modelos examinados até aqui, lembraremos de início que não poderia haver na perspectiva que escolhemos adotar um modelo que fosse histórica ou logicamente o primeiro do qual os outros seriam derivados. Desta forma, a variante ontológica (ou relacional) do modelo exógeno (ou endógeno) poderá ser, por sua vez, considerada um modelo: assim, ela se tornará o modelo ontológico (ou relacional) comportando variantes (desta vez endógenas, exógenas) que se diversificam em vários casos. Aqui, o que gostaríamos essencialmente de pôr em evidência é o fato de a passagem da explicação ontológica à explicação relacional (ou a transformação do modelo no seu contrário) se efetuar gradativamente, por deslocamento, se admitirmos uma interpretação exógena da doença que procede a uma substancialização do social (cientificamente ilegítima ou ilusória, mas essa não é a questão aqui). A exogeneidade mórbida, com efeito, é principalmente o modo de vida, e a passagem do microbiologismo ao sociologismo é então possível sem que a sociedade ou os indivíduos que a compõem mudem realmente de sistema de representações. Por outro lado, a passagem de uma interpretação ontológica para uma interpretação relacional só poderá efetuar-se por ruptura e descontinuidade brutal quando se admite uma explicação endógena da doença: se, com efeito, a doença já existe em germe em mim, então o meio não representa grande coisa.

Mas, tendo colocado isso tudo, ainda não esgotamos a natureza das relações possíveis entre os dois grupos de modelos em questão. Pois as imputações causais são quase sempre acompanhadas por representações morais e estas oscilam, por seu lado, entre dois pólos. Ou o doente não é responsável por sua doença e, se a sociedade lhe pede que se justifique, ele se declara inocente. A etiologia incriminada pode ser tanto exógena quanto endógena, uma vez que as noções como as da fatalidade religiosa, do acaso infeccioso e a da necessidade genética são todas suscetíveis de explicar esse caso. Ou então o doente é responsável por sua doença. E aqui encontramos a variante psicológica da etiologia endógena.

Mas, entre esses dois grupos de representações, existe também uma terceira possibilidade: a doença, tendo sua origem no exterior do doente, foi provocada, não obstante, por ele, que teria perfeitamente podido evitá-

1a. Temos, por exemplo, a transgressão de uma proibição entre os baulês da Costa do Marfim. Também serve como exemplo a negligência ou a desobediência com relação ao saber médico em nossa sociedade, em que a prática profilática, as campanhas de informação e, em menor grau, o impacto da psicologia tendem a operar um deslocamento do exterior para o interior, do acaso para a necessidade, do agente patogênico para o sujeito doente. Assim, na compreensão ainda decididamente exógena que é a nossa, não mais se afirma — e esta é uma diferença considerável com relação à época de Pasteur — que o doente "não tem nada a ver com isso". Pelo contrário, ele é considerado, e isso cada vez mais, "responsável" por seu estado e, daí, em um certo sentido "culpável" por sua doença. Observemos aqui que a idéia de que "eu não tenho nada com isso" é comum às representações mais arcaicas das sociedades tradicionais e às representações mais elaboradas da pesquisa positivista, que permanece, no sentido estrito do termo, decididamente des-moralizante. Por outro lado, o modelo endógeno (tanto em sua variante psicológica quanto na genética) faz oposição às representações relacionais. Aqui, encontramos novamente a tendência dominante da psicanálise, para a qual o conflito é intrapsíquico. Essa idéia de que "é o indivíduo que cria sua doença" é, aliás, comum ao judeu-cristianismo e à psicanálise. Trata-se, do ponto de vista histórico, de uma representação tardia com relação à precedente. Para chegar a ela, as sociedades devem, de início, aceitar a própria noção do indivíduo. E, a partir do momento em que as aceitam, uma dificuldade considerável subsiste: o reconhecimento de que uma parte de si mesmo, na verdade sua individualidade própria, seja suscetível a esse ponto de se deteriorar[16].

4. A bipolaridade do exógeno e do endógeno como ficção operatória

Parece-nos necessário, antes de fechar este capítulo, indagarmos sobre a própria credibilidade, ou seja, sobre o estatuto científico que convém atribuir aos diferentes grupos de representações que acabam de ser isolados. Ora, nos é forçoso reconhecer que as oposições entre "indivíduo" e "meio", entre "interior" e "exterior" são *abstrações* que não advêm de uma distinção científica, mas de uma pré-compreensão não científica ou de uma derivação dogmática da ciência.
1. Não encontraríamos em (bio)medicina autênticas pesquisas em que a causalidade patológica estivesse totalmente do "lado de fora", ou totalmente do "lado de dentro". Para percebermos isso, basta tomarmos dois exemplos: o do câncer da mama nos ratos e o do que hoje comumente chamamos de "alergia".

MODELO EXÓGENO E MODELO ENDÓGENO

É possível isolar a causa do câncer da mama nos ratos, identificá-la (trata-se do vírus de Bittner) e determinar o processo patogênico (o leite materno absorvido pelo filhote). Mas logo notamos que a doença só aparece nos ratos de sexo feminino, só em certos descendentes e só em certas idades. A causa da doença, portanto, pode ser igualmente atribuída tanto ao vírus de Bittner, quanto à hereditariedade e à sensibilidade própria de certos grupos de ratos. E, se insistirmos no segundo grupo de fatores, a etiologia se verá desviada, ao mesmo tempo, para o lado das predisposições congênitas e dos processos de maturação.

Hoje, todos os médicos são acordes em reconhecer que o que designamos por "alergia" reside em uma "hipersensibilidade" do sujeito, ou mais precisamente em uma hiperatividade dos mecanismos de defesa do organismo do sujeito. Fica claro que é sempre possível raciocinar em termos de exogeneidade patológica, na medida em que se trata exatamente de um agente externo que, encontrando o organismo, está na origem dos sintomas. Mas, de um outro ponto de vista, essa causalidade não mais poderá ser considerada como primeira, pois ela não é patogênica em todos os indivíduos. Provocando uma reação de defesa em um, não provocará rigorosamente qualquer perturbação em outro.

Assim, a causalidade original poderá ser considerada exógena ou endógena, caso se considerar preferencialmente a reação do organismo (como Broussais) ou o agente de excitação ou de infecção (como Pasteur). Mas, nessas condições, torna-se difícil, para não dizer impossível cientificamente, esclarecer a pluralidade dos fatores que intervêm em qualquer das doenças e, assim, separar o que vem do "interior" do que vem do "exterior".

2. Os próprios doentes freqüentemente não são totalmente ignorantes do caráter possivelmente ilusório da bipolaridade etiológica em questão. Aprendemos, ouvindo-os ou lendo-os, que a doença pode ser simultaneamente pensada nos dois registros. Assim escreve Marie Cardinal:

> A coisa que, *no interior*, era feita de um monstruoso rebuliço de imagens, de sons, de odores projetados em todos os sentidos por uma pulsão devastadora, revelava-se *no exterior* por tremores intensos e um suor nauseabundo. (*op. cit.*, 1981, p. 17). Eu tinha medo do *de fora*, mas tinha medo também do *de dentro*, que é o inverso do de fora. Eu tinha medo dos *outros* mas tinha também medo de *mim*, que era outro. (p. 21)

Convém, portanto, fazer uma distinção escrupulosa entre os *modelos de base* formados por pares antitéticos que são em muitos aspectos ficções, mas ficções operatórias, e os *modelos propriamente epistemoló-*

AS FORMAS ELEMENTARES DA DOENÇA

gicos postos em ação para serem pensados. Mas a dificuldade maior (e ela é considerável) reside aqui — começamos a vê-la e teremos ainda muitas oportunidades de constatá-la — no fato de existir uma interferência sempre possível entre os primeiros e os segundos modelos, pois o próprio espírito científico não poderia ficar isento de representações. Se ele se aproxima de uma objetividade "aproximada" (segundo o conceito de Bachelard), só pode ser através da negação de seus próprios pressupostos, mas reconhecendo-os e explicando-os.

Notas

1. Assim, o tratado hipocrático *Águas, ares e lugares* insiste no papel importantíssimo da variação da pressão atmosférica e das mudanças de estação na doença: uma ofensiva prematura do frio é suscetível de provocar danos, os ventos são responsáveis pelas crises epiléticas ou, diz-nos ainda Hipócrates, o outono deve ser considerado como a pior das estações para a saúde. Ficamos particularmente impressionados, ao longo dos contatos estabelecidos com pessoas doentes, pela importância atribuída ao tempo. "Hoje existem mais doenças porque não há mais estações", repetiram-nos diversas vezes. Da mesma forma, o frio tem uma reputação mais patogênica que o calor, especialmente nas classes mais baixas (como testemunha o cuidado com que as mães de família superagasalham seus filhos à menor queda de temperatura), enquanto que o pensamento médico científico acredita, atualmente, que acontece rigorosamente o inverso, ou seja, o calor seria mais patogênico que o frio.

2. Todas as grandes descobertas médicas dessa época, que abre o que chamaremos de "era microbiológica", são orientadas para a busca de uma etiologia microrgânica e a compreensão dos processos de contágio. Os trabalhos de Davaine e Koch sobre o carbúnculo (1863 e 1876), de Neisser sobre a gonorréia (1879), de Eberth sobre a febre tifóide (1880), de Hansen sobre a lepra (1880), de Nicolaier sobre o tétano (1884), de Koch sobre a tuberculose (1882) e o cólera (1884), de Schaudinn sobre a sífilis (1905), tendem todos a demonstrar que as causas da doença devem ser procuradas na penetração de um elemento intruso (etiologia infecciosa de natureza bacteriana, microbiana, parasitária, bacilar, virótica) em um organismo receptor. O modelo que vai acabar por se impor pode, então, ser qualificado de *microbiologismo integral*, ou seja, de explicação etiológica unívoca por microrganismos patogênicos provenientes do exterior e que infectam indivíduos que antes se encontravam em perfeita saúde.

3. Como a lepra ou a febre tifóide (cujos respectivos germes foram isolados em 1880), a pneumonia (1881), a tuberculose (isolamento do bacilo em 1882), a difteria (1883), o cólera (isolamento do vibrião em 1883), a doença do sono (isolamento do tripanossomo em 1902), a sífilis (isolamento do treponemo em 1905).

4. Aqui, o que está em questão é menos, evidentemente, o discurso objetivo do médico, o qual, mesmo enquanto discurso para o doente, não procede jamais a uma tal simplificação, do que a *reinterpretação subjetiva* que o doente efetua a partir desse discurso.

5. É a partir desses trabalhos que (principalmente sob o impulso de Ackerman) vão ser elaboradas as noções de patologia da família, bem como a terapia familiar, que podemos assim resumir: apreender a família enquanto sistema perturbado (o que é patogênico não é tal membro do grupo, mas o sistema global de suas relações); em seguida, agir não sobre os conflitos intrapsíquicos como em psicanálise, mas sobre as relações de comunicação.

MODELO EXÓGENO E MODELO ENDÓGENO

6. Alexandre Soljenitsyn utiliza uma imagem idêntica nas primeiras páginas de *Pavilhão de cancerosos*: "*Abatido* por uma doença *imprevista* e *inesperada* que em duas semanas havia caído como um *furacão* sobre o homem despreocupado e feliz que era Paulo Nikolaievitch..." (1979, p. 16. Os grifos são nossos.)

7. A oposição natureza/cultura é evidentemente mais pertinente no caso em que a imputação etiológica é mais explicitamente social que naquele em que se atribui a doença a uma substância patogênica (exemplo da tuberculose) ou a uma degeneração das células (exemplo do câncer). Isso não impede que mesmo o câncer (doença característica do século XX), que tomou o lugar da tuberculose (doença característica do século XIX) com uma conotação de horror jamais atribuída a essa última, seja também, e talvez principalmente, apreendido em nossos dias como *penetração da cultura na natureza*, ou seja, como efeito da sociedade industrial e urbana sobre o organismo.

O fato de não se culpar mais a insalubridade das condições de moradia (tuberculose) e sim o modo de vida moderna (câncer) não muda em nada a natureza da representação em questão. Aponta-se sempre o adversário na mesma direção.

8. Esta representação da doença originalmente estranha àquele de quem ela se apossa pode ser encontrada no livro de Marguerite Yourcenar, *Memórias de Adriano* — que é "a meditação escrita de um doente que dá ouvidos às suas lembranças" —, sob o modo da *oposição do espírito e do corpo* em que o primeiro e o segundo são alternadamente designados pelos termos de mestre e escravo, conforme o corpo obedece ao espírito ou não se mostra disposto a escutá-lo e assim fica por cima:

"Esta manhã, veio-me pela primeira vez a idéia de que meu corpo, esse fiel companheiro, esse amigo mais seguro, que conheço mais que minha alma, não passa de um *monstro sorrateiro* que acabará por *devorar seu mestre*." (1981, p. 11) "Foi preciso aceitar as ordens que me dava esse mal, que subitamente se tornou meu mestre." (1981, p. 266)

A mesma metáfora é utilizada por Proust no final de *O tempo redescoberto*: "O corpo confina o espírito em uma fortaleza; logo essa fortaleza é assediada por todos os lados e é preciso que, por fim, o espírito se renda." (1981 [c], p. 427)

9. A própria negação do sentido da doença contribui para que enriqueçamos o modelo que estamos examinando.

10. O modelo endógeno conheceu seu momento de glória no século XIX com a "heredosífilis" de Fournier, a "degeneração alcoólica" de Valentin Magnam e Paul-Maurice Legrain e a "loucura hereditária" de Henri Legran du Saulle, antes de ser relegada a segundo plano em razão do sucesso das descobertas pasteurianas.

11. "A doença está em nós, de nós, por nós" (Pideux). "É o homem que faz sua doença" (Grasset).

12. No século XVII, encontramos em La Rochefoucauld uma das formulações mais radicais da abordagem psicossomática da doença: "Se examinarmos a natureza das doenças, veremos que elas têm suas origens nas paixões e nas penas do espírito. (...) A ambição produz febres agudas e frenéticas; a inveja produz a icterícia e a insônia; é da preguiça que vêm as letargias, as paralisias e os langores; a cólera produz os abafamentos, as ebulições do sangue e as inflamações do peito; o medo produz os batimentos do coração e as síncopes; a vaidade produz as loucuras; a avareza, a tinha e a sarna; a tristeza produz o escorbuto; a crueldade, os cálculos; a calúnia e os falsos testemunhos são responsáveis pelo sarampo, as bexigas e a escarlatina; e ao ciúme devemos a gangrena, a peste e a raiva. As desgraças imprevistas provocam a enxaqueca e a transmitem ao cérebro; as dívidas provocam as febres tísicas; o enfado com o casamento produz a febre quartã..." (*OEuvres complètes*, Paris, Gallimard, La Pléiade, 1964, p. 519).

13. M. Proust, *Le temps retrouvé*, p. 29. As referências a *La recherche du temps perdu*, a partir de agora, vão ser numerosas e, a fim de não sobrecarregarmos nosso sistema

AS FORMAS ELEMENTARES DA DOENÇA

de notação, só indicaremos a data de aparecimento do volume em questão. Por outro lado, sempre mencionaremos, para a compreensão cronológica da obra de Proust, o título da obra. Por fim, a paginação registrada entre parênteses remete sempre à coleção Folio das Ed. Gallimard.

14. Esse refluxo se torna, pelo que sabemos, manifesto ao passarmos das culturas ocidentais para as orientais. Pessoalmente, não ficamos surpreendidos pelo fato de que um grande número de curandeiros contemporâneos tenham substituído a formação universitária que evidentemente lhes falta por um discurso que se apóia sobre um certo número de conhecimentos tomados das religiões asiáticas. Ora, são esses mesmos terapeutas, como M. W. B., naturopata suíço, que declaram: "Toda doença vem do interior. É a alma que é preciso curar."

15. É principalmente sob a influência do movimento lacaniano que os psicanalistas franceses se afastaram completamente de um aspecto importante do pensamento freudiano que acredita ser o "id" uma emanação do biológico.

16. Por um lado, a impossibilidade cultural de pensar o indivíduo (noção ocidental) como ser independente de seu grupo e, de outro lado, a dificuldade psicológica, nas sociedades que optaram por um modelo individualista, em apreender a causalidade mórbida de outra forma diferente da projeção e da externalização explicam que as diferentes representações ligadas à primazia do endógeno sejam, do ponto de vista etnográfico, infinitamente menos extensas que as representações inversas.

3
Modelo aditivo e modelo subtrativo

Encontramos o primeiro modelo nas representações dominantes do cristianismo (a doença conseqüência do pecado), ou ainda nas que interpretam a experiência patológica em termos de intrusão de um objeto no corpo, de infecção microbiana, de possessão demoníaca ou de presença de um excesso de cultura no campo do indivíduo. Qualquer que seja a variante considerada, a doença é sempre avaliada como uma positividade inimiga. No segundo modelo, pelo contrário, o doente sofre de alguma coisa a menos que escapou dele (crença na perda da alma) ou que lhe foi subtraída, daí uma falta, uma negatividade, uma ausência (trata-se principalmente de uma das representações dominantes que encontramos entre os doentes magrebianos), e a ação terapêutica consistirá então de uma junção ou de uma restituição.

I. O modelo aditivo

Para ilustrar esta compreensão ou esta pré-compreensão *positiva* da doença que é *presença* e não ausência de algo, tomaremos três exemplos que estudamos pessoalmente, o primeiro na África Negra entre os baulês, o segundo no Berry* no quadro de pesquisas sobre a feitiçaria, o terceiro em Lyon a partir de contatos com doentes que vinham consultar um clínico geral.

Uma das causas mais freqüentes da doença é atribuída pelos baulês da Costa do Marfim à ação deliberadamente agressiva de um feiticeiro (*baiefuê*). Um método especial utilizado por esses últimos é a técnica das "pontas" (*pondema*) projetadas "em espírito" nos membros da pessoa visada: o feiticeiro lança pedacinhos de madeira pontudos que vêm se fixar, conforme o caso, no braço, na perna, no ventre e até mesmo na cabeça. A esta representação (que evidentemente não se apresenta como tal

---

* Berry: antiga província da França. (N. R.)

AS FORMAS ELEMENTARES DA DOENÇA

aos interessados) do mal-objeto que penetrou no corpo responde a ação do curandeiro (*nzuefuê*), que consiste numa extração, por aspiração e sucção, das materializações tangíveis da doença e, em seguida, numa expulsão simbólica do mal através de uma purificação ritual e protetora de seu cliente.

O anulador/lançador de feitiços europeu é o agente terapêutico/patológico de uma série de representações análogas[1]. O que gostaríamos de observar aqui é que a imagem-crença do "feitiço" que penetra põe em jogo: a) a noção chave da doença por junção que, do exterior, penetra no corpo do indivíduo inocente; b) uma dinâmica da infelicidade, do "mal" ou do que, de maneira geral, não chega a ser integrado na personalidade do doente, à qual vem se opor uma dinâmica ofensiva de liberação que necessita recorrer a esse intermediário portador de uma mitologia e só ele tido como capaz de discernir o mal, de localizá-lo e designar o adversário não sob a forma de diagnóstico, mas de objetos visíveis, palpáveis, manipuláveis e transferíveis; c) a idéia de contágio que reenviamos, que recusamos, que fazemos circular entre os diferentes protagonistas do drama.

Examinemos agora uma terceira situação que nos é muito mais familiar: a da consulta à medicina geral. Ficamos surpresos pelo fato de que à pergunta que o médico faz ao doente que acaba de entrar em seu consultório — essa pergunta, com mais freqüência "O que *não* vai bem?", parece conter em si ou, pelo menos, apelar para uma interpretação *subtrativa* da doença — o segundo responder quase sempre prontamente com palavras que sugerem, pelo contrário, a *aditividade* da etiologia pressentida, como por exemplo: "estou com uma dor no fígado", "estou com uma dor no coração", "tenho um problema de intestinos"... As entrevistas que efetuamos com doentes nos convenceram de que hoje, em nossa sociedade, a doença é preferencialmente vivenciada mais como uma *presença* que como uma ausência, como um objeto que não estava lá e que começou a se instalar e a invadir uma parte do corpo; em suma, como alguma coisa a mais (um tumor, uma febre, uma angústia, mas sempre um sofrimento) que chegou um belo dia e que passei a carregar em mim. As próprias expressões mais freqüentemente empregadas ("*estou* com apendicite", "*estou* com cólica", "*estou* com reumatismo", "*estou* com dor de dente", "*estou* com gripe"...) atestam que se trata, na grande maioria dos casos, de uma adição não simbólica, mas bem real de um acréscimo indesejável[2].

Essa prioridade, a nosso ver hoje maciçamente atribuída às representações etiológicas aditivas, evoca uma comparação dupla: existe uma diferença significativa entre as compreensões populares e as "eruditas" da doença quando a última é vista da perspectiva da aditividade etiológi-

MODELO ADITIVO E MODELO SUBTRATIVO

ca? Existe uma diferença significativa entre as que são hoje consideradas globalmente e as que eram quase que unanimemente partilhadas na França no século passado?

As representações dominantes da medicina contemporânea não são sensivelmente distintas das representações populares. Afirmar que a doença é um corpo estranho que deve ser expulso, uma presença inimiga a ser dominada, uma adição de algo de mal a ser extraído, significa recusar deliberadamente que ela possa vir de si mesmo e envolver a personalidade do doente. Ora, essa imagem-crença é comum à patologia feiticeira e à microbiologia desenvolvida a partir das pesquisas de Pasteur. É ela que explica, em muitos aspectos, as tenazes resistências à psicanálise e a todas as terapias que, como a homeopatia, atribuem prioridade ao endógeno[3].

A confrontação entre duas épocas diferentes de uma mesma sociedade permite-nos avaliar a estreita ligação entre a própria natureza da imputação etiológica e as condições sociais e econômicas de existência. Parece mesmo que, se o século anterior (pelos menos até os anos da década de 1850) privilegiou uma interpretação em termos de falta — a *fraqueza* (constitucional), a *carência* (alimentar), a *ausência* (de *higiene*) —, é em grande parte porque a própria patologia era realmente devida à falta. Ora, é o quadro inverso, em muitos aspectos, que domina nossa época, época de superprodução e de vida trepidante que vê — com muita razão, mas essa não é a questão — a patologia no excesso (excesso de energia, de tensão, de informação, de alimentação, de bebida, de tabaco). Assim, uma infinidade de fatores predispõe nossa sensibilidade a exprimir a doença sob a forma de imagens em termos de "cheio" e "cheio demais" (Francis Ponge qualifica a doença de "excrescência" e mesmo de "grande excrescência") e não de "oco" ou "vazio". O próprio câncer, doença característica do século XX, não escapa a essa representação: ele é a própria proliferação de células malignas.

Entretanto (e ai de nós!), as coisas estão longe de ser tão simples. Pois, variando o ângulo de abordagem do patológico, deslocando-se de uma perspectiva bio-sócio-médica para uma perspectiva psico-sócio-médica — ou seja, do estudo da doença propriamente dita ao da própria personalidade do doente —, percebemos que praticamente é possível inverter as proposições anteriores. E, mais uma vez, é à literatura, enquanto expressão da sensibilidade de uma época e indutora dos comportamentos sociais, que nos permite perceber até que ponto, considerada em sua densidade, uma representação jamais é unívoca, mas esconde quase sempre significados complexos e contraditórios. Em todo caso, é o que nos ensina a análise romanesca do câncer e da tuberculose: a maioria dos escritores do século XX que nos falam do câncer, longe de interpretá-lo como

AS FORMAS ELEMENTARES DA DOENÇA

um problema de excesso, interpretam-no, pelo contrário, como um problema de *carência* devido particularmente ao recalque da afetividade. E, inversamente, em quase todos os romances do século XIX, a tuberculose não é descrita como uma doença da falta, mas como uma doença (e voltaremos a este assunto, já que ele é tão excitante!) devida a um *excesso* de paixão e de sentimentos. Considerando a imputação etiológica sob a projeção crescente do aditivo, o grupo de representações que procuramos explicar progride e se enriquece, e chegamos a pôr em evidência as *ligações preferenciais* (mas não necessárias) entre os termos que evidentemente só estão separados por uma questão de análise. Assim, chegamos a estabelecer a relação privilegiada da ontologia, da exogeneidade e da aditividade. Esta última, entretanto, não deve nos esconder que a) é igualmente possível pensar uma ontogenia aditiva da doença aliada a um modo endógeno: é, por exemplo, o caso da apendicite ou, como já vimos, do tumor cancerígeno; b) correlativamente, a patologia por subtração pode ser atribuída a um agente externo. Assim, entre os baulês, os malefícios dos feiticeiros (= causalidade exógena), que devoram durante a noite os órgãos vitais de suas vítimas, produzem quase inexoravelmente o quadro clínico caracterizado pela trilogia da anorexia, da astenia e da insônia, uma sintomatologia mórbida por subtração, o que nos leva diretamente a considerar agora o segundo modelo.

II. O modelo subtrativo

Desta vez, o doente não sofre de qualquer coisa a mais, que é preciso que lhe extraiam, mas, pelo contrário, sofre de *alguma coisa a menos* (que escapou dele ou que lhe foi subtraída) que é preciso que lhe restituam. Diz-se, por exemplo, que o "espírito" se evadiu ou ainda que se "perdeu a razão", que se "perdeu a memória", o que implica uma compreensão ou uma pré-compreensão negativa da doença que não é mais presença positiva a ser eliminada como antes, mas ausência que requer uma terapia aditiva, um enxerto de órgão, por exemplo, ou um ritual de restituição (xamanismo do adorcismo), a ação médica ou médico-mágica sendo sempre evidentemente inversa com relação à representação etiológica.

Seria interessante pôr em evidência de maneira precisa os diferentes quadros clínicos que predispõem a essa concepção da patologia e assim poderíamos, por exemplo, opor o desmaio à histeria, a úlcera ao câncer. Se, com efeito, a crise histérica é com freqüência apreendida pelo conhecimento popular como sendo a penetração de um elemento patogênico no corpo doente, o desmaio, por seu lado, invoca espontaneamente a representação inversa. Mas nem sempre se trata apenas de representações.

MODELO ADITIVO E MODELO SUBTRATIVO

Assim, a radiografia do estômago permite ao prático reconhecer o câncer como adição não simbólica, mas realmente presente, enquanto que a úlcera — que, aliás, os médicos chamam de "nicho ulceroso" — determina uma figura ostensivamente subtrativa da afecção.
Mas o grande interesse do modelo que estamos examinando está, acima de tudo, em seu caráter operatório. Ele nos permite precisar a especificidade de uma determinada sensibilidade médica, detectar significações veladas e, por fim, o que é talvez ainda mais importante, efetuar comparações sem as quais não existe antropologia. Munidos, é preciso lembrar, do que para nós não é mais que um instrumento de pesquisa, e não "a realidade", a qual só pode cientificamente ser aproximada e jamais abraçada, parece-nos possível, por exemplo, opor (mas só o faremos com muita prudência) a medicina árabe à medicina européia, as representações islâmicas às representações cristãs da doença.
De início lembraremos, de maneira breve, que uma das modalidades ocidentais da representação da doença mal-infelicidade como uma presença intempestiva, uma entidade patogênica, uma positividade indesejável que apela para uma intervenção cirúrgica de extração certamente não deixa de ter ligação com o fundo histórico-cultural do cristianismo, para o qual o indivíduo nasce em estado de pecado ("o pecado original") e deve aspirar a se desembaraçar dele pela mediação de um terceiro (o Cristo chamado "Cordeiro de Deus") do qual o texto bíblico diz que "elimina" ou "tira" "os pecados do mundo".
Ora, somos forçados a constatar que tal concepção é estranha à cultura muçulmana ortodoxa, para qual a doença é antes de ordem da negação que da afirmação, de ausência mais que de presença, e para a qual a cura advém antes de um processo de purificação externa (abluções), de junção e de adição (plantas medicinais cujo conhecimento foi particularmente desenvolvido nessa área de civilização) que de subtração, notadamente cirúrgica que, por seu lado, desenvolveu-se principalmente na Europa[4], enquanto que a sociedade árabe foi por muito mais tempo reticente a ela, proibindo-a o Islão. Lembremos ainda que a sangria foi por muito tempo a panacéia da medicina ocidental, enquanto que o Islão muçulmano achava (e ainda acha) que o muçulmano se torna impuro ao perder sangue.
Sem poder estabelecer uma relação de causa e efeito cujo perigo no campo das ciências humanas conhecemos, podemos dizer, entretanto, que a religião islâmica provavelmente contribuiu para confirmar um certo número de comportamentos médicos diferentes dos que podem ser encontrados em terras cristãs. Por exemplo, no que se refere ao sangue (que recebemos ou doamos), longe de purificar o crente, é considerado, pelo contrário, capaz de torná-lo impuro; ou as abluções ritualísticas, a esmo-

la, o jejum, a peregrinação à Meca que, longe de afastar os pecados (noção positiva no cristianismo), reforçam por adição e não por subtração. É principalmente a partir do estudo da pregnância desse fundo cultural que estamos em melhor posição para compreender por que os indivíduos pertencentes à população do Maghrebe hospitalizados nos serviços franceses continuam a se representar o bom terapeuta não como o que tira (sangue, urina, um órgão), mas como aquele que dá e acrescenta; porque eles desejam receber (medicamentos, injeções, um termômetro) em vez de ser operados; e principalmente porque "o doente que recebe reagirá melhor que aquele de quem se suprime alguma coisa"[5].

Notas

1. Entretanto, uma série de diferenças maiores deve ser notada. 1º A feitiçaria européia jamais funcionou, recorrendo ao registro preferencial da antropologia. A feitiçaria africana é, com muita freqüência, uma feitiçaria do ventre que apela para um ordálio alimentar. A feitiçaria européia pode ser uma feitiçaria do coração, do sexo ou dos olhos (o "mau-olhado"), ou seja, que privilegia as representações da intenção, da concepção ou do olhar sobre as representações devoradoras e digestivas. 2º A interpretação da doença no registro da feitiçaria é relativamente "moderna" na África Negra onde, mais exatamente, se torna cada vez mais freqüente e chega mesmo a uma prioridade na ordem das representações, à medida que se assiste a uma modernização dessas sociedades. Entre nós, ela é geralmente mobilizada como último recurso, a partir do momento em que o indivíduo esgota a credibilidade que atribuía aos outros sistemas de representações.
2. Pareceu-nos que o recurso ao modelo interpretativo da doença como suplementariedade se impõe ainda mais quando se procura explicar os distúrbios que apresentam um forte componente de dor ou os problemas de saúde que surgem inesperadamente.
3. A menos que — se a questão não pode ser resolvida aqui, ela merece pelo menos ser colocada — o próprio inconsciente seja "pasteuriano".
4. É bem verdade que na Europa a igreja foi igualmente hostil a ela por um longo tempo. No entanto, um dos primeiros cirurgiões foi Ambroise Paré que, verdade seja dita, não era católico, mas protestante.
5. H. Van der Bruggen, "L'arabe musulman malade. Quelques aspects anthropologiques des soins infirmiers", *Soins*, T. 21, nº 23-24, Paris, 5 e 20 de dezembro de 1976.

Esse último exemplo mostra até que ponto a pesquisa proposta a partir do início deste livro, longe de ter um interesse apenas teórico, tem conseqüências eminentemente práticas.

4
Modelo maléfico e modelo benéfico

Com a análise dos modelos precedentes, entretanto, não esgotamos o campo dos sistemas de representações possíveis da experiência mórbida. Não basta fazer distinção entre uma percepção aditiva e uma percepção subtrativa da doença, entre uma percepção ontológica e uma percepção relacional. Ao lado, ou antes sobrepondo-se às oposições entre a doença e o doente, entre a doença e a sociedade, entre a doença-objeto e a doença-função, existe uma outra dualidade de natureza completamente diversa e que se situa ao nível do *sentido* e do *não-sentido*, do *valor* ora *negativo* — o único que consideramos até agora —, ora *positivo* e atribuído aos sistemas anteriores de interpretação. Para que nossa exploração da constituição do discurso etiológico seja completa, convém então associar a valência do sinal + ou do sinal ı à representação da doença, ou seja, fazer a distinção entre um modelo que chamaremos de "maléfico" e outro que chamaremos de "benéfico".

Esse último esclarecimento vai nos permitir apreciar até que ponto a doença, longe de ser uma experiência bruta — uma experiência apreendida pelo médico em termos de "fatos nosográficos" e pelo etnólogo em termos de "fatos etnográficos" —, é principalmente ambivalente e relativa a *sistemas de avaliação* que informam, ao mesmo tempo, a prática do terapeuta e a experiência do doente.

Ora, se nos situamos do lado do saber médico, é surpreendente constatar que, pelo que sabemos, *todas* as histórias da medicina escritas por médicos — com exceção, entretanto, da de Lichtenthaeler[1] — consideram que, até uma data bastante recente (a Renascença ou o início do século XIX, de acordo com os autores), a prática médica *estava* estreitamente ligada à cultura e à época na qual se inscrevia, jamais chegando a se livrar quer da "superstição religiosa" (particularmente antes de Hipócrates), quer da "especulação filosófica" (a longa época do galenismo). Em seguida, interviria uma ruptura (que a historiografia contemporânea tende a situar por volta dos anos 1800) ao longo da qual aconteceria a emancipação definitiva da medicina como ciência objetiva, com re-

AS FORMAS ELEMENTARES DA DOENÇA

lação ao social. A análise que vamos esboçar neste capítulo irá mesmo ao encontro de uma tal perspectiva. Vamos nos esforçar por mostrar que as compreensões etiológicas a que se faz referência na França médica contemporânea não são menos culturais que em outra época ou em outra sociedade. Se agora nos situamos do lado do doente, é porque este quase sempre tem a convicção (em nossa opinião, perfeitamente ilusória) de viver uma experiência "espontânea", ou seja, também ela ao abrigo do social. Ora, apreendidas à nova luz que aqui propomos, a doença e a saúde não são mais que fatos "objetivos", pois são comandadas por julgamentos de valor (a saúde chega a ser o protótipo de todo valor, se acreditarmos na etimologia da palavra valor, que vem de *valere: estar bem*) e não existe valor sem referência, implícita ou explícita, ao social. Estar doente, estar bem de saúde são noções que transbordam de significações (econômicas, políticas, morais, religiosas, existenciais), mas toda sociedade *opta* por uma certa idéia da normalidade que é necessariamente acompanhada por uma capacidade normativa e, para alguns, por uma normalização dos comportamentos. Ora, é sempre possível identificar dois pólos extremos de representações etiológicas: as compreensões comandadas pela prioridade da doença como situação *negativa*, até mesmo *totalmente negativa* (como no segmento médico que domina nossa cultura); as compreensões — muito mais raras — comandadas pela prioridade da doença como experiência *positiva*. Também a ambivalência que o médico experimenta inevitavelmente ao curar ou a sensação de equívoco que cada um de nós experimenta quando doente em presença de significações múltiplas, são imediatamente canalizadas para um sistema de interpretação normativo que em parte nos escapa.

I. O modelo da doença maléfica

1. Posições

1) A constituição do saber médico no Ocidente — que se fundamenta na separação do sofrimento biológico e do sofrimento social — se inscreve na perseguição de uma lógica que é a do *mal absoluto*. Seja ele a conseqüência da agressão de um meio qualquer ou de uma reação desproporcional do organismo ou da personalidade, o patológico é integralmente *negativizado* por um processo de redução semiológica que nós analisamos pessoalmente muitas vezes[2]. A doença é nociva, perniciosa, indesejável. Ela é completamente *privadora*: é a *a*-normalidade ou a *a*-nomalia que deve ser evitada — por uma rede muito densa de tabus nas sociedades tradicionais, pela profilaxia e a prevenção em nossas socieda-

MODELO MALÉFICO E MODELO BENÉFICO

des — e, quando ela se produz, deve ser combatida seja frontalmente por uma contra-agressão, como no caso da terapia antibiótica, seja lateralmente por uma correção quantitativa, como no caso das terapias de inspiração psicológica.

2) A doença não é apenas um desvio biológico, mas é também um desvio social, e o doente é vivido pelos outros e se vê ele mesmo como um ser socialmente desvalorizado. Ele pertence à "confraria dos perdidos, dos batidos" (Marie Cardinal, 1981), ele faz parte dos que René Lenoir (1974) chama de "os excluídos"[3].

Esta representação da doença como mal absoluto que se exprime no sentimento de uma desvalorização social é, pelo que sabemos, muito mais forte em nossa cultura do que em qualquer outra, e não é possível deixar de se invocar mais uma vez aquilo que hoje o Ocidente considera quase que unanimemente como a desgraça por excelência: o câncer.

O câncer, "essa flor da morte", como diz Diggelmann em seu *Diário de uma doença*, com efeito, não é apenas aquilo que nos faz mal, mas é o próprio mal. Ele é, como pudemos constatar, tanto em nossas entrevistas com doentes como com médicos, a antivida em estado puro, objeto de vergonha e de escândalo. De onde a extrema dificuldade de ser canceroso em nossa sociedade (como, com efeito, o ser humano poderia conseguir uma identificação satisfatória com aquilo que é percebido por todos como o próprio mal em seu princípio, e continuar a viver em sociedade?) e a repugnância que quase todos nós sentimos ao pronunciar a própria palavra câncer. Dois exemplos tomados do cinema contemporâneo parecem-nos particularmente reveladores dessa atitude. No filme de Yannik Bellon, *L'amour nu* (1981), Claire descobre que está com câncer. Seu médico lhe pede imediatamente que cancele uma viagem profissional que ela deveria fazer a Dubrovnik, a fim de começar um tratamento em Paris sem mais demora. Claire aceita mas, confrontada por seu patrão, a quem ela deve justificar sua impossibilidade de partir para a Iugoslávia, inventa um pretexto para que ele nem sequer suspeite que ela está com câncer. *Docteur Françoise Gailland* (1976), de Bertucelli, descreve-nos uma cena muito parecida. Quando a Dra. Gailland descobre que está com câncer, ao examinar sua própria radiografia, ela diz a seus colegas que se trata da radiografia de sua irmã.

3) Esta representação da doença como avaliação social totalmente privadora é acompanhada, em nossa sociedade, por uma negação ao nível do sentido. Contrariamente, por exemplo, às sociedades africanas, para as quais a experiência mórbida é preferencialmente interpretada como maléfica mas não obstante plenamente significativa (de um desequilíbrio a nível do grupo), nossa cultura nos ensina a viver a doença como um não-sentido radical ("o absurdo", "o azar") que nada revela e que nada po-

AS FORMAS ELEMENTARES DA DOENÇA

de justificar[4]. De maneira correlativa, por fim, essa negativização da experiência patológica é acompanhada por uma positivização semântica e de uma absolutização da medicina, a expropriação do sentido existencial da doença não sendo, de fato, mais que o reverso da apropriação dessa última pelo conhecimento médico positivo. Em um universo social que vive o desencanto dos valores, a cultura médica — que está se tornando (voltaremos a este ponto) uma parte importante de nossa cultura — procura se atribuir um sentido: o *sentido médico*, tão notavelmente pressentido por Jules Romains (1979) e Aldous Huxley (1977), que consiste em viver utopicamente[5] para evitar completamente a doença, retardar a hora da morte, ou até mesmo impedi-la; em suma, conservar a qualquer preço o mais precioso de todos os bens: a saúde.

2. Estudo do modelo na literatura

1º) *A doença-resignação: Franz Kafka*. A experiência kafkiana do mal-doença parece-nos caracterizada por um comportamento de resignação que se exprime ao nível do texto literário ou autobiográfico por uma sobriedade sem concessão. As dores da tuberculose que vão se agravando até a agonia final contribuem para acentuar a percepção da existência como pesadelo que deve ser aceito e descrito escrupulosamente em toda sua crueldade. Contrariamente a muitos comentadores que têm freqüentemente enfatizado a analogia da descrição da doença em Proust e Kafka, acreditamos pessoalmente que o autor de *Em busca do tempo perdido* e o de *O processo* engajaram-se (e desse ponto de vista, mas apenas dele, engajaram a literatura) em duas perspectivas diferentes. Proust utiliza, e voltaremos a este ponto, seu estado patológico visando uma transfiguração artística da existência, enquanto que para Kafka a doença é um horror que convém assumir até os limites do possível[6] e que não exige qualquer justificação. Além disso, se o primeiro põe todas suas faculdades a serviço da criação, o segundo está, ao que parece, pouco preocupado com sua obra e sua posteridade, uma vez que no fim de sua vida encarregou Max Brod de destruir seus últimos manuscritos. Encontramo-nos, portanto, diante dos antípodas da idéia — que será examinada mais adiante quando nos ocuparmos dos contos de Borges — de que a criação literária é uma vingança contra a enfermidade. Verifiquemos isso na leitura de algumas linhas extraídas do *Diário* e das *Cartas a Milena*:

> Aceita os sintomas, não te queixes dos sintomas, desce ao fundo do sofrimento. (1981, p. 537) À noite, sempre tenho 37,6, 37,7 de febre. Fico em minha mesa de trabalho, não chego a nada, saio para a rua. E, apesar disso, queixar-se da doença é comportar-se como o Tartufo. (1981, p. 561)

MODELO MALÉFICO E MODELO BENÉFICO

Por fim, a respeito da experiência do sanatório que Kafka conheceu bem em busca de cura:

São esses estabelecimentos de cura reservados aos doentes dos pulmões que têm febre e tossem noite e dia, onde é preciso engolir carne e onde antigos carrascos lhe deslocam o braço se você se defender das injeções, sob o olhar de médicos judeus que cofiam a barba e não conhecem nem judeus nem cristãos. (1965, p. 164)[7]

2º) *Da doença-submissão à doença-resistência: Katherine Mansfield.* A breve existência de Katherine Mansfield desenvolve-se sob o símbolo da tuberculose. A autora de *Bliss* sofre de violentas crises de hemoptise que vão piorando ao longo de sua vida e a levam à Suíça, ao sul da França e à Riviera italiana, sempre em busca de um pouco de alívio. Trabalhar, ou seja, escrever, exige-lhe um esforço enorme, uma luta constante. Ela morre em 1923, na idade de trinta e quatro anos. O sentimento que lhe provoca essa doença, acompanhando literalmente sua vida, parece-nos oscilar entre os pólos da resistência e da submissão.

A submissão. No dia 10 de outubro de 1922, pouco antes de sua morte, K. Mansfield escreve em seu *Diário* (1973):

Bendito seja Deus por nos ter concedido a graça de escrever. (p. 450)

Dois anos antes, em 16 de dezembro de 1920, ela escrevia:

É preciso *submeter-se*. Não resistas. Acolhe-o (o sofrimento). Deixa-te submergir. Aceita plenamente. Faz da dor *uma parte de tua vida* (...).

É preciso que eu me volte para meu trabalho. É preciso que eu transforme meu suplício em alguma coisa, que eu o modifique... Viver — viver — é tudo. Depois, deixar a vida desta terra, como a deixaram Tchekhov e Tolstoi. (pp. 316-317)

A resistência, ou seja, principalmente a recusa do horror pela doença que a impede de levar adiante, como ela gostaria, sua vocação de escritora, manifesta-se em numerosos fragmentos do *Diário*. Achamos que os trechos que se seguem dispensam qualquer comentário, pois exprimem perfeitamente, com uma sensibilidade, uma delicadeza, um frescor e sobretudo uma sinceridade sem equivalentes na literatura (com exceção, talvez, da obra autobiográfica de Michel Leiris), uma das maiores representações que estamos agora explorando:

Volto completamente esgotada; estendo-me na cama, levanto-me e fico sentada até as sete horas, atordoada pelo cansaço — um estado horrível. Mal posso andar, mal posso pensar, não ouso tentar dormir, porque, se dormir, sei que ficarei acordada a noite inteira e isso é para mim um pesadelo (...) Sentimento de desespero diante do desperdício de meu tempo. (p. 192)

Eu só peço tempo para escrever tudo isso — tempo para escrever meus livros. Depois, tanto faz morrer. Eu só vivo para escrever. O mundo adorável (meus Deus, como é belo esse mundo exterior!) está aí: eu me banho e me refresco nele. Mas sinto que tenho um *dever* a cumprir; alguém me impôs uma tarefa que devo cumprir até o fim. Que me deixem terminá-la; que me deixem terminá-la sem pressa, dando-lhe toda a beleza de que sou capaz. (p. 225)

"Não volte a ficar doente", escreve Katherine Mansfield a uma amiga. "A doença é uma coisa horrível, não é mesmo?" (p. 343)

Sofri o dia inteiro; passei mal. Meu pulmão estala. Não consegui trabalhar. Depois do chá, pus-me a dormir por pura inércia. Mergulhei no pântano do desespero e, como todos os que se encontram num lugar horrível como esse, estou feia, eu me sinto feia. É o triunfo da matéria sobre o espírito. Mas isso não pode acontecer. Amanhã, a qualquer custo (juro), vou escrever uma novela. (p. 393)

... as dores que sinto nas costas e em outros lugares tornam minha prisão quase intolerável... É como se eu fosse um inseto fechado em um lugar tão estreito que só é possível ficar deitado no chão. E isso se torna uma espécie de tortura. (p. 408)

Outro dia passado no inferno. (p. 409)

Finalmente, em 14 de outubro de 1922, a algumas semanas de sua morte:

Meu espírito se aproxima da morte. A fonte de minha vida diminuiu tanto que está quase exaurida. Quase toda melhora de minha saúde é falsa, não passa de uma comédia. Em que consiste ela? Eu posso caminhar? Não, eu me arrasto. Posso fazer alguma coisa de minhas mãos ou de meu corpo? Absolutamente não. Sou uma doente completamente dependente. Então, o que é a minha vida? É a existência de um parasita (...) Pensem, então, em um confinamento que durou cinco anos. É preciso que alguém me ajude a sair do calabouço. (pp. 449-450)[8]

3º) *A doença-abjeção: Louis Ferdinand Céline.* A percepção celineana da doença é eminentemente representativa do modelo que vamos estudar. Em uma carta escrita em 13 de agosto de 1947, Céline confia a um amigo que, enquanto "pagão", ele só consegue experimentar a "adoração absoluta da saúde", da qual encontra a expressão perfeita na beleza e na graça de uma garotinha de quatro anos, de vez que ele "odeia a doença" pois ela jamais conduz o ser humano à menor expressão de grandeza, mas revela o que existe de mais abjeto na existência. É de várias maneiras que o autor de *Voyage au bout de la nuit* se vê confrontado com a doença.

1) Céline tem uma formação médica; ele foi médico antes de se tornar escritor e continua a exercer a medicina, que considera sua única profissão, até a morte. Em razão da extrema atenção dedicada aos sintomas patológicos e da precisão das observações, nada deixa dúvida de que essa prática tenha exercido uma influência direta sobre sua criação romanesca[9]. Sua percepção da doença é uma percepção anatômica no mais alto grau, ou seja, completamente centrada no *corpo* (chamado de "carne", "tripas", "carnes", "carne mal apresentada" ou ainda de "carne humana bem sanguinolenta") e mais ainda no *interior do corpo*, esse espaço abjeto constituído por fibras, tripas e excrementos. O próprio estilo celineano, que é o da grosseria, não deixa de ter ligações com o método do exagero anátomopatológico, e a estética do romance procede de uma ampliação — particularmente de situações mórbidas e dos sintomas que assumem um destaque de pesadelo.

2) O próprio escritor é vítima de um ferimento no braço direito e na cabeça durante a Primeira Guerra. Ele fala disso com muita freqüência em seus livros, sofrendo, como ele mesmo nos diz, seqüelas, principalmente sob a forma de cefaléias, dores na orelha, vômitos, sensações de vertigem que por vezes ele chama de sua "loucura". Aos seus 75% de invalidez, vêm se juntar a disenteria e o paludismo contraídos na República dos Camarões quando ele trabalhava para a Sociedade das Nações. Quando, em *Le voyage*, Bardamu, que é de fato o alter-ego de Céline, chega a Fort-Gono na África e é encarregado de substituir um guarda florestal doente, ele explode:

> Informam que ele está doente... Eu sei! Doente! Eu também estou doente! O que quer dizer doente? Todos estamos doentes! Vocês também ficarão doentes e muito em breve ainda por cima. (p. 171)

E um pouco mais adiante:

> Eu tinha a vocação de ficar doente, só doente. Cada um tem seu gênero. (p. 186)

A doença do narrador, quer se trate de Bardamu na primeira parte de *Voyage au bout de la nuit* ou de Ferdinand na segunda parte e em *Mort à crédit*, ou do próprio Céline nas crônicas, atravessa toda a obra. Em *Féerie pour une autre fois*, obra dedicada "aos animais, aos doentes, aos prisioneiros", o escritor, literalmente "acabado" pela prisão dinamarquesa, confia-nos que sofre de pelagra que lhe "ataca os olhos" e que

AS FORMAS ELEMENTARES DA DOENÇA

lhe "arranca as nádegas" e que seu estado é tão deplorável que já perdeu quarenta e oito quilos. E em todas essas obras, duas afecções principais, estreitamente ligadas entre si, são descritas com muitos detalhes: a febre e, principalmente, o delírio. Eis, a título de exemplo, um trecho extraído de *Pont de Londres* (1978) que nos vai permitir captar toda a originalidade dessa percepção celineana da doença-infecção e da doença-ferida ligada, voltaremos a este ponto, à guerra e a seu cortejo de abominações:

> Eu caio das nuvens... que desgraça!... que susto!... Eu reencontro todas as minhas preocupações!... Que rebuliço... que abundância de ódio?... de ameaças! Ah! são verdadeiras serpentes!... Ah! elas me cercam!... elas me atam... Ah! é preciso que eu veja!... Ah! elas me forçam!... Tenho a cabeça confusa!... É um teatro!... Eu vejo!... Eu vejo tudo!... Eu revejo... Ah! É a Centopéia que sai dos trilhos!... Ah! a maldita! Ela está uma papa!... como eu em papas!... Ela escorre em mim!... Bem no rosto!... Eu a tenho!... Eu procuro o dela, o seu rosto!... Não o encontro!... Corro atrás dela!... eu salto... eu acelero... o Nelson que corre atrás de mim também! E outros! e muitos outros!... todos maldosos e apavorantes!... e Van Claben que me agarra... ele me sobe na barriga... mesmo, com decisão!... Ele me abre em dois!... ele me entra o ventre!... ele se instala... É o meu delírio! Eu o sinto apesar de tudo!... Ele me sacode o ventre! ele espirra! ele me revolve as tripas!... (...) É uma vertigem!... É um mal-estar!... Sou vítima da febre!... Eu me sento!... Eu fecho bem os olhos!... E mesmo assim eu vejo... vermelho sobre branco... o coronel das Entranhas...* em pé sobre seus estribos!... É um espetáculo para ser lembrado!... Eu estou de novo na guerra!... merda! Sou de novo um herói!... Ele também!... É bom de se lembrar!... Eu caio sobre o sofá por causa disso... Eu tenho a minha crise!... Eu revejo as Entranhas*, meu coronel bem-amado!... (p. 136)

3) Toda a obra de Céline é literalmente comandada por uma verdadeira obsessão pela doença que provoca infalivelmente, a cada vez, uma sensação de extremo enfado: doença do narrador ou do próprio escritor, como já vimos; doença dos outros — vamos nos deter neste ponto, considerando dois tipos de afecção principais dos quais são vítimas[10]: a patologia infecciosa e o medo alucinatório.

a) As doenças infecciosas. Vamos apenas lembrar as doenças venéreas de que padece um grande número de personagens, tais como Mme. Herote, que sofre de uma blenorragia (em *Voyage au bout de la nuit*), ou a tuberculose que atinge, por exemplo, as crianças da passagem Choiseul (em *Mort à crédit*). Por outro lado, a febre puerperal e as complica-

---

*No original, *Entrayes*. (N.R.)

ções infecciosas do parto merecerão maior atenção de nossa parte, uma vez que marcaram profundamente o romancista. Lembremos, de início, que, antes de tomar o pseudônimo de Céline, o Dr. Louis Destouches consagra sua tese de medicina a *A vida e a obra de Philippe Ignace Semmelweis*, esse médico húngaro do século passado que dedicou toda sua vida ao estudo do problema da mortalidade das parturientes e concluiu que ela era devida a uma infecção ligada às mãos sem assepsia dos estudantes. Ora, toda a obra propriamente literária de Céline, e isso desde *L'église*, sua peça de teatro escrita dois anos depois da defesa de sua tese, até *Rigodon*, seu último livro, está impregnada dessa obsessão pela infecção que pode surgir por ocasião do parto. Toda vez que esse último está em questão — e ele persegue o escritor até em seus pesadelos, como em *Féerie pour une autre fois* —, bem como o aborto ou o falso parto, ele nos é descrito como catástrofe sanguinária, o que sempre se constitui em ocasião para o escritor nos apresentar sua visão abominável do corpo feminino[11].

b) Um grande número de personagens de Céline parecem-se com o próprio narrador, "enlouquecido pelo medo" (*Voyage*, p. 81), "atormentado pelo pesadelo" (p. 577), perseguido, aturdido. É claro que o delírio em questão — delírio de Bardamu, de Ferdinand, de Mme. de Pereires, de Courtial, de Sosthène — é um delírio perfeitamente dominado, controlado, consciente, que não pode ser apreendido independentemente do próprio estilo de Céline, essa torrente verbal de vociferações que acabam por aturdir o próprio leitor, e de sua estética do exagero cujo efeito não é apenas o de pesadelo, mas também hilariante. Não obstante, essa linguagem alucinada de fuga da doença e que pede perpetuamente socorro é também a linguagem da doença. Ela acompanha os acessos de febre e em particular as crises de paludismo e as nevralgias — esse alarido cacofônico na cabeça e nos ouvidos — de todos os que a proferem.

4) É possível distinguir na obra de Céline três entradas para a doença, a qual está indissociavelmente ligada à injustiça e à miséria: *a doença-ferida* ligada ao *horror da guerra* que é detectada na Europa e particularmente na Europa do Norte; *a doença tropical* ligada ao inferno africano; *a doença de todos os dias* tal como Céline observou e tratou, e que se liga, desta feita, à grande *miséria dos subúrbios parisienses*.

A doença-ferida: o horror da guerra. Esta última marcou profundamente a obra literária de Céline[12]. As primeiras páginas de seu primeiro romance têm como fundo a Primeira Guerra Mundial e as últimas páginas de sua última obra evocam a Segunda Guerra. Ora, a guerra, que forma com a doença os "dois infinitos do pesadelo" (*Voyage*, p. 525), é pa-

AS FORMAS ELEMENTARES DA DOENÇA

ra o escritor, ao mesmo tempo, essas escolas de debilidade que são as casernas e as salas da guarnição (Céline é viceralmente antimilitarista) nas quais se aprende o que mutila, infecta e acaba por transformar os corpos em cadáveres; campos de massacre e de morte: da atrocidade das carnagens e dos carniceiros[13]; e, por fim, para as vítimas atordoadas que deles escapam, os hospitais militares e outros locais especializados "na cura dos heróis incapazes do nosso gênero" (*Voyage*, p. 112), onde se misturam "feridos perturbados" (p. 83), "guerreiros duvidosos" (p. 87), ou seja, "o ideal patriótico simplesmente comprometido" (p. 84) e homens "completamente doentes" (p. 84)[14]. Nada deixa dúvida de que a visão celineana da doença, a visão anatômica mais interna do corpo ferido, que nem é mais carne, mas apenas "carne em estado de putrefação", também deve muito a essa percepção do horror dos campos de batalha e das cidades bombardeadas[15].

As doenças tropicais: o inferno africano. Depois do pesadelo europeu, o inferno africano. É ele que é evocado a partir da primeira obra verdadeiramente literária de Céline, *L'église*, a qual nos descreve as grandes endemias que grassam nesse continente, e que Bardamu encontra ao longo de sua segunda viagem (*Voyage au bout de la nuit*, pp. 147-236). A partir do momento em que esse personagem embarca no "Amiral Bragueton", ele só tem por companheiros "bêbados", "hepáticos" e "desdentados".

> Não era mais uma viagem, era uma espécie de doença. (Os passageiros) pareciam-me completamente doentes, com paludismo, alcoólatras, sifilíticos sem dúvida, sua dilapidação visível a dez metros me consolava um pouco de meus conflitos pessoais. (...) Os treponemos nesse momento lhes corroíam as artérias... O álcool comia-lhes o fígado... O sol lhes partia os miúdos*... os chatos grudavam-se em seus pêlos e o eczema na pele do ventre. (*Voyage*, p. 152)

Mas a chegada em Fort-Gono e a penetração na selva são ainda piores que a travessia. Bardamu se vê diante desses homens, dessas mulheres e dessas crianças que "morrem como moscas à primeira pestilência" (p. 166), diante dessas "povoações bolorentas, dizimadas, embrutecidas pelo tripanossomo e pela miséria crônica" (p. 195). A África e suas "sujeiras" não poupa os colonos e todos esses pequenos brancos que vieram à cata da aventura, da riqueza ou do esquecimento. "O colonizador" estava, como escreve Céline, "cheio de larvas" (p. 153), "amolecido" pelo clima e mergulhado no "embotamento das longas sestas paludosas"

---

* Forma escolhida por Céline para falar dos órgãos internos. (N. R.)

MODELO MALÉFICO E MODELO BENÉFICO

(p. 190); as mulheres "derretendo-se em regras intermináveis" (p. 187) e seus filhos, "triste espécie de grandes larvas européias, dissolviam-se pelo calor em permanente diarréia" (p. 189). Ninguém escapa à crueldade do clima tropical. Por exemplo, os empregados da "Société Perdurière" que não encontram nada a fazer a não ser concursos de febre (pp. 176-177), o responsável por uma dessas feitorias que é chamado de "o homem do corocoro" (doença que corrói a pele) e sobre o qual nos diz o narrador:

embolorado de fadiga, desmoronando, oleoso, ele temia toda espécie de luz por causa dos olhos, que dois anos de cozimento ininterrupto sob telhados de zinco ondulado tornaram atrozmente secos. Ele gastava, dizia, bem uma meia hora de manhã para abri-los e mais uma meia hora antes de começar a ver claro. Qualquer raio de luz o incomodava. Uma enorme toupeira sarnenta. Sufocar e sofrer havia se tornado para ele um segundo estado, roubar também. (p. 177)

Ou ainda o próprio diretor:

seu diretor tornara-se sifilítico e terrivelmente agitado sob os trópicos, e engolia quinino e bismuto de fazer arrebentar os tímpanos e arsênico de fazer caírem as gengivas. (p. 175)

Depois do exército e das colônias, é a vez do *povo* dos *subúrbios* sórdidos e desolados, com casas "de cor urinosa" e de céu de cor de "suco de fumaça" (*Voyage*, p. 304), onde logo cedo pela manhã os operários se apertam nos bondes e nas linhas de metrô, "espremidos como detritos" (p. 305). Céline-Destouches conhece bem "esses homenzinhos restos da vida, vencidos, espoliados, transpirando sempre" (p. 92) que, como ele, trabalham duro e não possuem um centavo, pois economizaram a vida inteira para conseguirem uma moradia miserável. São seus clientes de Rancy (*Voyage*) ou de Porte Pereire (*Mort à crédit*). Eles estão em todas as casas, em todo os imóveis e em todos os andares. É o pai Henrouille que, na angústia das contas a pagar, tem "como zumbidos e apitos de vapor em cada ouvido" (*Voyage*, p. 318). São essas pessoas do quinto andar, cuja filha é esgotada por repetidos abortos, enquanto que no andar térreo o pequeno Bébert está para morrer de febre tifóide. É esse outro imóvel, ao qual Ferdinand é chamado com urgência, onde se desenrolam diversos dramas ao mesmo tempo: no primeiro andar, um canceroso que agoniza; no terceiro, um parto precoce bem "sangrento", e os locatários se deslocando ininterruptamente de um andar ao outro para se porem a par da evolução das duas catástrofes. Em suma, trata-se de uma gigantesca antologia da morbidez no que ela tem de atroz e de desesperador, e com a qual se vê diariamente confrontado o médico de subúrbio, que atravessa uma grande parte da obra de Céline. O narrador-médico faz dela, em *Mort à crédit*, um impressionante levantamento:

> O azedume no despertar dos 14.000 alcoólatras do distrito, as pituítas, as retenções extenuantes dos 6.422 blenorrágicos que ele não conseguia secar, os sobressaltos de ovário de 4.376 menopausas, a angústia inquiridora de 2.266 hipertensos, o menoscabo inconciliável de 722 biliários com enxaqueca, a obsessão desconfiada de 47 portadores de tênias, mais as 352 mães de crianças com lombrigas, a horda turva, a grande malta de masoquistas caprichosos, cheios de eczemas, albuminosos, açucarados, fétidos, tiritantes, vaginosos, inúteis, os "demais", os "não o bastante", os constipados, os fodidos pelo arrependimento, todo o atoleiro, o mundo de assassinos, tinha vindo refluir em seu rosto, cascatear diante da sua cara já há trinta anos, noite e dia. (p. 30)

Por fim, convém lembrar as consultas nos dispensários e nos asilos pobres onde se refugia toda a miséria do mundo. Principalmente os tuberculosos, com "seus desejos de escarros francamente bacilares, de verdadeiros escarros, de escarros 'cem por cento' tuberculosos" (*Voyage*, p. 423), e, de maneira geral, todos os doentes dos quais Céline só percebe os lamentos por intermédio "dessa corola de carne intumescida, a boca em convulsão para respirar assobiando, que aspira e se agita, emite toda sorte de sons viscosos através da barreira fétida da cárie dentária" (p. 426).

Se insistimos tanto na obra de Céline é porque nenhum outro escritor, pelo que sabemos, foi tão longe na criação de uma verdadeira estética da morbidez e mais precisamente da morbidez física, a qual é percebida principalmente como eminentemente corrosiva de todas as nossas ilusões, pois ela nos convence de que só somos um corpo destinado à morte, "podridão em suspense" (*Voyage*, p. 536). A narrativa celineana coloca-nos, repentinamente, em presença de uma experiência sensível e mais particularmente de uma percepção do corpo rigorosamente inversa àquela que em breve veremos na obra de Proust. Enquanto o corpo antes de tudo para Céline são os órgãos, esse rebuliço imundo descrito no registro da "analidade", a percepção proustiana só retém a superfície da pele. As categorias de apreensão desse corpo são para Proust o aveludado, o meloso, o sedoso, o acetinado e o marmóreo, enquanto que o que mobiliza a atenção de Céline é o sangrento, o ressumado, o purulento, o fétido, o podre, o ranço, o nauseabundo, o que se desfaz, o baboso, o viscoso. A oposição, nesse e em vários outros aspectos, não poderia ser mais radical. Céline, aliás, percebeu-a e nos confia em seu estilo absolutamente incomparável que detesta tudo o que Proust ama[16].

4º) *A doença-humilhação: M. Bataille, W. M. Diggelmann, H. de Montherlant, H. Bazin*. Os exemplos em que a doença é vivenciada como uma infâmia, uma desgraça, uma experiência imunda deixando entrever ou levando diretamente a uma descida aos infernos e ao nada abundam na literatura do século XX. Entre as obras particularmente reveladoras dessa atitude, tomemos *L'arbre de Noël* de Michel Bataille, que é sem dúvida (com *Mon enfant, mon amour* de Renée Mousseau) um dos livros mais desafiadores dentre todos os que estudamos, e que nos mostra até que ponto, em nossa sociedade, a narrativa da doença mortal que atinge uma criança é uma prova dificilmente sustentável, ou ainda *Ombres* de Diggelmann, que é o diário de um canceroso.

Aqui, é impossível deixar de invocar o fim da vida de Montherlant. Sabendo-se atacado por problemas vasomotores do cérebro, que se traduzem por vertigens, certo de que vai se tornar cego e hemiplégico, o autor de *Jeunes filles* prefere a morte à diminuição da capacidade física e à doença por toda a vida. "Eu não quero ser um legume", confia ele no fim da vida a Gabriel Matzneff. "Fico cego. Eu me mato" são as primeiras palavras da carta que ele envia antes do suicídio a seu executor testamentário.

Vamos citar, por fim, alguns fragmentos da obra de Hervé Bazin, *Lève-toi et marche* (1979), pois ela nos parece particularmente representativa de uma das conotações mais importantes atribuídas ao mal-doença em nossa sociedade: esse mal não é unicamente percebido como uma privação que pede por uma exclusão, mas como uma prova de humilhação atroz. Constance é uma moça de vinte anos que sabe que está definitivamente paralisada. Ela se lamenta:

> Que a paralisia corrompa meus músculos um a um, ainda passa! Mas ela poderia ter o pudor de não atingir meu esfíncter. (p. 253) Eu não podia comer, nem me pentear, nem me despir sem a ajuda de Mathilde, que cortava meu pão, minha carne, escrevia minhas cartas, me punha na cama, me levava ao banheiro como uma criança. (p. 234) Claude, sentado no chão, segura o prato. Com uma das mãos sob minha cabeça para levantá-la, Matilde enfia na minha boca, com a outra, as colheradas de purê que passam com dificuldade por minha garganta. A língua não é o bastante para engoli-las e meu queixo, instintivamente, projeta-se para a frente para ajudar à deglutição. Para beber, devo levantá-lo completamente, deixar deslizar a infusão em pequenos goles. É o que Claude chama de "beber como galinha". (p. 278)

5º) *O horror pela doença: O horror dominado (M. Soriano); o desespero absoluto (R. Guérin)*. Os acasos de edição fizeram com que, no início do ano de 1982, aparecessem simultaneamente dois textos de caráter testamentário de uma rara densidade, escritos a partir do próprio âmago da doença: *Le testamour ou remèdes à la mélancolie* de Marc Soriano e *Le Pus de la Plaie*, que é o "diário da doença" de Raymond Guérin.

AS FORMAS ELEMENTARES DA DOENÇA

Em 1978, Marc Soriano foi hospitalizado em Garches e tratado de uma miastenia, ou seja, um bloqueio progressivo de todos os músculos, que vai particularmente impedir o uso da palavra. Em *Le testamour* (que é a publicação do diálogo, *escrito*, entre o especialista dos *Contes de Perrault* e suas duas filhas mais novas, durante sua hospitalização), Soriano nos conta "a estupidez da doença" (1982, p. 122) e a "dor expressa milhões de vezes e (que), no entanto, ainda fica por ser dita" (p. 14). "Há três anos", escreve ele, "morro de sede, de fome, de solidão e de injustiça em minha prisão (...) Agonizo por causa de uma doença pouco conhecida e que ninguém sabe curar. Eles me 'bricolaram' para poder sobreviver e isso, asseguram-me, é uma sorte"... (p. 121). Seu estado de "morto-vivo" e de decadência física é tamanho que ele confidencia: "Se eu estivesse dentro de uma vala*, eu não me tiraria." (p. 49) E, no entanto, ao longo da própria crueldade da doença, as cartas de Soriano soam como uma mensagem de amor: amor pela vida e não pela morte, amor pelos seres humanos que lhe são caros, amor pelas palavras e pelos jogos de palavras:

> Nenhum sofrimento foi capaz de me tomar esse bem, minha alegria alteia-se como uma bandeira na tempestade, minha alegria viva no âmago mais profundo de meu sofrimento (...) Por alguns momentos, eu me digo que esta agonia é a outra face da felicidade. E que eu morro de felicidade. (p. 129-130)

Ou ainda:

este apelo à morte é o grito de um vivo. (p. 43) Confrades humanos que viveis perto de nós, eu vos suplico, vivei. (p. 66)

E principalmente um texto intitulado *Dépendance* (pp. 44-45), que consideramos um dos mais belos poemas em língua francesa.

Se o livro de Marc Soriano afasta-se, como podemos observar, do modelo da doença-maldição, sem, no entanto, identificar-se com o da doença-eleição de que em breve nos ocuparemos, o diário póstumo de Raymond Guérin se apresenta como expressão, pode-se dizer, perfeita do primeiro. Para o autor de *Le Pus de la Plaie*, a doença é a experiência do horror absoluto que nada pode justificar. Lembraremos brevemente que a lenta agonia de Guérin[17] sobrevém pouco após à decepção imensa que lhe causou o fracasso de seu romance *Les poulpes*, ao qual ele havia dedicado vários anos. Sofrendo de uma irritação do cólon e de graves problemas estomacais, ele é levado, durante os quinze últimos meses de sua vida, de hospital em hospital, sofrendo aí numerosas intervenções cirúrgicas. Ele morre em 1955 após uma icterícia. Como acreditamos que seu

---

* Ruisseau — riacho, mas também vala de água servida. Dado o contexto optamos por "vala". (N. R.)

MODELO MALÉFICO E MODELO BENÉFICO

"diário da doença" — *que não se destinava à publicação* — não exige qualquer comentário, mas que deve ser lido em todo seu despojamento e sua crueza, vamos citar alguns de seus fragmentos.

Montesquieu talvez tenha razão quando diz que não existe tristeza que uma hora de leitura não possa dissipar; sim, razão quanto à *tristeza*. Mas, acredite em minha experiência, contra o sofrimento físico só os analgésicos, no fundo, são eficazes. (p. 14)

(...) Faz agora nove meses, sim, precisamente nove meses hoje que o torno se fechou em mim. Tudo o que sofri, dia após dia, noite após noite, durante esses nove meses... E para não ter progredido mais que no primeiro dia! (...) Sempre novos tratamentos, novos cuidados, novas drogas... E se tentássemos isto, se tentássemos aquilo?... E eu, paciente cobaia, boa massa de fritura que viram e reviram sobre a grelha, prostrado no fundo de meu leito, cerrando os dentes para não gemer demais (...), eu sei muito bem que será preciso enfrentar ainda novas provas, subir e descer da mesa de operações, expor meu pobre corpo já tão mutilado a incisões e ablações suplementares. (pp. 30-31)

Se somos torcidos pela dor, moralmente abatidos, se temos os nervos cansados, se estamos esgotados pela fraqueza, a menos que sejamos um monstro de energia, só temos vontade de cair na cama, de procurar um alívio para nossos males em uma imobilidade calculada e de desejar que nos dêem um analgésico. Essa é a verdade! (p. 33)

Só consigo adormecer a tortura física ao deitar-me. Lá, deitado, observo, graças à força de vontade, uma imobilidade cadavérica (...) longa prostração sofredora (...) Com uma vontade insana de me fazer saltar os miolos. (pp. 63-64)

Ah, que isso acabe, que isso acabe! Realmente, não posso mais suportar. Para que serve viver nessas condições? Mil vezes a morte. (pp. 101-103)

II. O modelo da doença benéfica

1. Posições

Voltando-nos agora para os discursos e as práticas que conferem ao patológico uma significação ambivalente, até mesmo decididamente positiva, vemo-nos confrontados com o modelo simetricamente inverso frente ao anterior. Ele pode ser detectado sob sua forma mais forte tanto nas sociedades que afirmam o contrário do que nos ensina nossa medicina[18], quanto nos limites de nossa própria cultura: no que esta última nos ensinou a rechaçar, mas que volta a surgir precisamente quando, para um certo número de indivíduos, o modelo da doença-mal-infelicidade* é vi-

---

* Notar que em francês a tríade é maladie-mal-malheur, que ressalta melhor a relação entre os termos. (N. R.)

venciado como insuportável ou perde sua credibilidade. Desta feita, o sintoma não é mais considerado como uma aberração a ser contida, mas como uma mensagem a ser ouvida e desvendada. A doença é uma reação que tem, se não um *valor*, pelo menos um *sentido*, já que é tida como uma tentativa de restauração do equilíbrio perturbado, e mesmo, em certos casos, como um episódio que exalta e enriquece[19].

1º) *A doença-gratificação*. Num primeiro nível, o mais facilmente compreensível hoje no Ocidente, o modelo em questão pode ser apreendido através dos discursos e das condutas de todos para os quais a doença é o que permite, ao mesmo tempo, escapar das opressões da vida em sociedade, ser "responsável" e atrair a atenção sobre si. O doente experimenta principalmente, como observamos em nossas entrevistas, um sentimento de gratificação quando sabe através de outro (o médico), ou quando informa a outrem (nós, no caso) que ele constitui um "caso excepcional" ou que padece de uma doença "de rara gravidade".

Nesse caso, trata-se de "benefícios" chamados de "secundários" (mas que de fato não o são), que a situação do doente pode incontestavelmente provocar, e que consistem ao mesmo tempo de reconhecimento e de dependência sociais e afetivos eminentemente cobiçados.

2º) *A doença-proeza*. Este segundo nível de apreensão da doença é, por assim dizer, inverso ao anterior. É a partir de uma experiência patológica ou de uma enfermidade que o indivíduo dá provas de uma vontade excepcional, ampliando ao máximo as suas virtualidades que ele provavelmente não desenvolveria sem essa *revelação* constituída, no modelo que aqui nos interessa, pela doença. Os exemplos desse processo de reação por supercompensação a uma situação de anormalidade (ou de anomalia) são muito numerosos. Há alguns até bastante célebres[20]. Lembraremos o caso de Patrick Ségal, que é atingido por uma paralisia permanente quando está na plena força da idade e que nos conta — não sem complacência — em três livros (P. Ségal, 1977, 1979, 1982) e um filme (1981) como é possível transformar uma invalidez em aumento de vitalidade, fazendo a volta ao mundo, sozinho, em uma cadeira de rodas.

3º) *A doença-cura*. Para toda medicina de inspiração hipocrática, as manifestações patológicas — que não são mais que as reações do indivíduo às influências internas, externas, ou ambas ao mesmo tempo — não são consideradas como respostas inadequadas do organismo. Elas fornecem ao clínico que sabe observá-las uma informação capital da qual ele se privaria (e privaria o doente) se procurasse aboli-las, e com freqüência chegam a constituir o início de um processo de cura. Assim, o vômito não é mais visto como um sintoma a ser eliminado, mas como sinal de que meu estômago reage convenientemente à absorção de uma alimentação que não me é conveniente; a diarréia, como resposta adequada de

MODELO MALÉFICO E MODELO BENÉFICO

meu intestino; a febre, não mais como uma doença, mas como uma reação de autodefesa de meu organismo contra a doença, e assim por diante. Nessa perspectiva, o remédio terá por objetivo não mais reverter uma situação considerada nociva para o paciente, mas, pelo contrário, ativar a faculdade que possui nosso organismo de agir no sentido de um reequilíbrio. Esta concepção, decididamente expectante e não mais ativista como a da quimioterapia contemporânea, é encontrada principalmente na prática homeopática, tanto a popular quanto a hahnemanniana*, no *Traité des maladies qu'il est dangereux de guérir* (Tratado das doenças perigosas de serem curadas) de Dominique Raymond (1808), na "tese de agregação"** de Charcot justamente intitulada *De l'expectation em médicine* (Sobre a expectação em medicina), ou ainda na célebre obra de Cannon, *La sagesse du corps* (A sabedoria do corpo) de 1946. Da mesma forma, ela surge periodicamente do reverso de nossa medicina de ponta, em reação, por exemplo, aos casos em que o tratamento administrado provoca conseqüências ainda piores que os sintomas que ele se propunha a eliminar. Por fim, ela acentua a individualização das reações sintomáticas próprias ao "campo" de cada indivíduo, neste caso, como podemos perceber, reações ambivalentes já que podem ser simultaneamente consideradas como sinais patológicos e como *esforço terapêutico*.

4?) *A doença-volúpia*. Uma das originalidades da psicanálise é afirmar (em uma cultura fundamentada na distinção precisa do papel e do status do que trata e do que é tratado), que o terapeuta é ao mesmo tempo aquele que trata e aquele que é tratado e que o doente é ao mesmo tempo doente e não doente. Outra de suas originalidades, que nos interessa mais diretamente aqui e que lhe confere seu caráter social ainda mais insolente e insólito, é a de sustentar (em uma cultura que optou resolutamente por uma representação completamente negativa da doença), que a doença não é em absoluto um mal em si mesma, o que tem por corolário a idéia de que a cura — que não é desejada pelo doente — também não é desejável para o terapeuta, que nela vê "uma fuga para a saúde". A clínica freudiana mostrou, assim, que aquilo que o indivíduo vivencia como benéfico é sua própria neurose, à qual se apega muito mais que ao projeto terapêutico que a cura analítica lhe propõe. Groddeck, radicalizando Freud, fala da "intenção de doença do id" e escreve (1980, p. 45):

Se tiver a oportunidade, observe, peço-lhe, uma crise de histeria. Ela vai esclarecê-lo quanto à maneira pela qual um grande número de pessoas procura perder a consciência a fim de experimentar sensações voluptuosas.

---

* Relativa a Christian Friedrich Samuel Hahnemann (1755-1843), médico alemão criador da homeopatia (N. T.).
** Título obtido após certos estudos superiores (N. T.)

AS FORMAS ELEMENTARES DA DOENÇA

O que nos ensina a psicanálise é, ao mesmo tempo, o *prazer do sintoma* e a "reação terapêutica negativa" elaborada por todo indivíduo que empreende uma análise. Do estudo das condutas de fuga na vida cotidiana, da "pulsão de morte" e do "masoquismo primário", bem como das resistências à análise, o procedimento freudiano tira uma conseqüência maior e coloca um problema.

A conseqüência é que a doença, longe de ser um não-senso, é plenamente significativa tanto para o doente quanto para o terapeuta que, a partir do diagnóstico, deve incluir, em lugar de excluir, o significado pessoal que o doente atribui à sua doença. Esta última tem uma função: a de manter o equilíbrio, ainda que doloroso, que o sujeito não quer absolutamente ver posto em questão. A partir daí, o problema encontrado pode ser formulado nos seguintes termos: como, nessas condições, tratar de um indivíduo — cada um de nós — que, tendo estabelecido uma aliança tácita com sua doença, se recusa terminantemente a mudar?

Essa situação do doente que não quer sarar e do médico que o quer "salvar" (ainda que à sua revelia), nós a encontramos nas entrevistas que realizamos tanto com os que são tratados, quanto com os que tratam. Também a encontramos expressa na literatura e no cinema. Assim, no filme de Serge Korber, *Je vous ferai aimer la vie* (1978), o Dr. Soltier deixa precipitadamente seu serviço no Hospital Ambroise-Paré e sai à procura de um de seus pacientes, que sofre de insuficiência renal, para convencê-lo a se submeter a uma sessão de diálise. É o que Maurice Parot (1950) chamou de "síndrome de Perrichon", por referência a esse personagem do teatro de Labique que não cessa de elogiar alguém que ele acredita, erroneamente, tê-lo salvo da morte e em invectivar alguém que realmente acabou de lhe salvar a vida[21].

Percebe-se, pois, que colocada nesses termos a resposta psicanalítica é eminentemente complexa e contraditória. O que o indivíduo (que quer tomar consciência do que provocou sua doença) deseja é que se suprima o sofrimento mantendo, entretanto, o sintoma. O analista, por outro lado, não visa extirpar a doença de seu cliente, fazê-lo "reencontrar a saúde", ou, por outras palavras, ajudá-lo a reencontrar seu estado de equilíbrio anterior. Visa, ao contrário, permitir, graças à reatualização do passado, a emergência de uma nova organização psicológica. O que não pode senão atemorizar o paciente[22].

5º) *A doença-salvação*. O quinto nível de que agora vamos nos ocupar vai nos permitir avançar ainda mais um passo na análise das representações que estamos estudando. Desta feita, a doença não é apenas considerada como um fenômeno ambivalente rico de significações, mas como a experiência mais significativa que possa ser vivida, e principalmente

MODELO MALÉFICO E MODELO BENÉFICO

como um estado eminentemente valorizado, uma vez que "exalta", "ilumina", "libera", conforme o caso, e, de qualquer modo, enriquece.

Identificar a valência tornada totalmente benéfica que se atribui à representação "doença" leva-nos a examinar uma série de variantes e de casos muito diferenciados, mas que se apresentam como o homólogo inverso do modelo largamente dominante que é o de nossa sociedade. Lembremos que a afirmação de que a doença tem um sentido positivo, uma função insubstituível e que tem um valor em si mesma remete-nos a uma percepção convencida da coerência do social, ou seja, a uma interpretação totalizante que só pode ser produto de um pensamento religioso, ainda que este se apresente, como hoje ocorre com freqüência, como uma religião secularizada. É, portanto, através do estudo de um certo número de representações religiosas que abordaremos essa nova perspectiva de nosso problema, pois são elas que, a nosso ver, nos permitem apreender sob sua forma mais radical o modelo que aqui nos interessa. O sintoma, que na lógica das representações do mal-doença podia ser considerado como significando um ataque patogênico de uma divindade hostil ou malévola, é desta feita interpretado como eleição, o que nos permite avaliar o poder de reversibilidade e de ambivalência que se atribui ao sagrado: este, com efeito, agride e salva e até mesmo agride e salva simultaneamente, mas de qualquer maneira apela... apenas para a busca de um sentido.

O pensamento cristão propõe, desse ponto de vista, uma dupla interpretação da doença. Ele a considera a conseqüência do pecado de Adão (concepção punitiva e, portanto, maléfica), mas também a considera um efeito da graça de Deus (concepção benéfica). Na segunda direção, o doente é então chamado a se associar à obra redentora do Cristo. Trata-se do tema célebre da *Felix culpa* desenvolvido pelos teólogos e retomado principalmente por Pascal quando este nos fala do bom uso do sofrimento: a doença que fere a carne cura a alma! Mas é principalmente, a nosso ver, o estudo da possessão — não rechaçada como em Loudun, mas desejada como na Bahia — que nos vai permitir precisar a natureza das relações da doença com a saúde. E aqui, no interior de uma mesma compreensão de base, uma nova distinção se impõe: as representações benéficas podem ser vivenciadas e pensadas segundo o modelo exógeno analisado anteriormente, informando uma concepção mística ou "descendente" da possessão, ou segundo o modelo endógeno, permitindo uma concepção "ascendente", como no xamanismo, ou a experiência da droga às vezes qualificada de "psicodélica" ou ainda o discurso da "antipsiquiatria".

A variante exógena das representações etiológicas benéficas (modelo místico ou descendente). O indivíduo, longe de considerar o episódio que

AS FORMAS ELEMENTARES DA DOENÇA

hoje qualificaríamos espontaneamente de patológico no Ocidente, apreende-o, pelo contrário, como uma invasão enriquecedora de seu ser por outro: uma "anabase" no sentido platônico, um "arrebatamento" no sentido paulino, "um êxtase" no sentido plotínico, "uma subida ao Carmelo" no sentido tereziano, em suma a penetração de um poder exterior não mais hostil e perigoso, mas exaltante e que apela, então, para uma entronização sacra e um ritual que Luc de Heusch (1971) qualifica de "adorcismo" para diferenciá-lo e opô-lo ao exorcismo.*

A *variante endógena das representações etiológicas benéficas (modelo xamanístico ou ascendente)*. Desta feita, é a "alma" que parte, mas é um itinerário considerado espiritual, uma "viagem". O xamã segue então um procedimento ascensional, deixa seu corpo, "voa", abandona a assistência e desenvolve o jogo terapêutico com seu cliente. E, quando Lang escreve em *La politique de l'expérience* (1969): "Devemos nos livrar de nosso falso *self* para chegar ao termo de um cerimonial iniciático em busca do sicofanta do Sagrado", encontramo-nos em presença de um discurso que aparentemente não quer dizer grande coisa, mas que, não obstante, diz o suficiente para nos advertir quanto à natureza do procedimento, não analogicamente, mas estruturalmente idêntico àquele que é visado pela "antipsiquiatria".

6?) *A doença-liberdade*. Um dos principais valores, na verdade o valor supremo característico da cultura ocidental contemporânea, é certamente a saúde, considerada como ausência total da doença. Esta idéia-força, que se exprime ao mesmo tempo sob a forma de um direito (o "direito à saúde") e de um dever (o dever de todos e de cada um — e em particular aquele que se exige do Estado — de travar um combate inexorável contra a anormalidade, o envelhecimento e a própria morte), mobiliza uma parte tão grande de nossa energia e é o objeto de uma tal convicção, que convém, em nossa opinião, qualificá-la de mitológica[23].

Mas é precisamente por um processo de resistência contra-aculturativa à *utopia* de uma medicalização integral de nossos comportamentos, que

---

* Possessão implica a crença de que uma pessoa em transe pode "receber", "aparelhar", um espírito, força ou entidade personalizada (um Orixá, p. ex.). É o espírito que fala (e se manifesta). No xamanismo, ao contrário, é a "alma" ou "espírito" do xamã que deixa o corpo e se desloca até a morada de espíritos, forças, entidades. É sobretudo a representação do mecanismo que diferencia os dois sistemas. Eliade, p. ex., fala em *êxtase* xamanístico. No modelo da possessão o "espírito" se serve de um corpo-instrumento para entrar em contato *direto* com os homens. No modelo xamânico, o xamã (sua "alma" ou "espírito") é que faz o contato, faz a intermediação entre os "espíritos" (latu sensu) e os homens ou mesmo trava com os "espíritos" uma batalha terapêutica em favor do cliente. (N. R.)

MODELO MALÉFICO E MODELO BENÉFICO

visa o surgimento de uma sociedade sem mal, que hoje um certo número de indivíduos particularmente sensíveis ao que percebem como um verdadeiro excesso de cultura se insurge, protesta e reivindica o próprio contrário do ideal social em questão, ou seja, *o direito à doença*. Esse tema da doença como liberdade com seu componente de agressividade contra "a medicina", ainda que marginal com relação à sensibilidade médica dominante, conhece, não obstante, um desenvolvimento realmente notável no Ocidente, principalmente na França, a partir de cerca de uns quinze anos[24]. Temos visto surgirem associações de doentes (associações de diabéticos, de urêmicos, de cancerosos, de cardíacos)[25], bem como de jornais especializados na "defesa" e na "informação dos consumidores de cuidados médicos" como *L'impatient* ou *Tankonalasanté*. O discurso de Gérard Briche (1979) parece-nos particularmente revelador dessa atitude. Este último escreve notadamente que, em nossa sociedade, o doente é "despojado de sua doença" que é uma "experiência que dizem ser enriquecedora", que sua doença lhe é "roubada" ou ainda:

> O período em que se está doente é a ocasião inesperada de viver, sendo a doença a mais bela luta pela vida. Trata-se da vida e não da morte. Não é a morte ultrapassando a vida, é a vida que se precavém contra a morte.

Ora, como podemos ver, parece que essa compreensão do patológico, que não é completamente negativa, começa a ser compartilhada por um número cada vez mais expressivo de nossos contemporâneos[26].

Essas diversas apreensões da doença, não mais como objeto, mas como função, e como função seja totalmente positiva e ambivalente, embora convenha em todos os casos interpretar, captar e integrar em si, são todas a expressão de um modelo rechaçado de nosso horizonte médico mas que, como acabamos de ver, não se faz menos presente nele. Elas, evidentemente, propõem um problema maior à nossa sociedade, que nos ensina desde o nascimento a pensar e a provar rigorosamente o contrário. Com efeito, à medida que os sintomas não são mais considerados como estranhos ao doente, mas a própria expressão daquilo que existe de mais profundo nele (Groddeck fala do "id" que é para ele um sinônimo de "a Vida"), ainda se pode falar de patogenia? Ou, se preferirmos: à medida que a doença deixa de ser interpretada como uma figuração do mal, mas como um componente útil, até mesmo necessária, em si mesma, uma vez que ela participa do próprio ser do indivíduo, ainda se pode falar de doença?

A análise do modelo em questão (sua própria existência) tem o mérito, como podemos ver, de abalar nossas certezas. Ele ressurge de uma maneira inesperada, particularmente quando os indivíduos vivem, por ocasião de um episódio patológico, um questionamento de sua existência, ou quando a sociedade, em um dado momento de sua história, atravessa uma crise profunda de seus valores fundamentais. Mas, ao lado de sua reatualização através dos comportamentos e dos discursos, com freqüência patéticos, tecidos sobre o tema da "antimedicina", o modelo também pode ser encontrado através da análise calma e metódica[27].

2. Estudo do modelo na literatura[28].

1?) *A doença como prova da santidade: J. K. Huysmans.* A doença ocupa um lugar de destaque em toda a obra de Huysmans. En ménage, A-vau-l'eau, Croquis parisiens, Les foules de Lourdes, Sainte Lydwine de Schiedan, en route, A rebours comportam cenas intensas (sobretudo para o leitor de hoje) em que são descritas com grande minúcia as dores físicas dos personagens. O tema dominante que percorre essas diferentes obras é o de que existe mais verdade na doença que na saúde, na desgraça e na pobreza que na felicidade e na riqueza. "A saúde é o egoísmo, é a literatura bochechuda de pernas grossas, Zola e Maupassant, a vulgaridade grosseira da arte", escreve ele a um amigo. Em *Croquis parisiens* e *A vau-l'eau*, o escritor nos faz partilhar da emoção que ele sente à vista dos hospitais, que são para ele os portos de paz que abrigam toda a miséria humana. E ele nos confia, em *En ménage*, que o que ama não é a natureza sorridente, mas a natureza "débil", "aflita" e "sofredora"; não o céu azul sem nuvens, mas os "sóis doentes nas ataduras de bruma"; não é o luxo e a suntuosidade dos bairros elegantes, mas a pobreza dos subúrbios:

"Ah! Pantin, Aubervilliers, Charonne*! eis os bairros tísicos e encantadores"[29].

O pensamento e a sensibilidade de Huysmans — que exerceu grande influência sobre os romancistas católicos do século XX e principalmente sobre François Mauriac — são essencialmente impregnados da teologia do sofrimento expiatório. Se a doença não é apenas totalmente significativa, mas totalmente valorizada e valorizante, é em razão de sua função redentora. Por um lado, o indivíduo que é atingido deve acolhê-la e assumi-la como uma graça, pois ela é o sinal de uma eleição que o conduz à santidade[30]. Por outro lado, e principalmente, referindo-se à doutrina da substituição mística, Huysmans acredita que o que sofre na carne em união com o Cristo contribui para o resgate da humanidade pecadora.

En route (1954) estuda particularmente qual foi — e ainda é para o nosso autor — a representação da peste, esse "fogo sagrado" que dizi-

---

* Bairros de Paris. (N. T.)

MODELO MALÉFICO E MODELO BENÉFICO

mou uma parte da população da Idade Média. Assim, o escritor toma o exemplo de místicos cristãos como Lydwine, "a verdadeira padroeira dos doentes" (p. 84), que viveu em um catre da idade de quinze anos até sua morte, e também de Catherine Emmerich. Sobre a primeira, escreve ele:

> Ela ainda se achava muito feliz, suplicava ao Senhor que não a poupasse; ela obteve d'Ele expiar através de suas dores os pecados dos outros. (p. 84)

E sobre a segunda:

> (Ela) obteve do céu a permissão de sofrer pelos outros, de aliviar os enfermos assumindo seus males. (p. 220)

A leitura de Huysmans — que, não vamos esconder, nos foi extremamente penosa — reveste-se para nós de um duplo interesse. 1º) Estamos em presença de um pensamento que exprime e aprofunda uma representação da doença diferente daquela majoritária hoje entre nós. 2º) Não se trata apenas de um pensamento, nem mesmo de uma sensibilidade, mas de uma experiência em verdade muito pouco comum. Pois, no fim da vida, além dos problemas gástricos de que sofria desde a infância, Huysmans é atormentado por dores de dentes, por enxaquecas, por problemas visuais (ele ficou totalmente cego durante seis meses) e principalmente por um câncer na língua e na garganta[31]. A história do escritor torna-se, então, a história de uma lenta e longa agonia que confere retroativamente à sua obra um destaque surpreendente. Então, nos damos conta — ao relermos os textos que acabamos de citar — de que estamos diante dos antípodas de uma pura estética da dor. No início de sua enfermidade, o escritor resiste:

> No fundo, não se escreveu sobre a dor, como eu o fiz, sem criticar. *Santa Lydwine, Lourdes*, eu as pago. — Apre! eu não me sentia, entretanto, com vocação para seguir esse caminho de Dores em que me conduzem. Duvido que jamais tome gosto por isso, o que prova que não tenho o estofo de um Santo! Gostaria muito que o Céu se convencesse disso e me deixasse seguir minha vida[32].

Depois, lembrando-se de Santa Lydwine, de Catherine Emmerich e de outros mártires cristãos que morreram em meio a sofrimentos abomináveis, ele acaba por aceitar a prova essencial — já que expiatória — de seu câncer, que o inscreve no martirológio cristão do qual ele havia sido o romancista.

2º) *A doença como instrumento de transfiguração artística: Proust.* Proust confrontou, durante toda sua vida, a doença e a medicina. Primeiro em virtude do seu meio familiar. Como Flaubert, nascido em uma família de médicos, ele mantém relações estreitas com muitos práticos, pes-

AS FORMAS ELEMENTARES DA DOENÇA

quisadores e universitários de sua época, se interessa de muito perto pela medicina e desenvolve ele próprio grandes conhecimentos tanto patológicos quanto terapêuticos, dos quais encontramos poucos equivalentes entre os escritores do século XX a não ser talvez em Thomas Mann, de quem nos ocuparemos um pouco mais adiante[33].

Mas sobretudo por sua própria doença, ou seja, como ele mesmo esclarece, pela "enfermidade de minha natureza". Se muitos escritores também são doentes, raramente encontramos, entretanto, na literatura (sem dúvida com exceção de Joë Bourquet) alguém que o tenha sido a esse ponto; desde a mais tenra infância até sua morte, essa patologia crônica percorre literalmente sua obra, das primeiras páginas de *Les plaisirs et les jours*, sua obra de juventude, até o fim de *Le temps retrouvé* que fecha *La recherche du temps perdu*. O que nos parece particularmente notável em Proust e que legitima, em nossa opinião, plenamente a importância que lhe atribuímos neste livro são suas faculdades de observação e de análise incomparáveis, tanto da medicina e dos médicos (mas que nada devem à medicina) quanto dos doentes e de si mesmo. É também uma capacidade de sofrimento (mas também de felicidade) *desmesurada*, mobilizando todos os sentidos, e de metamorfose do estado patológico em obra de arte.

1) A doença de Marcel Proust. O sintoma dominante — a asma — é suficientemente conhecido para que não seja necessário insistir muito nele. Bastará que lembremos que na idade de nove anos, ao voltar de um passeio no bosque de Boulogne, o jovem Marcel Proust é atacado por problemas respiratórios que só se agravarão até sua morte[34]. A memória das sensações olfativas em particular é suficiente para provocar crises particularmente violentas. Mas convém que essa hipersensibilidade olfativa, a nosso ver, seja colocada no quadro global de uma *hipersensibilidade geral* ou, como ele mesmo diz em *Jean Santeuil*, de uma "sensibilidade doentia".

O pequeno Marcel é, desde seu nascimento, uma criança de extrema fragilidade, que não pode correr, saltar, brincar como as outras crianças de sua idade e que é literalmente protegido, mimado por sua mãe, que jamais deixará de ocupar o primeiro lugar em sua vida. Adolescente, uma palavra muito rude era o bastante para fazê-lo chorar durante noites inteiras. Adulto, não apenas os acontecimentos importantes (morte da mãe, do avô, da avó, desgostos amorosos) mas até mesmo as menores contrariedades desencadeiam nele verdadeiras crises de lágrimas[35]. Sabemos, através de sua *Correspondência*, que, desde 1905 — que coincide com a morte de sua mãe — até sua morte em 1922, Proust jamais sai da casa que ocupa no Boulevard Haussmann. Ele vive fechado em seu quarto,

MODELO MALÉFICO E MODELO BENÉFICO

completamente ocupado com a preservação de sua pobre saúde e principalmente com a realização de sua obra. Ele acredita "levar uma vida que até mesmo os doentes gravemente enfermos não levam, privado de tudo, da luz do dia, do ar, de qualquer trabalho, de qualquer prazer, em uma palavra, de qualquer vida". E nós acreditamos nele, ainda que muitos à sua volta o considerem um simulador. Que façamos seu julgamento: seu estado de hipersensibilidade e de ansiedade permanente concerne a *todos* os sentidos e praticamente a *todas* as situações com as quais se vê confrontado; angústia pelo sono: a leitura de sua *Correspondência* e as confidências dos que o conheceram permitem pensar que ele tem medo de morrer durante o sono; angústia pela noite, ou seja, pelo momento em que as crises são mais violentas entre os asmáticos; angústia pelo dia e pela luz[36]; angústia pela vegetação e particularmente pelo pólen das flores que provoca nele terríveis reações alérgicas; angústia pela poeira: ele proíbe sua governanta Célestine de fazer a limpeza de seu quarto com medo de que "a terrível poeira" possa reativar sua asma; angústia pela fumaça de cigarro; angústia pelos grandes espaços (ou agorafobia); angústia pela umidade e principalmente por se resfriar: Célestine acende o fogo em seu quarto até mesmo no mês de agosto, e quando tem que ir ao casamento de seu irmão em pleno inverno ele põe três casacos, agasalha-se com várias echarpes, forra literalmente seu *smoking* com algodão hidrófilo que ultrapassa o colarinho[37]; angústia pelo ruído: é preciso isolar as paredes do apartamento do Boulevard Haussmann com cortiça para não deixar passar nenhum ruído do mundo exterior, compra para seus vizinhos chinelos de feltro, e quando tem que ir a Cabourg aluga todos os quartos do hotel contíguos ao seu; angústia pelos seres humanos e pelas emoções desmesuradas provocadas quando de seu encontro: sabemos, por exemplo, que para tomar coragem para encontrar uma moça, certo dia ele toma em seguida oito garrafas de porto; por fim, angústia por não poder terminar *La recherche du temps perdu*.

2) O tema da doença através de *La recherche du temps perdu*. O tema da doença e da dor é um dos maiores dos quinze volumes da obra-prima de Marcel Proust. Por questão de clareza, faremos uma distinção entre a doença dos personagens e a do narrador, que Proust quis, ao mesmo tempo, muito próximo mas distinto de si mesmo; em seguida, vamos insistir na patologia do amor, ou, se preferirmos, para ficarmos mais próximos do pensamento do romancista, no amor enquanto patologia.

a) *A doença dos outros*. A maior parte dos personagens, se não todos, de *A la recherche du temps perdu* são doentes e, mais exatamente,

AS FORMAS ELEMENTARES DA DOENÇA

seres dotados de um "temperamento nervoso" — é assim que Proust qualifica Charlus, Saint-Loup, Swann e o duque de Guermantes — e se comportam de uma maneira "estranha". Entre esses indivíduos apresentando sintomas patológicos, quatro merecem particularmente a atenção do escritor: *a doença de Swann*, debilitado em todo o seu ser e que não cessa de declinar[38]; *a doença de Charlus* que, após uma crise de apoplexia, apresenta "problemas de medula e de cérebro" e fica paralisado, afásico e progressivamente cego[39]; *o ataque de hemorragia cerebral da avó do narrador*, que ocorre subitamente na carruagem que usa para atravessar os Campos Elíseos. O episódio afetou Marcel Proust a tal ponto que ele o narra longamente (bem como a agonia que se segue), uma primeira vez em *Le côté de Guermantes*, e uma segunda vez em *Sodome et Gomorrhe*[40]; *a uremia, o desmaio e, em seguida, a morte do escritor Bergotte*, que é a transposição romanesca do fim da existência do próprio Proust, encerrado em seu quarto, agasalhado em roupas de lã, "resfriando-se sem cessar", e principalmente do mal-estar de que é vítima durante uma visita ao Museu do Jeu de Paume, para onde ele um dia se dirige a fim de rever a nuance precisa da cor amarela em um quadro de Wermeer de que ele havia gostado[41].

b) *A doença do narrador.* Se certas "cenas" de *La recherche* lhe são totalmente dedicadas[42], na verdade a doença do narrador é onipresente do começo ao fim da obra. De difícil transcrição em termos de uma estrita nosologia, ela pode, no entanto, ser apreendida no trítico da agitação nervosa[43], do excesso do ritmo cardíaco[44] e das crises de sufocamento acompanhados por uma impressão de fadiga extrema, podendo levá-lo a perder a consciência, o que o doutor Cottard resume no breve e saboroso diagnóstico: ele é "asmático" e principalmente "loucamente apaixonado"[45].

c) *O amor-doença.* O sentimento amoroso, com seus componentes de angústia, de ciúme, de sadismo, de masoquismo e também de pesar, quando o indivíduo se vê confrontado com a perda do ente querido, constitui para Proust *uma verdadeira doença*, não apenas psicológica mas verdadeiramente somática:

> A saudade de uma amante, o ciúme que sobrevive são doenças físicas como a tuberculose ou a leucemia. (*Albertine disparue*, p. 313) Eu sofria até o fundo de mim mesmo, até em meu corpo, bem mais do que me teria feito sofrer o medo de perder a vida. (*op. cit.*, p. 153)

O amor portanto, faz do narrador de *La recherche* "um doente" (p. 32). Quando o ser amado o deixa, ele experimenta uma "ferida aberta", sofre de taquicardia — chamada de "opressão no coração" (p. 198), "golpe no coração" ou "golpe físico no coração" (p. 15) — e vê suas forças diminuírem a tal ponto que é acometido de vertigens e fica acamado diversos dias[46].

As situações a partir das quais Proust efetua uma descrição e uma análise dos "sintomas" do amor abundam em *A la recherche du temps perdu*. É o amor de Swann por Odette; o amor de Charlus por Jupien e principalmente por Morel; o amor de Saint-Loup por Rachel; o amor do narrador por sua mãe, por sua avó, por Madame de Guermantes, por Gilberte, cuja separação o faz sofrer "como um doente que esvaziou sua ampola de morfina em um segundo"; por fim, e principalmente, a grande paixão por Albertine, que merecerá maior atenção de nossa parte.

Fica claro, se lemos de maneira cronológica *A la recherche*, que é o amor de Swann por Odete que serve de modelo para a composição não apenas de todas as relações amorosas ulteriores, mas de todas as doenças em questão na totalidade da obra[47]. Não obstante, da mesma forma que todos os personagens de Proust se conhecem, refletem-se uns nos outros e evoluem em uma rede social fechada e composta por malhas extremamente estreitas, todas as relações amorosas (e seus sintomas que são os sofrimentos que inelutavelmente os acompanham, ou melhor, os constituem) têm uma tal "identidade" (*La prisonnière*, p. 113) que se evocam mutuamente em um jogo preciso de correspondências. Assim, a doença, a dor e a morte da avó do narrador remetem à doença, à dor e à morte de sua mãe que viveu o martírio, ficou inconsolável, ou seja, incurável após a perda de sua própria mãe, como Marcel Proust ficou da sua própria. E é essa doença, esse sofrimento (o de sua mãe), que é de fato, se o examinarmos de perto, o verdadeiro fundador de todos os outros e explica, ainda que retroativamente, a experiência de Swann[48].

3) A doença como "graça"

a) *A doença como condição de ruptura com o esnobismo*. São os sintomas de que sofre Proust que permitem ao escritor, fechando-se definitivamente em seu quarto, realizar a obra à qual ele vai sacrificar tudo.

Essa doença, que experimenta em si mesmo sob o duplo aspecto dos problemas somáticos e das torturas psicológicas, ele a conhece admiravelmente bem e sabe qual é o preço que é preciso pagar para poder realizar sua vocação de escritor. Ele também conhece o processo de metástase (cf., por exemplo, *Du côté de chez Swann*, p. 369) pelo qual uma doença nova é suscetível de afastar uma outra e assim "curá-la". Mas ele prefere, de longe, a sua afeição ao mal desconhecido que talvez pudesse ter sido capaz de substituí-la, mas que também o teria impedido de levar até

AS FORMAS ELEMENTARES DA DOENÇA

o fim aquele que é o único objetivo de sua vida: a realização de *A la recherche du temps perdu*. É nesse sentido que convém que compreendamos o que ele escreve no final de *Le temps retrouvé* (p. 437): "A doença, fazendo-me morrer para o mundo, me prestou um serviço." A concepção proustiana do romance é o oposto de uma atividade "por prazer" (Van Gennep) e principalmente de uma evasão para o imaginário. Ela visa o aprofundamento da realidade que só pode ser atingida penetrando-se o mais possível no sofrimento. Embora muitos dos personagens de *A la recherche* — Charlus, Legrandin, Ski, Norpois e o próprio Swann — tenham preocupações ostensivamente artísticas, eles não são — contrariamente ao escultor Elstir, ao músico Vinteuil e ao escritor Bergotte — absolutamente criadores, mas simplesmente estetas, ou seja, diletantes e ociosos, sucumbindo aos encantos do mundano — tudo o que Proust chama de "o esnobismo" pelo qual ele mesmo passou — e aos quais falta o essencial: tudo o que nos traz, se sabemos utilizá-las, a doença e a infelicidade, esse caminho real que nos permite escapar à frivolidade:

> Eu já havia aprendido que, qualquer que fosse a coisa que eu almejasse, ela só seria alcançada ao fim de uma busca dolorosa, durante a qual seria preciso, de início, que eu sacrificasse meu prazer a esse bem supremo, em vez de procurá-lo[49].

b) *A doença como instrumento de conhecimento de si mesmo*. Toda a *Recherche du temps perdu* pode ser lida como uma vibrante homenagem à doença e ao sofrimento:

> Eu ouvia a reprimenda de meus nervos em que havia bem-estar, independentemente dos objetos exteriores que o pudessem provocar[50].

Esse caráter eminentemente benéfico que se pode tirar da experiência patológica não é em absoluto redutível, a nosso ver, ao componente masoquista da personalidade, e realmente não tem nada a ver com o culto romântico do sofrimento. Se a doença deve ser incessantemente buscada e aprofundada, é essencialmente por *preocupação com a verdade*: ela é o "observatório privilegiado" que, pela sensibilidade que desenvolve, nos permite conhecer-nos verdadeiramente, ou seja, que possamos extrair o que existe de mais profundo em nós. Já em *Les plaisirs et les jours* (p. 6), Proust escrevia:

> Como os amantes quando começam a se amar, como os poetas quando cantam, os doentes se sentem mais perto de suas almas.

MODELO MALÉFICO E MODELO BENÉFICO

Mas é em *Les intermittences du cœur*, quando o narrador volta de Balbec, um ano após a morte de sua avó, que encontramos uma das expressões mais perfeitas dessa valorização da doença enquanto fonte insubstituível do conhecimento:

> Essas dores, por cruéis que sejam, apeguei-me a elas com todas as minhas forças, eu sentia que elas eram efeito da lembrança que eu tinha de minha avó, a prova de que essa lembrança estava muito presente em mim. Eu sentia que só a trazia à memória pela dor, e gostaria que enterrassem ainda mais solidamente em mim esses cravos que revivem sua memória. Eu não procurava tornar o sofrimento mais doce, embelezá-lo (...) Jamais o fiz, pois eu não me apegava apenas ao sofrer, mas ao respeito pela originalidade de meu sofrimento tal como o havia experimentado repentinamente, sem o desejar, e eu queria continuar a suportá-lo (...) Essa impressão tão dolorosa e realmente incompreensível, eu sabia, certamente não se algum dia eu extrairia dela um pouco de verdade, mas que, se algum dia eu pudesse extrair esse pouco de verdade, só poderia ser dela.[51]

c) *A relação estreita entre a doença e a criação artística*. A doença não deve apenas ser aceita e cultivada como fonte de conhecimento psicológico, mas também como fonte de "conhecimento espiritual" e instrumento de transfiguração artística do mundo. O jovem Proust já falava da "Graça" da doença que nos aproxima das realidades de além-morte. Em uma crônica de 1927, ele escreve que "o sofrimento eleva o homem" e que "os verdadeiros artistas são os que conheceram a doença", e, em *Jean Santeuil*, reivindica a asma, a insônia e a hipocondria como os componentes essenciais do gênio criador. Essa idéia maior de que a criação da obra de arte não acontece sem lágrimas e que "pela profundidade da dor atinge-se o mistério, a essência"[52] é capital para a compreensão de *A la recherche*. Convém, por fim, que precisemos que a aptidão autenticamente visionária que é literalmente liberada por ocasião de afecções patológicas deve ser relacionada ainda mais de perto com essa categoria particular das doenças que são as perturbações nervosas (por exemplo, as crises epilépticas de Dostoievski ou as crises nervosas do próprio Proust). Em termos que evocam irresistivelmente André Gide, do qual, entretanto, ele tanto se afasta na essência, Proust escreve:

> Suporte ser chamado de nervoso, você pertence a essa família lamentável e magnífica que é o sal da terra. Tudo o que conhecemos de grande nos vem dos nervosos. O mundo jamais saberá o que deve a eles.

E esclarece:

> Para uma natureza nervosa como a minha (...) os intermediários, os nervos, cumpriam mal sua função, não se detendo no caminho para a consciência, mas

deixando, pelo contrário, surgir o lamento, distinto, exaurido, inumerável e doloroso, dos mais humildes elementos do meu eu que vão desaparecer.[53]

3º) *A doença-iniciação: Thomas Mann.* Thomas Mann é incontestavelmente, com Marcel Proust, um dos escritores que, no campo da literatura do século XX, foram mais longe na exploração da doença[54]. Ora, essa é a razão pela qual lhe dedicamos o lugar central deste capítulo; para ele a doença faz o ser humano ascender a um prazer intenso que nenhum homem em perfeita saúde conhecerá: são os poucos instantes de felicidade que precedem a crise epilética de Dostoievski, é a embriaguez alegre que se apossa de Nietzsche graças à sífilis, é, por fim e principalmente — e logo voltaremos a este ponto —, a tuberculose que potencializa Hans Castorp. A doença não é apenas coextensiva à existência humana, ela é aquilo que há de mais humano no homem; é um estado infinitamente superior à saúde, um valor no sentido estrito do termo.

Essa idéia é incontestavelmente um dos temas principais de *A montanha mágica.* Ela é desenvolvida com vigor no discurso do personagem principal, Hans Castorp, que exprime o próprio pensamento do romancista.

Atingido pela tuberculose, Hans Castorp torna-se um "eleito". O mundo alienante das convenções sociais e dos valores burgueses não tem, então, nenhuma influência sobre ele. Ele já não mais pertence ao mundo, de tanto que irradia uma energia completamente espiritual. Para Thomas Mann, com efeito, contrariamente a Marguerite Yourcenar (1981) ou a Katherine Mansfield (1973), que apreendem a doença como "o triunfo da matéria sobre o espírito", doença e espírito são considerados equivalentes:

> Era o espírito que distinguia o homem — esse ser eminentemente destacado da natureza, e que se sentia tão oposto a ela — de qualquer outra forma de vida orgânica. Portanto, era ao espírito, à doença que se ligava a dignidade do homem, sua nobreza[55].

A altitude de Davos, a montanha ("mágica") e o próprio sanatório participam desse universo depurado que "libera". São os lugares da verdade, enquanto que o horizonte da "planície" é o da falsificação. E, quando o eleito descer dos cumes, ele se encontrará novamente em meio às pessoas comuns, ou seja, dos saudáveis. Essa compreensão (que não poderia ser mais representativa do modelo da doença-benéfica) é levada ainda mais longe no discurso de Naphta (em quem a idéia da doença apresenta completamente o sinal + e a saúde o sinal −), onde é defendida de uma forma doutrinária e quase apologética:

> "A doença é perfeitamente humana, pois ser homem é estar doente. Com efeito, o homem é essencialmente doente; era o fato de ele estar doente que justa-

MODELO MALÉFICO E MODELO BENÉFICO

mente fazia dele um homem, e qualquer pessoa que o quisesse curar (...) só procuraria desumanizá-lo e o aproximar do animal (...)" "Em suma", prossegue Naphta, "quanto mais doente ele estiver, mais homem ele será, e o gênio da doença é mais humano que o gênio da saúde." (*op. cit.*, p. 165)

Estas proposições são, então, qualificadas por Castorp de "verdades fundamentais da humanidade". E eis o comentário que suscita no herói de *A montanha mágica* a discussão polêmica que vem opor Naphta a um interlocutor partidário da tese da "inumanidade" da doença:

M. Settembrini só jurava pelo progresso. Como se o progresso, se é que existe, não fosse unicamente devido à doença, ou seja, ao gênio que nada mais era que a doença. Como se todos os homens saudáveis não tivessem sempre vivido graças às conquistas da doença. Houve homens que consciente e voluntariamente penetraram na doença e na loucura a fim de conquistar para a humanidade conhecimentos que se tornariam parte da saúde após terem sido conquistados pela demência. (*op. cit.*, pp. 165-166).

Eis, portanto, novamente colocado o problema das relações da doença com o conhecimento (científico, filosófico, espiritual) e com a criação artística. Em seu livro sobre Dostoievski (1960), Mann avalia que "os grandes doentes são crucificados e vítimas, oferecidos à humanidade e à sua ascensão, à extensão de sua sensibilidade e de seu saber, em suma, à sua saúde superior". Assim, o gênio se liga estreitamente à doença. Mas não nos enganemos: de um lado, a segunda não cria incondicionalmente o primeiro (a prova disso é que todos os doentes do Berghof não chegam a investir as forças "liberadas" pela doença na moral e na religião como Hans Castorp), mas constitui, não obstante, as condições favoráveis e quase necessárias para que o gênio apareça; por outro lado, a tuberculose não é qualquer doença, mas aquela que predispõe mais à grandeza. Em *A morte em Veneza*, o cólera, que é uma doença-maldição, faz de Aschenbach uma vítima, enquanto que a tuberculose que é uma doença-eleição transforma Hans Castorp em herói!

4º) *A doença como "terra prometida": "a verdadeira vida": Jean Reverzy*. Se citamos Reverzy[56] em seguida a Thomas Mann não é em função de qualquer filiação literária, mas porque esse autor tem da doença uma percepção extremamente próxima daquela do escritor alemão. A leitura de *La vraie vie* (1977) em particular lembra *A montanha mágica*, e o personagem principal do livro, Dufourt, evoca irresistivelmente Hans Castorp. Reverzy acredita que "quando a doença se revela e ataca, por fim encontramos a terra prometida, o universo novo do qual ninguém sabe nada antes de nele entrar" (p. 387). A obra termina com as seguintes linhas, que a resumem perfeitamente:

AS FORMAS ELEMENTARES DA DOENÇA

[Trata-se de] um livro escrito com o único objetivo de ensinar a quem o lê que as palavras: câncer, paralisia, asfixia e algumas outras, quando é preciso examiná-las, nada têm de temível, elas são bem o contrário disso; que só a revelação da doença é dolorosa; que muitas vezes a revelação acontece do dia para a noite. Assim, que ele não se desespere, que ele não implore socorro aos céus. Mas que o leitor pense em Deufourt, que, como qualquer outro ser humano, trazia em si o germe de um drama que não poderia ter sido inventado por Ésquilo. E que saiba que, com suas tisanas, com as injeções que lhe perfuram o couro, suas alegrias, suas penas, a doença lhe abre aquilo que ele não havia encontrado até então: *a verdadeira vida*. (p. 391)

5º) *A doença como experiência de gratificação social: o renascimento pelo outro: Michel Leiris, Simone de Beauvoir, Emma Santos, Emmanuel Berl*. Um grande número de textos literários que estudamos acentuam o fato de que estar doente está longe de apresentar apenas inconvenientes, em razão da solicitude das pessoas que nos cercam, solicitude essa de que nos beneficiamos e que obtemos do outro através desse discurso e desse apelo que é a doença. O doente experimenta, então, um sentimento de prazer na consideração nova com que o gratifica a sociedade. Assim, em um capítulo de *L'age d'homme* (1973) intitulado "Points de suture" (Pontos de sutura), Michel Leiris nos conta que, quando criança, foi vítima de um acidente no pátio da escola durante o recreio: abriu o supercílio esquerdo. Graças a esse acidente, ele se torna "o herói" (p. 131) de uma aventura:

A idéia de ter estado em contato tão íntimo com tamanho perigo me enchia de orgulho (...) (Esse acontecimento) valeu-me um certo tempo de popularidade em minha éscola e principalmente a alegria íntima de ser o que viu a morte de perto, o salvou por sorte de um grave acidente. (pp. 133-134)

Em *Une mort très douce* (1980), que é a narrativa da doença e da agonia de sua mãe, Simone de Beauvoir escreve:

Ela descobriu o prazer de ser servida, cuidada, acarinhada. (p. 31)

Portanto, a doença permite o acesso a um reconhecimento social que antes fazia falta ao indivíduo, como testemunham Emma Santos e Emmanuel Berl:

Eu tenho um dossiê. Agora eu existo. Antes eu era anônima. Eu existo aos olhos da sociedade como uma louca[57].

... "a partir de ontem", escreve Emmanuel Berl, "fui reintegrado à sociedade humana. Ao afirmar a meu respeito: 'Estou certo de que seu canal colédoco tem dois terços obstruídos', o médico me atribuiu um estado civil; ele me deu uma pátria: o Hospital."[58]

6º) *A doença como condição de uma superação de si mesmo: Borges*. A interpretação que agora abordamos, elevando ao mais alto grau o modelo que estamos explorando, se apresenta como o inverso simétrico da precedente. Longe de concluir uma aliança entre a doença e si mesmo e gozar de um status social particular, o indivíduo, por ocasião de um episódio patológico, com freqüência — como vamos ver — particularmente importante, vai até o fim de suas próprias possibilidades, termina o que não havia podido realizar sem esse acontecimento, que age como um verdadeiro revelador de si próprio.

Na noite de Natal de 1938, Borges sofre um acidente que agrava a semicegueira que já o afetava e que acaba por deixá-lo completamente cego. Ora, parece que a renovação completa de sua verve criadora — a produção de trinta e três contos escritos em um período de quinze anos —, que vai fazer dele um escritor de reputação internacional, coincide precisamente com esse acidente que precede em pouco a morte de seu pai. Um dos temas caros a Borges é que só a criação, a erudição, a memória e a imaginação podem nos salvar da enfermidade, da doença e da morte. Assim, em *Funés, ou a memória* (1980), encontramos um adolescente paralisado para toda a vida após um acidente, que não deixa seu quarto, onde não penetra um só raio de luz (alusão evidente ao acidente e à cegueira do escritor). A única aptidão de que dispõe a fim de compensar sua enfermidade é o desenvolvimento de uma memória excepcional: a invenção de um sistema de numeração que ultrapassa vinte e quatro mil números, todos codificados em palavras ou expressões de que ele se lembra, como se lembra das setenta mil lembranças que compõem cada um de seus dias (o que não deixa de evocar ao leitor a fantástica erudição do próprio Borges)[59].

A literatura e o cinema contemporâneos nos fornecem numerosos exemplos desses casos através dos quais vemos que a doença, longe de ser uma prova negativa[60], oferece ao indivíduo, pelo contrário, a ocasião de realizar a descoberta de uma vontade de que antes ele não suspeitava e que com freqüência surpreende a ele próprio. No começo do livro de Hervé Bazin já lembrado anteriormente (1979), Constance, que está paralisada para sempre e só pode se deslocar com o auxílio de muletas e de uma cadeira de rodas, procura, por "excesso de orgulho" (p. 17), superar o desafio de sua autonomia: ela se esforça por nadar sozinha em uma piscina. Ela diz:

> Não, eu não sou, eu não serei um enfermo comum. Como meu orgulho se choca com minhas fraquezas! Ele precisa dessa revanche, desse *teste*. (pp. 13-14).

AS FORMAS ELEMENTARES DA DOENÇA

Françoise Prévost nos descreve (1975) como chegou a suplantar a prova do câncer. No filme *L'amour nu* (1981), que ela escreve com Yannick Belon a partir de sua autobiografia, Clara volta da Fundação Curie, onde acabaram de lhe informar que ela está com câncer. Ela confia a uma de suas amigas:

> Eu sei que tenho câncer e é isso que me dá força para lutar.

Convém que ainda citemos aqui *Les mots pour le dire* de Marie Cardinal (1981), que efetua uma experiência idêntica[61], bem como o livro de Stéphanie Cook, *Jusqu'au bout de la vie* (1982), que nos mostra até que ponto o desafio do câncer foi o que permitiu a sua autora, ao mesmo tempo, realizar sua autonomia como mulher e chegar pela primeira vez à escrita. Mencionemos, por fim, o filme de Kurosawa, *Viver* (1952). A partir do momento em que Watanabe, que é um medíocre burocrata, sabe que tem câncer no estômago, abandona sua atividade de funcionário pacífico e decide colocar toda sua energia ao serviço do proletariado[62].

7º) *A doença como "oportunidade": Fritz Zorn.* O estudo do escritor zuriquense que escreveu *Mars* (1980) sob o pseudônimo de Fritz Zorn e morreu há pouco anos de câncer com a idade de trinta e dois anos, não deixa de evocar os exemplos precedentes. Mas consideramos seu livro — que é a radicalização da perspectiva que estamos analisando — tão original que convém que lhe reservemos um lugar à parte e dar ao texto que agora vamos estudar — e do qual vamos citar longos trechos — a palavra final.

Para Fritz Zorn, o que é responsável pelo aparecimento e pelo desenvolvimento do câncer é uma outra doença, etiologicamente anterior, que ele chama com freqüência de sua "doença da alma". É ela, pelo que poderíamos qualificar de excesso de meio familiar, e que se exprime por um estado de depressão, de solidão e de resignação permanentes, por um sentimento de inferioridade e de fracasso, bem como por uma sensação de apatia e impotência extrema, que faz dele um "fracassado" (p. 105).

A "doença da alma" é uma crispação neurótica edificada sobre a repressão de todo desejo e de todo prazer, é o ódio por si mesmo e pela existência colocado sob o signo do blefe e da falsificação, e que acaba, por um processo complexo de transformação, por engendrar o câncer:

> essa doença enfraqueceu tanto meu corpo que acabei por adquirir um câncer (p. 165) — eu havia enlouquecido e essa loucura fez que se desencadeasse o câncer. (p. 172)[63]

Zorn — que, observemos, se refere uma vez explicitamente a Reich (p. 176) — acredita, portanto, que o câncer é "a ilustração corporal do estado de minha alma" (p. 190). O câncer faz parte das "conseqüências corporais" (p. 165) dessa recusa pela vida, tal como lhe foi inculcada por sua família:

> Acredito que o câncer seja uma doença da alma que faz com que um homem que devora toda sua tristeza também acabe devorado, ao fim de um certo tempo, por essa tristeza que está nele. E, porque esse homem se autodestrói, na maioria dos casos todos os tratamentos médicos não servem para absolutamente nada. (pp. 153-154)

Dois trechos do livro vão permitir que precisemos o encadeamento lógico do processo patológico:

> Quando o câncer se revelou abertamente, pareceu-me evidente que ele correspondia exatamente à forma e à natureza daquilo que eu esperava. Eu sabia que não era nem por acaso e nem que justamente nesse inverno eu contraíra o câncer, mas que eu já estava doente há muitos anos e que o câncer não constituía mais que o último elo de uma longa cadeia ou, se preferirmos, a ponta de um iceberg. (p. 155)

> Se eu considerar o desenvolvimento de minha vida, surgirá disso uma lógica catastrófica: a neurose de meus pais é a causa do tormento de toda minha vida; meu tormento é a causa de eu ter contraído câncer e o câncer é, finalmente, a causa de minha morte. (p. 203)

A maneira pela qual Fritz Zorn representa o itinerário de sua doença aparece, portanto, fundamentada em uma dupla reação de conjunção e disjunção entre a neurose e o câncer, entre a alma e o corpo. Por um lado, o câncer é a conseqüência da neurose, mas ele leva paradoxalmente, *ao mesmo tempo*, à morte física do escritor *e* à cura dessa "doença da alma" pois, ao tornar-se canceroso, lhe é por fim possível se revoltar contra todo esse seu passado feito de resignação. Não é mais, portanto, a alma que é devorada pela depressão, mas o corpo que "se consome" (p. 198) e "se decompõe" (p. 190). Dito de outra forma, é o corpo sofredor que cura a alma doente:

> O câncer (...) é uma doença da alma sobre a qual só posso dizer uma coisa: é uma sorte que ela tenha, por fim, se manifestado. Com isso quero dizer que, com o que recebi de minha família ao longo de minha existência pouco feliz, a coisa mais inteligente que jamais fiz foi contrair o câncer (...) desde que estou doente, sinto-me muito melhor que antes de cair doente. (p. 29)

> Por pouco que possamos associar o câncer a uma idéia, eu confesso que a melhor idéia que já tive foi contrair câncer; acredito que esse tenha sido o único meio ainda disponível de me livrar da infelicidade de minha resignação. (p. 157)

AS FORMAS ELEMENTARES DA DOENÇA

Vemos, portanto, até que ponto o câncer merece ser qualificado de terapêutica. Ao contraí-lo, Zorn não "fica" doente uma vez que já o "era".

E, principalmente, é ele que lhe permite tomar consciência de sua neurose, ou seja, introduzir em sua existência uma distância entre ele próprio e sua educação ("Eu não sou apenas *como* meus pais, eu também sou *diferente*"; p. 205), viver a partir de então "minha situação como o resultado de um conflito entre minha individualidade e o espírito burguês" (p. 231) e "entrever uma espécie de morte e de ressurreição" (p. 157).

Nascido sob o signo de Áries, ele decide então tomar Marte como símbolo, Marte, ou seja, "o deus da guerra, da agressividade e da força criadora" (p. 182).

Notas

1. Ch. Lichtenthaeler, *Histoire de la médecine*, Paris, Fayard, 1978.
2. Cf. F. Laplantine, 1, 3, 4.
3. Jean Reverzy (1977, p. 351) escreve: "a doença separa inexoravelmente: o ser humano são e o ser humano doente pertencem a dois mundos incompatíveis". E Alain Cahen (1983, p. 23) esclarece: "Eu me sinto, por causa disso (minha doença), diferente de qualquer outra pessoa, como um negro com relação a um branco, um pobre com relação a um rico, um velho com relação a um jovem. Um velho negro pobre é menos diferente de um branco jovem e rico que eu com relação a qualquer um dos dois."

O fato de se postular em uma sociedade uma heterogeneidade radical entre o normal e o patológico leva com freqüência a se considerar esse desvio que é a doença (ou a monstruosidade) como tão aberrante e insólita que ela é expulsa *para fora da cultura*, creditada à natureza ou ao sobrenatural (os antepassados, os gênios da terra, da água, da floresta, da montanha entre os baulês — F. Laplantine, 6 — e à fatalidade ou ao destino em nossa cultura).
4. Sobre o conceito de injustificável, permitimo-nos sugerir a consulta de nosso livro *Le philosophe et la violence*, Paris, P.U.F., 1976, pp. 144-149.
5. Utilizamos o termo utopia no sentido preciso que definimos em *Les trois voix de l'imaginaire: le messianisme, la possession et l'utopie*, Paris, Ed. Universitaires, 1974.
6. Lembremos as últimas palavras, registradas por Max Brod, de Kafka moribundo, quando seu amigo, o Dr. Klopstock, hesita em lhe administrar morfina: "Se você não me matar, você é um assassino!"
7. A literatura romanesca fornece-nos numerosos exemplos em que o escritor, o narrador, o herói apreendem com fatalidade a doença. Assim, por exemplo, o ceticismo calmo e resignado de Tchekhov (particularmente em *Ivanov* e *Uma história banal*), a atitude de Stevenson diante da tuberculose que suprime "a paixão de viver", o personagem de Michael Furey em *The dead* de Joyce ou ainda os romances de Virginia Woolf.
8. Será, como sabemos, ao mago Gurdjieff que Katherine Mansfield irá confiar o cuidado de seu corpo e de sua alma. Ela passa os últimos dias de sua vida em uma comunidade esotérica com os "filósofos da floresta", perto de Fontainebleau, no priorado de Avon, onde ela morre.
9. Também são médicos muitos dos personagens de suas obras. Assim, temos o Dr. Gaige, epidemiólogo americano, o Dr. Clodovitz, o Dr. Baryton, o Prof. Bestombes, que, no "centro neuromédico" que dirige em Bicêtre, dá ao narrador de *Voyage au bout de la nuit* lições

MODELO MALÉFICO E MODELO BENÉFICO

de medicina e de psiquiatria patriótica ou, como diz Céline, "bandeirística" (*drapêautique*), o Dr. Parapine e o Prof. Jaunisset, do "Instituto Bioduret Joseph" (o Instituto Pasteur), o Dr. Gustin Sabayot, primo do narrador de *Mort à crédit*, os numerosos colegas de subúrbio de Ferdinand, que não é mais que o próprio Céline, sem esquecer as enfermeiras ("as enfermeiras, essas pilantras"), que, como Lola ou Sophie, são amantes do narrador.

Entre os ambientes em que evoluem os personagens — que freqüentemente são médicos ou doentes —, há um grande número de locais médicos: a comissão sanitária da Sociedade das Nações, o escritório de higiene da África Ocidental ou ainda o botequim de Pistil transformado em clínica (em *L'église*), o centro de observação de Issy-les-Moulineaux, o Val-de-Grâce, o asilo de alienados de Clamart, o de Vigny-sur-Seine, o hospital de Fort-Gono ou os numerosos asilos de velhos que "iam escarrando seus alaridos de uma sala a outra", essas "salas comuns" das quais Céline nos descreve a "ociosidade mijada", a Fundação Linuty, bem como os sucessivos consultórios médicos ocupados pelo escritor.

10. Seria inútil estabelecer aqui um catálogo das diferentes afecções descritas e amplificadas pelo romancista. Todas estão presentes em sua obra, da epilepsia de um ordenança que escarra sangue em *Casse-Pipe* (1981, pp. 90-97) às crises de asma de Titus em *Guignol's band* ("Quando vinha a crise, que pânico!... precisava ver seus acessos!... o horror que se apoderava dela!..." 1980, p. 204), passando pelos problemas de próstata do coronel em *Pont de Londres* (1978, pp. 27-28) e pela agina de peito de Metitpois em *Mort à crédit* ("durante dezoito minutos ele berrou como um porco. Que lhe arrancássemos o diafragma, todas as tripas vivas... Que lhe passássemos dez mil lâminas abertas na aorta... Ele tentava nos vomitar isso... Não era fita. Ele se arrastava pelo salão... Ele arrebentava o peito... Ele rugia no seu tapete... Apesar da morfina. O barulho ressoava pelos andares até a frente da casa... ele acabou sob o piano. Quando as artérias do miocárdio estalavam uma a uma eram como as cordas de uma harpa incomum...", 1982, p. 26), sem esquecer as dores de que padecem os animais (o cavalo ferido de Bardamu, a tortura de um porco em *Voyage au bout de la nuit* ou a agonia de Bessy, a cachorra do escritor, em *D'un château l'autre*. E, mesmo quando o próprio personagem não está doente, ele só fala das doenças dos que lhe são caros: assim, o sargento Alcide, encarregado de um posto isolado em Topo na África, nunca perde a oportunidade de dizer o quanto é afetado pela paralisia de sua sobrinha-neta que tem a perna esquerda atrofiada e é tratada "pela eletricidade" em Bordeaux; Lola, cuja mãe tem câncer; a tia de Bébert diante da febre tifóide de seu sobrinho...

11. Em *Voyage* (1980, p. 598), Robinson diz a respeito das mulheres: "seus ventres em que sempre há alguma coisa que cresce, tanto crianças quanto doenças". E o narrador, em *Féerie* (1979, p. 42): "As mulheres, no fundo, pensando bem, quero dizer quando jovens, são de dois tipos: as que morrem por ter filhos e as que morrem se forem obrigadas a tê-los..." Céline volta a esse ponto em *D'un château l'autre* (1980, p. 305), insistindo nas "mães que põem filhos, sangram, confessam, urram!" e escreve em *Rigodon* (1979, p. 234): "o orgasmo é pouco interessante, é o parto que vale a pena ser visto!... espionado..."

Essa percepção do parto-catástrofe parece-nos muito próxima de Joyce (cf. em particular *Ulisses*, 1981, tomo II, pp. 63-127). Ambas apreendem o parto declaradamente como ato abjeto. Mas é uma abjeção que logo se torna, para Joyce, ocasião para um sentimento de alegre zombaria, enquanto que Céline incontestavelmente leva mais longe a narrativa no sentido do horror.

12. "Eu me queixo da pelagra, dos zumbidos, das vertigens e do neuroma em meu braço direito... Tudo isso vem principalmente da guerra de 14! Foi para isso que me insurgi! que me encolerizei! Santo Deus! que isso não aconteça de novo! Eu queria impedir o Abatedouro! Ah, merda, foi duro! O Abatedouro me mostrou quantos paus se faz uma canoa!" (*Féerie*, 1977, p. 82).

13. Neste aspecto, os próprios títulos das obras de Céline são reveladores: *Mort à crédit* (Morte a crédito), *Bagatelle pour un massacre* (Bagatela por um massacre), *L'école des cadavres* (Escola de cadáveres).
14. Assim, o vizinho de leito de Bardamu, Branledore, que "arrastava seu intestino perfurado há meses, por quatro serviços diferentes" e que, "entre duas sufocações", gritava: Vitória! Vitória! Teremos a Vitória!" (p. 119), ou esse cavaleiro ferido que "não tinha mais a cabeça, só uma abertura no alto do pescoço, com sangue que borbulhava como compota fervendo numa panela" (pp. 28-29).
15. Com relação a este último ponto, cf. em particular *Normance*, que é, sem dúvida, o texto de Céline em que o pesadelo é levado até o paroxismo.
16. "Proust, ele próprio meio fantasma, perdeu-se com uma extraordinária tenacidade no ínfimo, na diluente futilidade dos ritos e procedimentos que envolvem as pessoas, pessoas mundanas, pessoas vazias, fantasmas do desejo, indecisos atores de 'suruba', sempre em busca desanimada de improváveis Citeras. Mas Mme. Herote, popular e substancial na origem, prendia-se solidamente à terra através de apetites rudes, animalescos e precisos." (*Voyage*, pp. 99-100)
17. Um dos grandes interesses que verificamos na leitura de Guérin é que ele constitui uma exceção — *e talvez um precursor* — no horizonte cultural da literatura francesa do século XX, que é uma literatura de sentimentos mais que de sensações. Uma vez fechado o parêntese naturalista (e nesse parêntese a atenção dedicada ao corpo e suas doenças *só*, observamos, se refere às camadas "inferiores" da sociedade: as doenças de Zola são as dos operários, Germinie Lacerteux é doméstica e mesmo Emma Bovary é uma burguesa filha da fortuna, de origem camponesa), *o corpo se torna o grande ausente do romance francês*, que passa a ser um romance de análise psicológica do qual *Adolphe* ainda é o protótipo. Com exceção, reconheçamos, de três grandes escritores: Céline, Leiris e Simenon. E só muito recentemente (a partir de 1975) é que ele foi, por assim dizer, redescoberto, principalmente por uma nova geração de mulheres escritoras (Marie Cardinal, *Les mots pour le dire*, Grasset 1975; Chantal Chawaf, *Maternité*, Stock, 1979; Landes, Stock, 1980; *Crépusculaire*, Ramsay, 1981; Hélène Cixous e Catherine Clément, *La jeune née* 10/18, 1976; Viviane Forester, *Le corps entier de Marigda*, Denoël, 1975; Xavière Gauthier, *Rose Saignée*, Ed. des femmes, 1974; Annie Leclerc, *Parole de femme*, Grasset, 1974). Ora, a audácia romanesca dos livros de Guérin, que aparecem logo após a guerra, está no fato de se tratar de narrativas do corpo falando do homem não a partir de idéias, mas a partir dos órgãos.
18. A doença como "linguagem dos deuses" entre os songhay do Níger, e não mais como "loucura dos deuses" como entre os thonga de Moçambique (Luc de Heusch, 1971, pp. 226-283) ou como catástrofe entre nós.
19. Na quase totalidade dos trabalhos propriamente sociológicos que consultamos, o modelo precedente é, neste ponto, apreendido como evidente, não se cogitando que possa haver outro. Muito característica dessa atitude, do nosso ponto de vista singularmente restritiva, que se atém à análise do comportamentos manifestos e tende à universalização do relativo, é, por exemplo, a afirmação liminar de um artigo de M. Pflanz e H. Keupp (1977, p. 415): "Encontramos em toda sociedade essa idéia de que a doença é um fenômeno que ameaça o indivíduo, o grupo ou a sociedade em seu conjunto."
Essa proposição, perfeitamente verdadeira pelo que diz, demonstra-se totalmente insuficiente pelo que não diz, pois "em toda sociedade" *também* encontramos, ainda que por vezes seja necessário buscá-la em um nível muito profundo de ocultação ou nos segmentos do social habitualmente menos freqüentados pelas ciências sociais (daí a atenção que dedicamos à literatura), a "idéia" radicalmente inversa: longe de sempre ser um fator de desagregação, a doença também pode ser interpretada como um fator de reestruturação.
20. Demóstenes chega a fazer de seu defeito físico — a gagueira — o próprio instrumento da maestria de seu talento oratório. Goya trabalha para uma fábrica de tapeçaria. Fica

MODELO MALÉFICO E MODELO BENÉFICO

surdo por volta dos quarenta anos e transforma, a partir desse momento — que coincide com a elaboração dos *Caprichos* —, o desafio de sua surdez naquilo que se tornará uma obra de arte de rara perfeição. Da mesma forma, a miopia extrema, duplicada por uma catarata, de que sofre Monet não faz com que ele renuncie à pintura. Pelo contrário, ele põe sua visão deformada do mundo a serviço da criação pictórica, o que contribui, de forma não negligenciável, mas evidentemente não exclusiva, para dar origem ao impressionismo.

Os acessos de sufocação de Chopin — que conhecemos principalmente pelo que escreveu George Sand —, longe de levar o poeta a ceder a si próprio, levam-no a compor os *Prelúdios*. Poderíamos assim, principalmente no domínio artístico, multiplicar os exemplos, evocando a relação de Van Gogh com a doença mental, Degas perdendo a visão, esbarrando nos móveis, sequer percebendo as cores dos vestidos dos modelos de suas melhores obras como *A pequena bailarina em cera*, a relação de Renoir com a poliartrite, de Matisse com a artrose, de Beethoven com a surdez ou, mais próximo de nós, do músico e cantor Ray Charles com a cegueira.

Num campo totalmente diferente, o atleta americano Connoly, atingido por uma atrofia do braço esquerdo, longe de renunciar ao atletismo, torna-se, em função de sua deficiência, um grande esportista. Em 1956, chega mesmo a obter, nos Jogos Olímpicos de Melbourne, o título de campeão mundial de arremesso de martelo.

21. Um estudo das relações da doença com o prazer ficaria incompleto se também não invocássemos a existência de uma voluptuosidade de natureza totalmente diversa mas que, com certeza, não é menor que aquela sentida pelo doente em se achar doente: trata-se da volúpia que o médico pode sentir em curar, ou seja, de se autoconvencer que ele é diferente do doente e superior a ele. "Essa volúpia de ajudar os enfermos, eu a surpreendo em toda parte, essa alegria secreta de fazer um cego atravessar a rua ou dar-lhe o lugar no metrô, eu já a experimentei. (...) Você sabe, basta escutar o rádio e ouvimos trágicas catástrofes, mas existem também aquelas que são maravilhosas, capazes de provocar tremor na voz do locutor..." Jean Didier Wolfromm, *Diane Lanster*, 1980, p. 9.

22. Sobre desconfiança, ver a hostilidade da psicanálise à própria idéia de cura, cf. a *Nouvelle Revue de Psychanalyse*, 1978, n.º 17.

23. Mais uma vez, não analogicamente ou por vago parentesco, mas estruturalmente, se estudarmos atentamente a função semântica e epistemológica do discurso médico — tanto erudito quanto popular — circundante.

24. Ivan Illitch (1975) está longe de ter sido o primeiro a propor, no campo de nossa cultura, uma "nova" atitude com relação aos cuidados médicos. Ele apenas, a partir de uma documentação biomédica e sociomédica particularmente importante, reatualizou e radicalizou a crítica, sobretudo ao processo de eficácia quimioterapêutica. O que gostaríamos de lembrar aqui é que: 1º) a noção de autoterapia não é absolutamente inédita no Ocidente, uma vez que já a encontramos em Tibério e Catão; 2º) por outro lado, a contestação global da medicina (e a proclamação do direito de se dispor do corpo, e mesmo do direito de ficar doente que o acompanha), é bastante recente *enquanto corrente social*, de vez que teve sua origem no movimento feminista americano (cf. quanto a este ponto Coletiva de Boston, *Notre corps, nous-mêmes*, 1977).

25. Ao lado da relação médico-doente, que tem sido objeto de tantos trabalhos, seria interessante desenvolver até o fim um estudo sistemático sobre a relação doente-doente.

26. É o que mostra principalmente a pesquisa efetuada por Jean-Pierre Corbeau e Jean Duvignaud sobre a correspondência enviada a Ménie Grégoire, que respondia como psicóloga na *Rádio Luxemburgo* a consultas de ouvintes: "Depois de ter examinado a correspondência", escreve J. P. Corbeau, "a doença aparece como valorizante. Os problemas ginecológicos, a depressão nervosa, uma longa enfermidade fazem com que as pessoas se diferenciem das outras como se, atingidas pelo mal, saíssem de um anonimato insuportável. Freqüentemente, temos a impressão de que elas descrevem uma experiência iniciática que permite o acesso

139

AS FORMAS ELEMENTARES DA DOENÇA

a uma confraria... Na verdade, contam as dores insuportáveis da doença, mas, ao mesmo tempo, se comprazem em evocar essas lembranças, em descrever a lista de seus sintomas, como se sentissem uma certa nostalgia disso tudo. Talvez porque o ambiente, a família, respondendo à necessidade secreta de se ser embalado como na primeira infância, manifestem uma ligação inesperada, que leva à regressão. Talvez porque elas descubram, quando de uma longa convalescença, ligações comunitárias, uma solidariedade até então desconhecida. Talvez porque a doença signifique a aventura, numa sociedade tecnocrata que deseja planejar tudo" (*Autrement*, n? 9, 1977, p. 190).

27. É principalmente assim que a obra de Canguilhem nos parece cientificamente exemplar. A partir de sua tese *Le normal et le pathologique* (reeditada em 1972), o autor defendeu a idéia da doença como "esforço para se obter um novo equilíbrio" e "reação generalizada à intenção de sarar". "O organismo", escreve particularmente Canguilhem, "faz uma doença para se curar."

28. A literatura do século XIX, que devotava um verdadeiro culto à tuberculose e à sífilis, evidentemente não poderá ser estudada no contexto desta obra. Não obstante, gostaríamos de salientar que, se certos escritores tentaram em diferentes épocas fazer da peste D. Defor (1982), A. Artaud (1972), K. Windsor (1977), A. Camus (1980), do cólera Th. Mann (1981), J. Giono (1981), E. Ajar (1982), e, por fim, mais recentemente, do câncer N. Loriot (1979), R. Massip (1979), F. Zorn (1979), S. Cook (1982), L. gustafsson (1983), o paradigma de toda doença, parece-nos, depois da leitura e análise de cerca de quatrocentas obras, que havia *quatro doenças literárias* por excelência, a partir das quais o escritor efetua uma experiência fundamental e experimenta o que convém chamar de volúpia: trata-se da sífilis, da "loucura", da toxicomania e da tuberculose. Mas é principalmente essa última, a tuberculose, que por assim dizer serviu de modelo para a elaboração literária de todas as doenças que, longe de se mostrarem empobrecedoras, exaltam e enriquecem e devem ser aceitas plenamente para se atingir à felicidade suprema, a grandeza ou o gênio.

29. Pela profunda verdade que confere à miséria humana, e em particular à doença, uma vez que vê na saúde e na riqueza os próprios sinais da inautenticidade da condição humana, e pelos locais prediletos em que se desenrolam seus romances (os subúrbios sórdidos, os hospitais), Huysmans não deixa de evocar e anunciar a obra romanesca de Céline. Vamos mais longe: as aventuras de Des Esseintes, que está gravemente enfermo, não deixam de nos fazer pensar na narrativa alucinada de Bardamu em *Voyage au bout de la nuit*. Mas, evidentemente, pára aí a analogia que teria, podemos bem imaginar, desgostado bastante a Céline e provavelmente também a Huysmans.

30. "Sejamos justos", escreve Huysmans, "sem a doença, a humanidade seria por demais ignóbil, pois ela pode, ao depurá-las, elevar as almas."

31. "Há cinco dias houve uma perfuração no céu da boca e em alguns dias haverá todo o afundamento da parte inferior do queixo e então haverá a alimentação pela hedionda sonda (...) Que terrível e lenta agonia em uma lucidez tremenda. Farrapo por farrapo, arranco pedaços de carne putrefata e como isso cheira mal! Nosso infeliz mestre experimenta esse cheiro odioso dia e noite." De Caldain, citado por R. Martineua, *Autour de J. K. Huysmans*, Paris, Desclée de Brower, 1946, p. 123.

32. Carta de Huysmans citada por R. Griffiths, *Révolution à rebours*, Paris, Desclée de Brower, 1971, p. 173.

33. As metáforas emprestadas ao domínio da doença e da medicina abundam na obra de Proust. Somente no último tomo de *La recherche du temps perdu — Albertine disparue* — detectamos trinta e oito. Eis alguns exemplos: p. 43: a leitura de apenas quatro palavras da carta de Albertine — "minha decisão é irrevogável" — que anuncia sua partida definitiva é comparada a "um medicamento perigoso, que me provocou uma crise cardíaca à qual não se pode sobreviver"; p. 47: quando o narrador tenta viver pensando que a jovem amada não mais voltará, ele se compara a "um ferido que assumiu o hábito de andar e pode passar sem

MODELO MALÉFICO E MODELO BENÉFICO

as muletas"; pp. 96, 105, 124: o narrador se compara sucessivamente a um "velho atingido pela hemiplegia", a "um amputado", a alguém que sofre de "lesões físicas"; p. 113: ele diz "experimentar os mesmos sofrimentos que um cirurgião que procurasse uma bala em nosso coração"; p. 244: quando o narrador por fim chega a esquecer Albertine, ele declara: "Eu sofria de um amor que não mais existia. Como os amputados, que por causa de certas mudanças de tempo sentem dores na perna que perderam"; p. 275: o amor-doença é comparado a "terríveis comoções" ou ainda a "ataques de paralisia".

34. Observemos que, se as crises asmáticas são freqüentemente evocadas em *La recherche du temps perdu*, o próprio termo "asma" — abundantemente utilizado em *Jean Santeuil* — jamais aparece nessa obra (salvo uma única vez em *La prisonnière* [p. 31-32] e de uma maneira impessoal), mas os termos "abafamento" e "sufocação" realmente aparecem com freqüência. Cf. em particular *Sodome et Gomorrhe*, pp. 184, 185, 188, 480; *A l'ombre des jeunes filles en fleurs*, pp. 86, 87, 88, 273, e *La prisonnière*, p. 11.

35. Só em *Albertine disparue*, o narrador desata em soluços quatorze vezes (pp. 23, 43, 51, 59, 645, 91, 148, 174, 239, 247, 289, 371, 372, 374).

36. Suas venezianas permanecem sempre fechadas, mesmo durante o dia, tamanho é seu medo pelo menor raio de sol. Ele escreve, em uma carta dirigida a Louise de Mornand (*Correspondance* V, 1979), p. 330: "Eu levo uma vida fantástica. Jamais saio, levanto-me às onze horas da noite, quando me levanto (...); sempre à mercê de uma crise imprevista, não ouso receber nenhuma visita."

37. Sobre o medo do frio e das correntes de ar, cf. principalmente *Jean Santeuil*, p. 204, *A l'ombre des jeunes filles en fleurs*, p. 462; *Le côté de Guermantes*, II, p. 30; *Sodome et Gomorrhe*, p. 204; *Albertine disparue*, pp. 18 e 95-96.

38. Cf. *Sodome et Gomorrhe*, pp. 95, 96, 106, 107, 116, 122, 132, e principalmente *Le côté de Guermantes*, tomo II, pp. 372 a 376.

39. Cf. em particular *Le temps retrouvé*, pp. 213 a 220.

40. *Le côté de Guermantes*, tomo II, pp. 7-23 e 28-49; *Sodome et Gomorrhe*, pp. 179-208.

41. Cf. *Le côté de Guermantes*, tomo II, pp. 23 a 28, e *La prisonnière*, pp. 216 a 224.

42. Como em *A l'ombre des jeunes filles en fleurs*, pp. 85 a 90.

43. Sobre os problemas nervosos, os "nervos" e os "nervosos", cf. *Jean Santeuil*, pp. 202, 205, 206, 208, 210, 259; *Du côté de chez Swann*, pp. 244, 266, 368, 413; *Le côté de Guermantes*, tomo II, p. 53; *Sodome et Gomorrhe*, pp. 107, 122, 123, 159, 227, 399; *La prisonnière*, pp. 112, 27, 28; *Le temps retrouvé*, pp. 13, 14, 164, 189, 163, 436.

44. Sobre os problemas cardíacos, cf. *Jean Santeuil*, pp. 184, 216; *Du côté de chez Swann*, pp. 266, 267, 400, 448; *Sodome et Gomorrhe*, pp. 107, 158, 179, 183, 184, 185; *La prisonnière*, p. 10; *Albertine disparue*, pp. 15, 16, 68, 174, 198, 325, 326, 328; *Le temps retrouvé*, p. 13.

45. *A l'ombre des jeunes filles en fleurs*, p. 90.

46. Nas primeiras sessenta e oito páginas de *Albertine disparue* — que exprimem as reações do narrador depois do desaparecimento da jovem até a notícia de sua morte (pp. 7-85), o termo dor, doloroso, é utilizado trinta e quatro vezes, e o termo sofrimento, sofrer, cinqüenta e quatro vezes.

47. "O amor de Swann por Odette chegou a esse ponto em que o médico e, em certas afecções, o cirurgião mais audacioso se perguntam se privar um doente de seu vício ou lhe dissipar o mal ainda é razoável ou mesmo possível." (...) "E essa doença que era o amor de Swann havia se multiplicado a tal ponto, estava tão estreitamente confundida com todos os hábitos de Swann, com todos os seus atos, com seu pensamento, com sua saúde, com seu sono, com sua vida, até com aquilo que ele desejava após a morte, que seria impossível arrancá-la dele sem o destruir quase que inteiramente: como se diz em cirurgia, seu amor não era mais operável". (*Du côté de chez Swann*, pp. 358-359)

48. Com efeito, o que diferencia as dores umas das outras é ao mesmo tempo sua intensidade e "essa modalidade da lembrança involuntária" (*Sodome et Gomorrhe*, p. 193) que

141

nos tortura à nossa revelia, mas que o romancista deve aprofundar sem cessar. Ora, escreve Proust:... "eu tinha uma dor que não era nada quando comparada à sua, mas que me abriu os olhos" (*op. cit.*, p. 194).
49. *A l'ombre des jeunes filles en fleurs*, p. 268.
50. *Idem*, p. 464.
51. *Sodome et Gomorrhe*, pp. 183-184.
52. *Albertine disparue*, p. 153.
53. *A l'ombre des jeunes filles en fleurs*, p. 298.
54. Convém lembrar logo seu imenso interesse pela medicina e pela psicanálise e suas próprias contribuições à análise da relação psicossomática. Seus conhecimentos no domínio da fisiologia (particularmente o estudo da epilepsia e a oftalmologia) e da psicologia destacam-se pela erudição e duvidamos que qualquer outro escritor não médico de nosso século pudesse, desse ponto de vista, lhe ser comparado. Mas, sem dúvida, é ainda mais por sua ptidão para a comparação dos quadros, dos processos e das representações patológicas que ele traz uma contribuição, em nossa opinião capital, à medicina; comparação entre a tuberculose e o cólera se confrontarmos *A montanha mágica* e *A morte em Veneza*; comparação entre os estados epilépticos de Dostoievski e a doença venérea de Nietzsche (1960); comparação "inter-sifilítica" se relacionarmos *O doutor Fausto* e sua obra sobre Dostoievski.
55. Th. Mann, *La montagne magique*, 1960, tomo II, p. 165.
56. Médico lionês morto em 1959, Jean Reverzy é o autor de cinco romances nos quais a doença e a medicina ocupam um lugar capital. Ele próprio canceroso durante os últimos anos de sua vida, que são os anos de sua produção literária e durante os quais ele continua a exercer a medicina; é possível considerar, como o faz Jean-Jacques Brochier (*Le magazine littéraire*, n? 186, julho de 1982, pp. 20-21), que as referências a numerosas doenças em sua obra são todas metáforas do câncer.
57. Emma Santos, 1977, p. 16.
58. Emmanuel Berl, 1982, p. 14.
59. O que constitui a principal característica da obra de Borges não é tanto o trabalho intenso do processo de criação literária como reação a uma enfermidade, mas o fato de esse processo ser totalmente repensado e reintegrado através do tema da simetria, da imagem especular e da inversão da duração: o acontecimento real (morte de seu pai no fim de 1958, acidente em uma escada na noite de Natal, septicemia que exige uma hospitalização por diversos meses no início de 1939, em seguida perda definitiva da vista) é apreendido como o eco enfraquecido e a repetição de um acontecimento imaginário, porém mais fundamer.tal uma vez que a realidade não é mais que seu reflexo.
60. Como não evocar aqui o destino de Joë Bousquet que se desenvolve inteiramente "entre a vida e a morte", segundo as palavras do próprio poeta? Lembremos apenas que Bousquet nasceu inanimado e se recusava a viver. Com a idade de dez meses, a babá que o carregava nos braços morre. Por fim, e principalmente, em 1918, é ferido na guerra, escapando por pouco da morte. Sua existência se desenrola, a partir de então, entre seu leito e uma cadeira de rodas em seu quarto com as venezianas fechadas. Bousquet é atacado por uma paraplegia espasmódica, tem as pernas cobertas de escaras, está completamente debilitado, urina através de uma sonda e sofre de pielonefrite crônica que se complica com crises de uremia, do que morre em 1950.

Ora, Joë Bousquet escreve acerca de seu ferimento que ele o "transformou em si mesmo" ou, ainda, que ele o "naturalizou". Ele, que viveu moribundo durante trinta e dois anos, que fez o elogio da vida, ele, cujas dores físicas só podiam ser acalmadas por doses cada vez mais fortes de morfina, foi um dos maiores poetas franceses do corpo.
61. "Se eu não tivesse ficado louca, jamais teria superado a mim mesma." (p. 341)
62. Esses numerosos exemplos, evidentemente, não devem nos dissimular a força da representação inversa. Assim, a concepção da existência como comédia grotesca em Wyndham

MODELO MALÉFICO E MODELO BENÉFICO

Lewis não deixa de ter ligações com sua enfermidade visual e a cegueira dos últimos anos de sua vida. E Montherlant, como vimos, longe de se mostrar disposto a assumir qualquer diminuição física, prefere entregar-se à morte.

63. A compreensão "zorniana", ao mesmo tempo como metáfora e como metástase, é, em nossa opinião, uma interpretação muito lúcida do que um certo número de escritores sentiram e expressaram, sem contudo dar a formulação extrema que encontramos no texto aqui estudado. Assim, Virginia Woolf tem a intuição de que suas crises de enxaqueca são de origem psicológica. E Katherine Mansfield escreve em seu *Diário* (1973, p. 395): "tenho a suspeita — e por vezes a certeza — de que a verdadeira causa de minha doença não está absolutamente em meus pulmões, mas em alguma outra coisa. E se alguém descobrisse e me curasse desse mal todo o resto também seria curado". Enfim, e principalmente, Kafka escreve em uma de suas *Cartas a Milena*: "Estou moralmente doente; o mal de meus pulmões não passa de um transbordamento do meu mal moral" (1956, p. 61). Ele confia ainda a Max Brod, em 1917, que a tuberculose "não é uma doença particular", mas — e é aqui que cessa a comparação com o autor de *Mars* — "o germe da morte".

5
Doença, romance e sociedade no século XX

O que caracteriza o personagem romanesco do século XX é, de início, a distensão das ligações entre o indivíduo e o social, que se traduz por essa palavra-chave de toda literatura que se segue a Kafka: *o absurdo*, ou seja, a constatação da falta de sentido e a aspiração de sentido. Enquanto o personagem romanesco do século XIX se confunde com a representação social, ou seja, com a função que é lhe atribuída pela sociedade[1], o do século XX não mais apresenta, particularmente depois de Joyce, contornos sociais precisos, e com freqüência faltam ao leitor pontos de referência para o situar numa história que não tem mais a estabilidade da época precedente. Por fim, e principalmente, o personagem vive o mais alto ponto da contradição entre o interior e o exterior, sua própria individualidade e sua cultura. Essa contradição, certos "heróis" conseguirão suplantá-la — mas tragicamente — como nos romances de Malraux ou de Bernanos, certos "anti-heróis" a resolverão — de Proust a Musil — distendendo ainda mais as relações entre a consciência e a sociedade, outros personagens, por fim, não conseguirão ultrapassar — de Kafka a Beckett, passando por Céline — a constatação do absurdo radical.

Ora, a experiência da doença, porque ela é sem dúvida, ao mesmo tempo, o que há de mais individual e de mais íntimo no ser humano e o que é mais repleto de social, parece-nos principalmente reveladora dessas diferentes atitudes romanescas, enquanto, reciprocamente, o fato de pertencer a um dado período do século XX explica em grande parte — mas apenas em grande parte — as razões das significações que são conferidas ao patológico.

1. O romanesco da subjetividade: a doença valorizada

O declínio do romance balzaquiano após o romance naturalista está estreitamente ligado a uma série de mutações sociais — principalmente

AS FORMAS ELEMENTARES DA DOENÇA

as conseqüências da Primeira Guerra Mundial, bem como o começo da tecnicização da sociedade — que vão provocar em um certo número de escritores um sentimento de insatisfação declarada. A partir do que chamamos a revolução romanesca dos anos 20 (revolução que, bem entendido, não nasceu repentinamente, mas foi gradualmente preparada por autores como Stendhal, Flaubert, Henry James), os romancistas — Proust, Joyce, Virginia Woolf, Dos Passos, Herman Hesse, Faulkner, Dorothée Richardson, Thomas Mann — vivem suas condições como as de um indivíduo alienado e arrasado pelo social. Todos os personagens romanescos dessa época experimentam uma contradição entre sua vida interior (rica de impressões, de tempo vivido e de experiências passadas) e o mundo exterior que eles apreendem quer como um universo caótico e desordenado, quer como um universo coerente mas no qual não mais se acredita. O que os caracteriza é a distância entre a própria consciência que eles têm de sua existência e da sociedade, é a aspiração ao sentido em um universo que é desprovido dele ou que não fornece mais que significações anacrônicas ou irrisórias (ou seja, convenções sociais). O indivíduo joyciano, proustiano, faulkneriano, woolfiano... não tem mais valores aos quais possa dignamente se apegar. Ele também visa aprofundar sem cessar a vida de sua consciência face a uma sociedade que percebe como o próprio universo da falsificação. Essa aspiração se exprime, por fim, através de uma revolução, não mais social e ainda menos política, mas *estética*, graças à elaboração de uma escrita desmistificadora — tão afastada do lirismo romântico quanto da construção naturalista — da individualidade ligada à exterioridade como do padre, do burguês, do patriota, ou prisioneira da paixão amorosa da qual vimos que Proust nos descrevia essencialmente as formas patológicas. O escritor deve então fazer passar a linguagem (e com ela a sociedade) por uma desagregação formal e levar a tarefa de decomposição tão longe quanto possível, a fim de que possa se reencontrar, recompor sua subjetividade.

Ora, surpreendeu-nos, ao estudarmos essa geração de escritores (para a qual a exploração do eu a partir de novas formas narrativas — relatividade absoluta do ponto de vista do romancista, ruptura com a cronologia objetiva — deve ser levada tanto mais longe quanto mais se coloca o não-eu sob o signo da artificialidade), constatar até que ponto a doença era, na maior parte dos casos, uma experiência plenamente valorizada. Isso é válido com relação a Proust, a Svevo, a Mann, a Gide ao mesmo tempo como comentador de Dostoievski, analista do gênio artístico e autor de *O imoralista*. Também é válido com relação a Herman Hesse[2]. Para esses diferentes romancistas, a "verdade" da doença é procurada (e encontrada) através de uma série de contradições que podem ser assim resumidas: por um lado, a exigência de autenticidade do indivíduo cuja consciência é chamada a se tornar a partir de então totalmente constitutiva do real; por outro lado, a objetividade sórdida do histórico e do social, dos quais todas as expressões são igualmente ameaças ao aprofundamento do eu; de um lado, a contingência, a falsidade e a artificialidade das regras e das funções (características para os autores em questão dos personagens eminentemente sociais do romance balzaquiano e mais ainda do romance naturalista); de outro lado, a densidade ontológica da vida interior.

Para o narrador de *Em busca do tempo perdido*, bem como para Hans Castorp, Michel ou Goldmund, a doença é simultaneamente interpretada como recusa da sociedade e o refúgio da individidualidade que se reencontra e vai poder assim satisfazer o vazio deixado por esse próprio movimento de evasão da história. Ela é a ocasião de "busca" e de elaboração de um sentido em um universo que não mais o tem; ela é a "montanha mágica" que nos permite ir em busca da descoberta de nós mesmos em nossa verdade mais profunda, desejando jamais voltar da "viagem" e morrer devido a ela, como, por exemplo, em Virginia Woolf. O personagem romanesco, na verdade o próprio romancista, não deixando de aprofundar a significação da doença e procurando totalizar sua experiência a partir dessa última, é então, com freqüência, levado a um itinerário que pode ser chamado de espiritual (isso é particularmente válido com relação a Proust, Thomas Mann, Virginia Woolf e Katherine Mansfield). Mas ele se vê confrontado com um desmistificador religioso que se situa nos antípodas das significações religiosas constituídas, ou seja, os valores eclesiásticos (e portanto sociais) estabelecidos.

Por fim, uma oposição, por assim dizer, de princípios organiza o próprio espaço do romance dessa época: a dos personagens do "interior" — ou da "profundidade" ou das "aparências" (Virginia Woolf) ou ainda das "alturas" (Thomas Mann), de acordo com a metáfora utilizada — e os personagens da exterioridade social — ou da "superfície". De um lado, Milly Theale, Hans Castorp, Clarissa Dalloway, Bloom, Dedalus, Tristan, Zeno Cosini, os Satori, "o homem sem qualidade", Bergotte, Ski, Vinteuil e o narrador de *Em busca do tempo perdido*. Trata-se, em sua maior parte, de doentes ou de personagens enriquecidos pela experiência da doença que, como diz Naphta em *A montanha mágica*, é "uma forma de existência superior" que tem "qualquer coisa de solene". Todos estão engajados em uma procura interior, a seus olhos a única verdadeiramente corrosiva do social. De outro lado, os personagens que se confundem com a função e o modelo social e que não conseguem se separar da ilusão da história. Homais e Bovary, que estão em perfeita saúde enquanto que Emma está doente, já são a prefiguração dessa época do romance da qual um dos traços característicos é o antagonismo entre dois tipos de individualidade: os pensionistas de Berghof e os habitantes da "planície" (e no próprio interior de Berghof, Settembrini, que acredita que "a doença é inumana" porque ela "traz o homem de volta a seu corpo", bem como Hans Castorp); Richard Dalloway e sua esposa Clara; as "pessoas de Dublin" e Leopold Bloom; os Snope e os Satori; os Verdurin e o narrador de *Em busca do tempo perdido*. Ora, o que é específico entre os primeiros é, ao mesmo tempo, seu materialismo e sua saúde perfeita[3].

2. O romanesco do heroísmo: a doença transcendida

Um abismo separa o romance dos anos 1935* daquele dos anos 20. Enquanto os personagens joycianos, proustianos, woolfianos, faulknerianos etc. eram essencialmente contemplativos, ciosos de buscar a verdade "interior" de seu eu "profundo", os personagens que animam os romances de Malraux, de Saint-Exupéry, de Bernanos, de Louis Gilloux, de Graham Greene, de Steinbeck ou de Hemingway são apaixonados pela ação e pela aventura. São combatentes, ou mesmo militantes, que têm como objetivo fazer triunfar seu ideal e que não cessam de lutar pela realização de um novo "humanismo", mesmo se experimentam, com freqüência tragicamente, uma grande dificuldade em conciliar suas idéias com seus atos. Eles vivem intensamente os sentimentos de amizade, de solidariedade, de amor, buscando (mas nem sempre conseguindo) fazer participar toda a humanidade de sua missão. Isso é o inverso, como podemos observar, do narrador proustiano, de Leopold Bloom, de Zeno Cosini, de Hans Castorp, de Aschenbach, de Mrs. Ramsay, "anti-heróis" solitários eminentemente céticos com relação ao que é da ordem da comunicação e da participação, sempre desconfiados da paixão e particularmente da paixão amorosa, da qual eles conhecem sobretudo as formas mais patológicas.

É, por fim, e principalmente, sob o ângulo do tempo e da história que o romance dos anos 35 aparece como mais exclusivo que o romance dos anos 20. A uma procura nostálgica do passado fundamentada no trabalho analítico da memória opõe-se praticamente termo a termo a vontade de construir um futuro totalmente inédito a partir de um presente que nunca deixou de ter sido vivido como absurdo. Malraux ou Bernanos na França, Steinbeck ou Hemingway nos Estados Unidos sem dúvida não estão menos preocupados que seus predecessores com as contradições de que se ressente o individualismo, mas a novidade romanesca desse perío-

---

* O autor diz "Un abîme separe le roman *des années 1935...*" A forma aqui foi mantida. (N. R.)

do consiste em reintegrar o social na consciência e, através dela, reengajar o homem na história. A atitude dos personagens com relação à doença é a conseqüência lógica de tudo isso. Se o sentido da vida não pode mais consistir em um movimento interior de retorno a si próprio, mas, pelo contrário, em um impulso em direção ao outro, a doença, bem como a reflexão que a acompanha, são antes consideradas como obstáculos à realização de valores que só podem ser atingidos voltando-se decididamente para o mundo exterior. Sem dúvida, essa é a razão pela qual a experiência patológica ocupa pouco espaço nessa época. O personagem romanesco tem outras preocupações em mente. Interrogar-se sobre o significado da doença parece-lhe um luxo, e se acontecer de o herói cair doente, ele não mais reagirá como na literatura dos anos 20, em que a experiência patológica era quase sempre oportunidade para uma introspecção psicológica e para um aprofundamento de si mesmo. Assim, *Les conquérants* (Os conquistadores) são, como bem observou Lucien Goldmann, "conquistadores doentes" e mesmo um deles, Garine, que é o personagem principal do romance, é, segundo o próprio Malraux, "gravemente enfermo", o que cria uma verdadeira distorção de sua relação com o social, e é por essa razão que ele grita em seu leito de hospital: "a doença é uma idiotice".

Essa contradição entre a ação e a doença, podemos encontrá-la em *La voie royale* (O caminho real). Perken, que é o personagem principal deste outro romance de Malraux, vive o clímax de seu conflito entre o engajamento revolucionário, que é a única coisa capaz de dar um sentido a sua vida, e essa "porcaria de febre" que, obrigando-o a dedicar-se a si mesmo, ameaça fazer de sua vida um absurdo. Em *O sol também se levanta* de Hemingway, Jack Barnes é vítima de um ferimento que o deixa sexualmente impotente. Mas, contrariamente às duas obras precedentes, o amor que o une a Brett Ashley, e além mesmo da mulher amada e amante, a solidariedade que ele sente pela humanidade e sua confiança nos valores da vida irão salvá-lo definitivamente do desespero, mesmo ele sabendo que em breve vai morrer. Assim, o acontecimento patológico, longe de sempre isolar o indivíduo, é também suscetível de o unir aos outros homens. Por fim, encontramos essa mesma atitude — tão característica da literatura dessa época —, ao mesmo tempo de resistência que a pessoa se impõe ou deve impor à doença e de recusa a que ela se resuma ao sentido estrito do termo inelutável, nas palavras do narrador de *Journal d'un curé de campagne* (Diário de um padre do interior) de Bernanos. Em suma, a vitória pela doença que caracterizava o romance de Proust, de Thomas Mann, de Hermann Hesse, é substituída, a partir de então, pela vitória sobre a doença.

AS FORMAS ELEMENTARES DA DOENÇA

3. O romanesco da liberdade: a doença recusada

Apesar das diferenças consideráveis, uma mesma filosofia pode ser detectada nas obras literárias mais marcantes surgidas durante a Segunda Guerra Mundial ou nos anos imediatamente posteriores a ela. Quer se trate de *Trópico de capricórnio* de Miller (1939), de *O estrangeiro* de Camus (1942) ou de *A cantora careca* de Ionesco (1950), a literatura dos anos 45 — que coincide com a redescoberta e a atualidade de Kafka — coloca-se sob o signo do absurdo. O tema do absurdo, é bem verdade, jamais esteve ausente da literatura dos anos 20 ou da dos anos 35, mas a partir de então ele se encontra no centro da estética romanesca (e teatral), e, principalmente, ele muda de conteúdo. Enquanto os romances de Joyce, de Proust ou de Virginia Woolf privilegiavam a psicologia e a vida interior, os romances de Malraux, de Saint-Exupéry ou de Hemingway privilegiam a ação; os escritores da Segunda Guerra Mundial colocam no centro de suas preocupações a ilusão do sentido, ou, se preferirmos, a revelação da falta de sentido que o personagem experimenta (que já se começa a chamar de existencial), passando pela situação de "estrangeiro" em um universo social cada vez mais anônimo.

É incontestavelmente Roquentin (Sartre, *A náusea*, 1938) e ainda mais Bardamu e Ferdinand (Céline, *Voyage au bout de la nuit*, 1932, *Mort à crédit*, 1936) que anunciam os personagens romanescos dessa época que tudo separa de seus predecessores. Sob o ângulo de sua relação com o tempo, antes de mais nada. Enquanto o narrador de *Em busca do tempo perdido* consegue reter a história, Kyo, pelo contrário, nela se engaja alegremente e, através de seus atos, reencontra paradoxalmente a esperança de eternidade do período precedente; quanto a Meursault, o narrador de *Trópico de capricórnio*, ou o de *Guignol's band*, ambos vivem totalmente no presente e o consideram rigorosamente inaceitável. Sob o ângulo da comunicação com o outro, o personagem romanesco dos anos 45 vive em solidão tanto quanto o dos anos 20, mas, contrariamente a este, ele considera a introspecção e a análise psicológica um engodo anacrônico. E, se ele experimenta a mesma exigência de diálogo que o personagem dos anos 35, sabe que é uma exigência destinada ao fracasso, sendo para ele o mal-entendido coextensivo à condição humana.

Sem dúvida, os personagens de Sartre se juntam aos de Malraux e o narrador das obras de Céline aos personagens de Hemingway, para achar que a "montanha mágica", o "tempo reencontrado", a "verdadeira vida" são ilusões, mas os primeiros acusam os segundos de terem substituído as certezas da introspecção pelas da intervenção no social. Tanto Hemingway quanto Faulkner, tanto Malraux quanto Joyce teriam subestimado o absurdo tal como já fora pressentido por Kafka. Compreende-

DOENÇA, ROMANCE E SOCIEDADE NO SÉCULO XX

se, nessas condições, que a doença não mais seja considerada um momento privilegiado que ilumina a consciência do personagem (Thomas Mann), uma ocasião de suplantar a si mesmo (Bernanos, Malraux) ou a ocasião de uma comunicação autêntica (Hemingway). Quando lhes acontece estarem doentes, os personagens dos anos 40-45 não são mais levados a um aprofundamento de si mesmos, mas apenas a um ímpeto de comunicação com os outros. De um lado, a "verdade" da doença é suspeita de ser um tema tão ideológico quanto as convenções que se pensa que ela critica; por outro lado, a doença-solidariedade (que está longe de se manter ausente nessa época, como o atesta a compaixão e a ternura de Céline) se torna, se não impossível, pelo menos totalmente ilusória.

Entre as duas atitudes precedentes, a distância é evidentemente estreita se o herói não quer soçobrar no desespero radical. Não obstante, essa distância será percorrida até o fim: mesmo se, em combate com a experiência da doença, o indivíduo se dá conta plenamente de sua impotência em transformar a desordem em significação, convém que se promova essa última custe o que custar. Assim, os dois enfermos de *Caminhos da liberdade* sabem que, em razão de seu estado físico, estão banidos da sociedade. Apesar disso, eles continuam a afirmar sua liberdade, o que, em suma, é uma atitude semelhante à do narrador dos romances de Céline: a invectiva proferida do próprio âmago dos ossuários, dos hospícios e dos asilos é ainda um apelo ao sentido. Da mesma forma, em *Lumière de soufre* (Luz de enxofre) de Georges Arnaud, o personagem principal sofre de câncer. Ele sabe que nada mais tem a esperar da vida, e, não obstante, ele se apega a um projeto irrisório: autenticar um quadro de Van Gogh antes que a doença o leve em definitivo.

Observemos, finalmente, que se nós nos reencontramos nos antípodas tanto da vitória pela doença (como em uma grande parte do romance psicológico dos anos 20) quanto da vitória sobre a doença (como no romance de ação dos anos 35), é em grande parte devido ao fato de que se renunciou a qualquer noção de salvação seja no sentido cristão, seja de suas secularizações políticas[4]. Nessa época, nada existe que possa se assemelhar nem ao sanatório encantado que procurava, como já vimos, convencer "a planície" — mas, pelo contrário, que lembra o sanatório de Kafka —, nem às certezas do período intermediário, mas existe, não obstante, um combate, mesmo que se saiba com antecedência que está perdido. Rieux não aceita abdicar diante da peste, ignorando que ela vai acabar por devastar a cidade de Oran, da mesma forma que, uma dezena de anos depois, Béranger decide resistir até o fim à epidemia (a "rinocerontite") que atinge seus semelhantes um após outro.

AS FORMAS ELEMENTARES DA DOENÇA

4. O romanesco do olhar: a doença constatada

Se o que se designa por "nouveau roman" (*novo romance*) está longe de ser representativo de todo o horizonte literário dos anos 1960, ele constitui, não obstante, uma das correntes mais significativas da literatura dessa época. A partir dos anos 55, um certo número de escritores — Butor, Ollier, Pinget, Robbe-Grillet, Sarraute, Simon — introduzem o que um deles chama de "suspeita"[5] no campo romanesco. O romancista, que reflete no domínio artístico a crise de identidade e o sentimento de incerteza que se manifestam na sociedade, a partir daí, não tem certeza de mais nada: nem do movimento da consciência — ou do inconsciente —, da qual ele conhece as peças que nos pode pregar, nem do engajamento na história, nem mesmo da concepção que o período precedente fazia da falta de sentido e que parece agora ter sido erigida em sistema.

Os autores pertencentes a essas diferentes tendências da criação romanesca produzem, aos olhos dos "novos romancistas", uma coerência ideológica. Eles dispõem ainda de pontos de referência: pontos de referência tomados no passado (é a consciência, julgada por demais volúvel, do sentimento de duração de um Joyce ou de um Proust); pontos de referência tomados à projeção do eu no futuro: a ação heróica dos personagens de Malraux ou de Hemingway é uma maneira inversa, mas igualmente segura, de estar se enganando a si mesmo; pontos de referência, por fim, tomados ao existencialismo literário: Sartre, Camus, Céline, Miller têm certamente toda razão ao dedicar tanto interesse e atenção ao absurdo, mas em sua escrita o absurdo fala e permite ainda, finalmente, uma forma de salvação (por totalização da experiência). Eles têm razão em situar seus personagens no presente, mas a partir do presente eles ainda concebem um "projeto".

O que é, portanto, "suspeito" entre os escritores dos anos 40-45, para os dos anos 60, é o fato de os primeiros procurarem se apegar mais uma vez a valores (mesmo nas invectivas dos narradores de Céline, existe ainda um pedido de socorro e uma busca do Absoluto); é de não se limitarem à estrita constatação dos acontecimentos; é de deslizarem imperceptivelmente do fato bruto da doença para uma metafísica da infelicidade (já se afirmou isso a respeito de Céline) ou da felicidade (como em Camus ou Miller). Em suma, todas as relações anteriores com a falta de sentido parecem anacrônicas, pois são portadoras de "mensagens" das quais convém, a partir de então, duvidar.

Tudo o que ainda é possível nessas condições é se ater estritamente à descrição minuciosa do que se vê (a exterioridade das situações, a vida cotidiana das pessoas em sua contingência radical), pois o objetivo é fazer com que a literatura, que se deve afastar tanto da investigação psicológica quanto da revolta existencial (a qual exprime ainda a verdade), instaure uma ruptura, desta vez definitiva, com a busca do sentido oculto e que a escritura se aproxime o mais possível das "aparências", que não se deve mais procurar "ultrapassar", como preconizava Virginia Woolf. Se o absurdo domina plenamente o horizonte dos escritores em questão, não se trata desta vez de um "sentimento" do absurdo, nem de uma "experiência", e menos ainda de uma filosofia, mas de uma pura "constatação" que privilegia decididamente a temporalidade dos acontecimentos sobre o desenrolar da duração, o espaço sobre o tempo, o exterior sobre o interior, a superfície sobre a profundidade, o plano e as imagens descontínuas sobre qualquer procedimento engajado na busca da causalidade; em suma, a percepção do olhar sobre a análise da afetividade. E o que se pede a esse olhar não é mais que ele "prove" — o que ainda motivava os escritores do período anterior — mas, mais modestamente, apenas que ele mostre. De onde o interesse de muitos romancistas dessa época pelo cinema.

Numerosos exemplos dessa mudança mereceriam ser estudados atentamente. O início de *A vida tranqüila* de Marguerite Duras já anuncia essa perspectiva. *A cerimônia do adeus* de Simone de Beauvoir, que é desta vez um texto bem posterior não apenas ao de Marguerite Duras, mas também ao período de emergência do "nouveau roman" — com relação ao qual, aliás, a romancista não manifesta qualquer afinidade —, não é estranha a essa atitude: pessoalmente, ficamos surpresos pela precisão com a qual são descritos os boletins de saúde, bem como pela minúcia das descrições concernentes à degeneração física e à agonia de Jean-Paul Sartre. No interior da corrente literária que estamos aqui estudando, é sem dúvida na obra de Samuel Beckett que encontraremos o maior número de referências à doença[6]. Mas é num texto de Alain Robbe-Grillet que concentraremos nossa atenção: *La conscience malade de Zeno* (A consciência doentia de Zeno) (1963).

Zeno Cosini é um comerciante italiano cuja existência não apresenta qualquer característica excepcional. Um dia, ele decide escrever para um psicanalista a história de sua vida, e isso resulta em "trezentas e cinqüenta páginas de grande formato" (p. 98) redigidas "com um único propósito: provar que ele está doente" — ora ele se queixa de rigidez no joelho, ora de dores no lado — e "descreve sua doença" (p. 97). Eis as reflexões que inspira a Robbe-Grillet a leitura do diário de Zeno (Italo Svevo, 1973):

Zeno está bem *no mundo*; ele não é atormentado por qualquer simbolismo. Seu estado não pode inspirar nem incredulidade nem irritação; ele é evidente, necessário, incurável. Ao contrário da complacência mórbida, em que o doente se instala em suas dores como em uma espécie de conforto, trata-se aqui, pelo con-

AS FORMAS ELEMENTARES DA DOENÇA

trário, de uma luta de cada segundo para conquistar a "boa saúde", considerada como o bem supremo, que é acompanhada, ao mesmo tempo, por uma completa serenidade interior — harmonia da alma, bondade, pureza, inocência (p. 98).

O autor de *La maison du rendez-vous* (A casa de encontros) esclarece:

Zeno não faz alarde de sua doença. Ele tenta não falar dela, comportar-se como todo mundo na medida do possível (...) Tempo doentio, linguagem doentia, libido doentia, tentativa doentia, vida doentia, consciência doentia..., não se deve evidentemente ver nisso uma vaga alegoria do pecado original, ou qualquer outra lamentação metafísica. Trata-se da vida cotidiana e da experiência direta do mundo.[7]

Duas séries de reflexões vão nos permitir precisar tudo o que acabou de ser dito nas páginas anteriores.

Se o texto literário que analisa a doença deve ser inserido — por razões antropológicas evidentes — no contexto social e estético de sua época, pareceu-nos que, por outro lado, nenhum período histórico foi suscetível por si mesmo de produzir uma concepção unívoca da doença, do mesmo modo, aliás, que uma dada patologia específica não determina, *ipso facto*, um modo de representação que lhe corresponda. Os exemplos são numerosos. Citemos alguns: Flaubert e Dostoievski, que são rigorosamente contemporâneos (ambos nasceram em 1821, morrendo o primeiro em 1880 e o segundo em 1881), mantêm com a epilepsia, de que ambos sofreram, dois tipos de relações radicalmente diferentes. A sífilis, que é vivida no fim do século XIX como uma maldição por Ibsen, torna-se motivo de rejubilação em Maupassant. Franz Kafka morre de tuberculose no mesmo ano (1924) em que aparece *A montanha mágica* de Thomas Mann. Por fim, o câncer que corrói Zorn e Diggelmann e de que ambos morrem num intervalo de dois anos (1977 e 1979) é apreendido pelos dois escritores zuriquenses de maneira diametralmente oposta[8].

Se agora considerarmos o campo do romance do século XX em sua totalidade, parece que a representação que faz da doença um acontecimento benéfico — ou, pelo menos, significativo — é infinitamente mais comum na literatura que na sociedade. As duas linhas de força que acreditamos ter podido discernir — uma primeira que vai de Kafka a Raymond Guérin, passando por Céline; uma segunda, de Dostoievski a Fritz Zorn, passando por Thomas Mann — evidentemente não podem ser sobrepostas com relação aos grandes eixos da criação romanesca tais como acabaram de ser encarados. Parece-nos, não obstante, que, quanto mais o escritor se volta para a análise da vida interior dos personagens, mais temos possibilidade de encontrar uma compreensão pela qual, de vergonhosa ou escandalosa, a doença se torna gloriosa[9]. Mas essa maneira de

154

DOENÇA, ROMANCE E SOCIEDADE NO SÉCULO XX

encarar a doença ultrapassa em muito a tendência "psicológica" do pensamento romanesco. De um lado, o acesso à escrita permite transmutar, sublimar e finalmente curar aquilo de que sofremos na realidade. De outro lado, na medida em que a literatura é uma crítica das formas de pensamento e expressão convencionais do social, não é de se estranhar que um grande número de escritores, mesmo distantes e até opostos a uma estética da introspecção, opte pelo modelo benéfico de percepção da doença numa sociedade que proclama o contrário:

Cheguei a amar meu sofrimento. Ele me faria falta se o tirassem de mim,

escreve John Knittel, e Graham Greene, que é um romancista mais voltado para a ação que para a contemplação, vai ainda mais longe e proclama:

Eu me sinto mal, portanto existo.

Notas

1. Isso é verdade com relação a Balzac e *a fortiori* com relação a Zola, que permanece como autor do século XIX. É igualmente verdadeiro com relação a Tolstoi que é um escritor da certeza, em que a esperança se exprime com a ajuda de significações religiosas constituídas, que são — voltaremos a este ponto — discursos possíveis do social.
2. Cf. em particular H. Hesse, *Narciso e Goldmund* (1980). O episódio mórbido que experimenta Goldmund (pp. 58-69) é um episódio iniciático.
3. Observemos que, se os escritores dessa época (ou de uma época posterior mas que se reconhecem nessa corrente do pensamento romanesco) reagem de uma maneira diferente à experiência da doença — por um sentimento de alegria intensa em Thomas Mann e mesmo de vitória, como nos demonstra o final de *O tempo redescoberto*, por um desespero absoluto em Joyce, Virginia Woolf ou Scott Fitzgerald —, é sempre, não obstante, a partir de uma percepção comum do individual e do social, caracterizada pela consciência aguda do desmoronamento dos valores e a recusa a qualquer engajamento na história.
4. O paganismo, aliás freqüentemente invocado, é característico, com efeito, tanto dos personagens de Bardamu, Ferdinand, Roquentin, Meursault quanto dos narradores de *Sexus, Plexus, Nexus* ou de *Quarteto de Alexandria*.
5. Nathalie Sarraute, *L'ère du soupçon*, Gallimard, 1956.
6. Um grande número de personagens de Beckett — Murphy, Molloy, Malone, Mahood, Worm — são enfermos.
7. Allain Robbe-Grillet, 1963, pp. 99-100-102.
Os escritores pertencentes à corrente anterior, da mesma forma que todos aqueles (como Phillippe Sollers ou Georges Perec) para os quais a literatura é menos "a escrita de uma aventura" que "a aventura de uma escrita" (segundo a fórmula de Jean Ricardou), só são responsáveis por uma parte *ínfima* da produção literária dos anos 60. Não vamos propor um estudo sistemático das representações da doença no campo da literatura dos anos 80. Por um lado, falta-nos o afastamento necessário; por outro lado, esse campo é infinitamente fragmentário. É possível, entretanto, estabelecer um certo número de tendências.

AS FORMAS ELEMENTARES DA DOENÇA

1º) Ao nível do sucesso literário, antes de mais nada, entre os escritores das gerações precedentes que receberam particularmente nossa atenção, um certo número conhece hoje um público que não tiveram quando vivos: já se impuseram como "clássicos". É o caso de Proust e, muito mais recentemente, de Céline, que hoje conhece uma verdadeira glória.

2º) O romance centrado no doente (e isso nos parece igualmente válido com relação ao cinema) leva vantagem sobre o romance centrado no médico.

3º) Em numerosas obras contemporâneas, mesmo quando a doença é apreendida com horror, ela aparece, não obstante, mais significativa que a medicina que busca nos livrar dela. É o ressurgimento, voltaremos a este ponto, da crítica antimédica no romance de nossa época, para o qual, na contestação do indivíduo contra o social, com freqüência o social assume a forma do médico. Cf. sobre este ponto obras tão diferentes quanto as de E. Ajar (1982), H. Miller (1978), A. Soljenitsyn (1979), M. Tournier (1981) ou M. Yourcenar (1981).

4º) Existe, enfim, na paisagem literária de todos esses últimos anos, um incremento da autobiografia e um surgimento triunfal dessas autobiografias que são os diários de doentes, bem como a aparição de um novo gênero literário, que foi chamado de romance psicanalítico, necessariamente escrito por alguém que passou pela psicanálise. Ora, na maioria desses livros, se a doença nem sempre se apresenta benéfica, como para a narradora de *Mots pour le dire*, que acredita que teve "a ocasião de mergulhar profundamente na doença" (1981, p. 292), ela se reveste, não obstante, de uma significação capital para aquele que é atingido por ela.

8. Se analisarmos a doença sob o ângulo da comunicação, perceberemos igualmente que tudo é suscetível de separar dois escritores de uma mesma geração. Com relação a esse ponto, consultem-se os dois diários da doença de Soriano e de Guérin, aparecidos no mesmo ano, ou ainda *La vie commence derrière cette porte* (A vida começa atrás dessa porta) de Inna Varlamova (1982) e *Diane Lanster* de Jean-Didier Wolfrom (1980). Na primeira obra, graças a essa "pequena bola" que é o câncer, Nora se vê levada em alguns dias para "atrás da porta". Ela acredita aí encontrar a morte, mas é a vida que ela descobre. Da mesma forma, a sala do hospital superlotada de cancerosos permite que cada um se comunique com um calor afetivo inabitual e, ao contar suas histórias, os doentes chegam, pela primeira vez, a dar um sentido a suas vidas. Pelo contrário, no romance largamente autobiográfico de Wolfrom, Thierry, por sofrer de uma terrível doença de pele e por estar paralisado devido a uma poliomielite, sofre a experiência cruel de sua diferença. O amor que sente por Diane é, por causa de sua enfermidade, um amor impossível.

9. Foi — antes de Proust — o romance dostoievskiano que abriu caminho para essa interpretação da doença na literatura contemporânea. Para o autor de *O idiota*, com efeito, se a doença atormenta o indivíduo, sem jamais lhe dar trégua, ela altera igualmente a sociedade, introduz uma grande brecha em uma cultura da racionalidade, e faz aceder o ser humano, que não se torna normal, mas hipernormal, a uma consciência aguda de si próprio — o "reforço extraordinário de sua autoconsciência" de que fala o Príncipe Mychkine.

Parte III
As formas elementares da cura: os modelos terapêuticos

Da mesma forma que cada época, cada sociedade é literalmente confrontada por um certo tipo de doença — a que é mais disseminada e principalmente a que não se consegue dominar — e desenvolve uma certa concepção da etiologia[1]; cada época, cada sociedade responde por uma panacéia, um remédio ou um grupo de remédios que aparecem como, ou são realmente, eficazes e fazem as vezes de exemplaridade terapêutica. Assim, a medicina grega clássica parece ter tido uma predisposição pelos regimes alimentares, o Ocidente, até o século XVIII, pela famosa teriaga*, nossa medicina popular pela sálvia (em virtude de sua etimologia). Como não invocar, por fim, a sangria, que foi a base de quase todos os tratamentos médicos até a metade do século XIX, a sangria à qual devia suceder uma terapêutica rigorosamente inversa: os fortificantes, substituídos pelas vitaminas que conheceram nos anos 50 um grande sucesso, mas que hoje estão em franco declínio[2].

Essa obsessão por uma sintomatologia ou uma etiologia particular não é, aliás, detectável apenas ao nível das culturas e dos períodos históricos, mas também dos médicos e dos próprios pesquisadores. O tratado pré-hipocrático *Dos ventos* (capítulo 5) atribuía todas as doenças a uma causa principal: o ar. A medicina de Raspail, cuja influência conheceu um real sucesso até o começo de nosso século, acusava os microrganismos e, em particular, os vermes que se desenvolvem em nosso corpo. E a essa etiologia única, explicativa da totalidade das doenças, deveria responder uma substância de propriedade anti-séptica capaz de matar esses parasitas sem afetar o organismo: a cânfora, que era então a base de uma infinidade de preparados. Para Reich, todas as doenças se ligariam à impotência sexual ou à frigidez, que ele não considerava como sintomas entre outros, mas como a chave de todos os sintomas, que, a seus olhos, encontravam sua explicação última na repressão social da sexualidade. Broussais acreditava que a maior parte das doenças residia na inflamação intestinal, imputação etiológica reencontrada há um ano por ocasião de uma pesquisa no cantão suíço de Appenzel junto a um curandeiro que não cessava de repetir: "a morte vem do intestino".

Evidentemente, não é nossa intenção recensear aqui os principais tratamentos que são atualmente utilizados pelos clínicos gerais contemporâneos (os antibióticos, os tranqüilizantes e o magnésio, que nos foram ci-

---
* Medicamento de composição complicada empregado pelos antigos contra a mordida de animais venenosos; remédio caseiro. (*Aurélio*, N. T.)

AS FORMAS ELEMENTARES DA CURA

tados com mais freqüência), mas ver se, além da infinidade de estratégias terapêuticas que podem ser consideradas, não é possível estabelecer um certo número de modelos de base. Ora, todas as obras gerais de caráter terapêutico que consultamos, todos os esboços de tipologias da cura de que tivemos conhecimento, em nossa opinião, dão prova de um empirismo atroz. Os tratamentos são habitualmente divididos em preventivos e curativos; paliativos (procurando um alívio parcial ou momentâneo) e definitivos; etiológicos (impedindo a reação que vai da causa mórbida ao efeito que é o sintoma) e sintomatológicos; tendo uma eficácia simbólica (como o efeito placebo*) ou, pelo contrário, medicinal[3].

Evidentemente, não é fácil ordenar, ou seja, pensar essas múltiplas variedades de prescrições terapêuticas que vão da sangria à penicilina, passando pelo óleo de fígado de bacalhau, o alho, a cânfora, as vitaminas, o frio, o calor, o isolamento (como no Marrocos, mas também entre nós, para o tratamento da anorexia), a socialização... Não obstante, parece-nos possível — e é o que vamos tentar fazer agora — apontar oito formas elementares da cura que se organizam entre si em pares contrastados e que são suscetíveis de explicar, não de maneira empírica mas teórica, o conjunto das estratégias terapêuticas existentes.

Notas

1. Axel Munthe, manifestamente inspirado por sua prática médica, escreve em *Le livre de San Michele*: "Todos tinham uma queda pela apendicite. A apendicite era então muito procurada pelas pessoas de alta classe em busca da doença. Todas as damas nervosas a tinham na cabeça, se não no abdômen; com ela, se sentiam realizadas e também seus conselheiros médicos. Então, pouco a pouco, eu também entrei na coisa e curei muitos com maior ou menor sucesso." (...) "Em breve, ficou evidente que a apendicite agonizava e era preciso descobrir uma nova doença para responder à demanda geral. A faculdade respondeu à altura, uma nova doença foi lançada no mercado, descobriu-se uma palavra nova, verdadeira moeda de ouro: Colite! Era uma doença elegante, ao abrigo do bisturi, sempre às suas ordens, convindo a todos os gostos. Ela vinha, ela ia, ninguém sabia como. Eu sabia que vários de meus confrades previdentes já a haviam experimentado com seus clientes com muito sucesso..." (A. Munthe, 1981, pp. 52-53).
2. Como as sulfas ou o cálcio, bastante prescritos há alguns anos e que hoje já não estão mais em evidência.
3. No interior do segundo componente desse último díptico, distinguimos, portanto, tratamentos físicos (os regimes alimentares, as curas termais, a mudança de clima, o repouso, os exercícios físicos), energéticos (como a acupuntura), radioterapêuticos, cirúrgicos e evidentemente quimioterapêuticos.

---

* Referente a medicamento inerte ministrado com fins sugestivos ou morais. (*Aurélio*, N. T.)

160

1
Modelo alopático e modelo homeopático

Toda ação médica, seja ela compreendida no sentido amplo que é o das medicinas tradicionais ou no sentido restrito de nossa (bio)medicina, se esforça sempre por estabelecer uma ligação entre um complexo patológico (o doente ou o órgão doente) e um complexo terapêutico (o tratamento adequado que deve ser prescrito). Ora, nessa busca das "correspondências" — que podem ser administradas ou sob a forma de medicamentos, ou representadas e figuradas sob a forma de ritual, ou podem funcionar em associação — uma primeira distinção se impõe, que nos vai permitir evidenciar um primeiro par de modelos: as correspondências podem ser postas em prática agindo quer sobre as afinidades que unem o complexo patológico ao complexo terapêutico, quer sobre as oposições e as contradições entre a unidade patológica e a unidade terapêutica antagônica que se acredita ser capaz de eliminar a primeira.

O primeiro modelo pode ser chamado de homeopático (ou mais exatamente homoterapêutico). Ele consiste em reativar os sintomas pelas semelhanças, ou seja, a superar a crise atravessada agindo no mesmo sentido da doença. O segundo modelo pode ser chamado de alopático (ou aloterápico). Visa eliminar o sintoma pelo seu contrário.

I. O modelo alopático

1. Alopatia e (bio)medicina contemporânea

Se uma boa parte da farmacopéia popular advém da alopatia[1], certamente são nossas terapias modernas, e em particular nossa quimioterapia, as que vão ainda mais longe nesse procedimento.

São terapias da agressão frontal. À representação da doença como entidade patogênica, específica e inimiga, que penetra no corpo do doente, elas respondem ou, mais exatamente, reagem prontamente com um ato de contra-agressão, ministrando o antagonista quimioterapêutico capaz de inibir a causa pela raiz.

São terapias ativas e até mesmo ativistas. Contrariamente às estratégias médicas que podemos qualificar de expectantes ou até de miméticas, na medida em que procuram imitar a natureza, particularmente em seus processos reguladores e eliminatórios, a alopatia contemporânea é hiperintervencionista. Ela visa acelerar a superação da crise e mesmo a agir de forma a que ela não se produza: se o doente se mostrar agitado, prescrevem-lhe um sedativo; se ele é atacado de náusea, um *anti*-emético; se ele tem febre, um *anti*térmico. Trata-se, portanto, de uma medicina que vai *contra* a natureza e que é mesmo, segundo a expressão de Leriche, uma medicina "contra natureza".

Nessas condições de choque (Léonard fala de "abalo terapêutico") nas quais o terapeuta ataca ministrando um remédio que, como diz Dagognet, "empunhará o chicote", enquanto que o doente, por seu lado, espera a cura do exterior, não existe mais nenhuma consideração pela doença, verdadeiramente considerada como o mal em si: devemos descobri-la e pôr em ação tudo o que possa provocar sua extração, sua erradicação, sua expulsão, sua separação, mas sempre sua exterminação. Trata-se de realizar um combate sem tréguas contra o inimigo, de onde essas campanhas e cruzadas[2] cujos *leitmotivs* são quase sempre emprestados ao vocabulário da estratégia militar.

São terapias extremamente eficazes. Hoje em dia, *anti*bióticos cada vez mais aperfeiçoados chegam a debelar os microrganismos mais rebeldes, enquanto a cirurgia e os raios destroem o adversário que foi anteriormente identificado e designado.

São, por fim, terapias de uma extrema brutalidade, provocando principalmente efeitos colaterais* que podem, por vezes, ser até mesmo mais graves que a própria doença que se procurava tratar. Assim, por exemplo, a aspirina pode provocar úlceras gástricas; a fenacetina (utilizada contra a enxaqueca), uma insuficiência renal, e certos antibióticos, a surdez[3]. Como nos afirmou um dos médicos que entrevistamos: "nosso problema é destruir o agente patogênico sem destruir o doente".

---

* A noção de iatrogênese define de modo amplo a questão aqui colocada. Ela vai, de fato, além da definição de "alteração patológica provocada no paciente por tratamento médico errôneo ou inadvertido" (*Aurélio*); aplica-se aos "efeitos colaterais" certamente indesejáveis, mas esperados e conhecidos; aparece definindo as conseqüências patogênicas do ato médico (ou do sistema de saúde) em geral. Illicht (*Nêmesis da medicina*) distingue vários "tipos" de iatrogênese: Iatrogênese clínica, Iatrogênese social e até Iatrogênese estrutural. (N. R.)

MODELO ALOPÁTICO E MODELO HOMEOPÁTICO

2. Alopatia e psicoterapia comportamentais

É, em nossa opinião, o mesmo princípio deliberadamente alopático que está em ação em todas as formas de terapias contemporâneas originadas dos trabalhos de Pavlov e de Watson sobre o condicionamento e a aprendizagem. Assim, o comportamentalismo se fundamenta em uma discriminação radical das condutas consideradas positivas e das condutas consideradas negativas. Ele visa, ao atuar diretamente não na origem dos sintomas como anteriormente, mas nos próprios sintomas, a eliminação pura e simples desses últimos. O método utilizado, que é um método de descondicionamento, consiste em provocar no sujeito, ao mesmo tempo, a aversão por tudo o que se relacione com os comportamentos dolorosos, insatisfatórios ou inadaptados que estão sendo tratados (que podem ser o tabaco, o álcool, a homossexualidade) com a ajuda de estímulos negativos (punição, desgosto) e da satisfação, acompanhando os comportamentos positivos com uma gratificação.

3. Tuberculose, alopatia e literatura

Sendo a tuberculose considerada uma doença do frio e da umidade, prescrevia-se, até o início do século XX, que o doente fosse para o sul da França e para a Itália, mobilizando-se assim o seco contra o úmido, o calor contra o frio, o mar ou a montanha contra a cidade. Assim, Katherine Mansfield, que se autodescreve como "uma filha do sol", foge da Inglaterra (diante da qual, diz ela, dever-se-ia escrever: "Fechada durante os meses de inverno") e vai buscar o antídoto de seu mal na Côte d'Azur e na Riviera italiana. Enquanto a chuva e as nuvens mergulhamna no desespero, o sol a alivia e a torna "toda radiosa".

Já estudamos antes (e não voltaremos a ela) *A montanha mágica*, cm que não apenas se trata a umidade pela secura, mas a planície pela montanha, e o baixo, em todo o sentido do termo, pela altura. Fixaremos, pelo contrário, nossa atenção em um outro exemplo de terapia romanesca da tuberculose. Milly Theale, a heroína de *The Wings of the Dove* (As asas da pomba), sofre de tuberculose. O que lhe é prescrito não é apenas uma viagem a Veneza, mas também uma ligação amorosa. No filme de Benoît Jacquot (1980), baseado no romance de Henry James, o médico declara a Milly: "É preciso que você seja feliz, viaje!" O tratamento é aqui, observemos, duplamente alopático: não apenas o calor de Veneza contra o frio de Londres, a secura italiana contra as brumas inglesas, mas a paixão contra a languidez[4]. Outro exemplo literário do tratamento alopático da tuberculose nos é fornecido por *L'écume des jours* (A espuma dos dias) de Boris Vian. Colin gasta todos os "doublezons" que lhe res-

163

tam para comprar flores de baunilha, cravos e lilases que se acredita poderem, por suas emanações benéficas, ajudar Chloé a respirar. De onde uma luta encarniçada, ao mesmo tempo trágica e burlesca, entre as flores da vida e a planta da morte, o nenúfar que cresce no pulmão da jovem e que acabará, aliás, por provocar a morte tanto de Chloé quanto das flores que murcham.

II. O modelo homeopático

1. A homeopatia médica erudita

A homeopatia, tal como foi descoberta, experimentada e, em seguida, aplicada por Hahnemann, repousa sobre um duplo princípio: o princípio das similitudes, que consiste em prescrever o remédio capaz de produzir no homem sadio sintomas idênticos aos que são observados no doente; o princípio da infinitesimalidade (ou princípio de inversão da ação do remédio de acordo com as diluições obtidas), que vem fecundar o precedente, mostrando que é o mesmo medicamento (de origem mineral, vegetal ou animal) que, em dose infinitesimal, curará o sintoma que ele poderia, aliás, provocar se fosse aplicado em dose forte. Assim, da mesma forma que o sintoma não é mais considerado como um elemento hostil, ou seja, uma alteração intrinsecamente má que convém ser eliminada por seu antagonista, o veneno também não é mais considerado um inimigo, pois acredita-se que ele contém em si o próprio princípio da cura, e o terapeuta é aquele que sabe extrair o remédio a partir da planta venenosa e, portanto, utilizar o mal voltando-o contra o próprio mal.

O que nos parece interessante mostrar aqui é que essa medicina dos semelhantes, que se pensa agir no sentido da cura por meio da reativação dos sintomas, não é em absoluto, e isso ao próprio nível da farmacopéia, própria unicamente da homeoterapia hahnemanniana. Jenner, que está na origem do princípio da vacinação (1796), demonstra experimentalmente que é inoculando a doença que nos protegemos da doença. Essa noção fundamental de resistência adquirida, ou seja, da sensibilização do organismo à doença que ele poderia contrair a fim de lhe oferecer meios de se defender em caso de agressão, não mais consiste em utilizar o bem contra o mal, o mais contra o menos, o menos contra o mais, mas, ao contrário, o mal contra o mal, o mais contra o mais, o menos contra o menos. É na mesma ótica que Pasteur preconiza em 1881 a inoculação do mal em dose atenuada. Ele declara em uma comunicação à Academia de Ciências (26 de abril de 1880): "O micróbio enfraquecido que não leva à morte se comporta como uma vacina." O médico contemporâneo procede com muita freqüência dessa maneira: ele "dá açúcar ao diabético que está cheio dele, iodo ao hipertiroideano, álcool ao alcóolatra inveterado, princípios inflamatórios ao infectado e ao febril"[6].

Convém, por fim, evocar o processo das metásteses* que encontramos pessoalmente quando das pesquisas efetuadas entre os curandeiros, que com freqüência obtêm resultados espetaculares, mas ao preço de uma metamorfose dos sintomas (particularmente o tratamento da asma que, como constatamos, desaparece completamente, mas provoca o aparecimento de eczema e reciprocamente)[7]. Já no início do século XIX, Auzias-Turenne procurava provocar a varíola... para proteger o organismo da varíola! E Esquirol (1838) acreditava que existe um tratamento radical das doenças mentais: provocar uma úlcera!

2. A homeopatia médica popular

Quer tenham a prática e o discurso médico sido descobertos, experimentados e teorizados sob forma erudita como na medicina hahnemanniana, que é uma medicina neo-hipocrática, quer tenham sido intuitivamente pressentidos e aplicados sob forma empírica pela mentalidade coletiva[8], eis o que nos é dito: tomemos, por exemplo, um indivíduo colocado, por sua constituição, sua idade ou por qualquer outra influência interna ou externa em um dado momento, sob o signo do "fogo" — um bilioso, segundo expressão da antiga medicina — ou uma doença do "calor" (uma doença inflamatória). O que pode agir sobre a evolução favorável do mal deve ser buscado na intervenção de um princípio elementar da mesma família.

Assim, para as queimaduras, o conhecimento popular recomenda que se haja preferencialmente segundo a fórmula "fogo contra fogo", aplicando compressas de vinagre ou de aguardente, ou então aquecendo a parte queimada. Para a febre, dá-se ao doente infusões quentes, sopas, tisanas, até mesmo inalações ferventes, a fim de fazê-lo ficar vermelho, de fazê-lo suar literalmente, de ajudar a expulsão do calor através de cataplasmas, escalda-pés etc.

A "medicina das assinaturas" vai ainda mais longe nesse procedimento: a cura, que consiste igualmente em ministrar ao doente substâncias da mesma família que a de sua doença, é fundamental na analogia das formas e das cores da afecção e do remédio. Assim, para as afecções hepáticas, recorrer-se-á à genciana amarela, e, para as doenças dos olhos, à centáurea (chamada às vezes de "quebra-óculos") para as pessoas com íris clara e à tanchagem para pessoas com íris escura.

---

* Do grego *metastasis* — deslocamento. Troca de lugar de uma doença. É quase sempre neste sentido que o autor utiliza o termo, e não no contexto específico da questão do câncer. (N. R.)

3. A homeopatia ritual

É inspirada por um processo rigorosamente idêntico ao precedente, mas que é executado desta feita através de um cerimonial ou de uma gesticulação. É assim, em virtude desse mesmo princípio das similitudes, que Santa Clara é invocada para curar os males oculares; São Genou, a gota; Santo Aignan, a "tinha"; São Loup, o medo; São Bonifácio, o "marasmo" que definha as faces; Santo Acário, o humor das mulheres rabugentas; São Langouret, as crianças atacadas de "langor"; Santo Ouen, o ouvido; e São Clou, os furúnculos*. Nesse mesmo espírito, na Lyon do começo do século, enrolava-se a cabeça de quem tinha "calor e frio" (resfriado) com um pedaço de pano chamado de "barrete de mechas", fazendo-lhe escorrer sobre a fronte algumas gotas de uma vela de sebo, ou se enrolava em torno de seu pescoço uma meia, suja de preferência[9]. Quanto mais desesperador fosse o caso, mais se deveria infligir à doença (mas também ao doente) um remédio nauseabundo. Assim, quando não se conseguia curar a enurese de uma criança, fazia-se com que ela engolisse um rato assado. Da mesma forma, fazia-se alguém que tivesse *sarampo* carregar um pedaço de *pano vermelho***, o que ao nível das representações equivale estritamente a uma infusão fervente: quente contra quente ou vermelho contra vermelho é sempre fogo contra fogo[10].

Eis o que observamos pessoalmente em Berry quando uma pessoa acaba de se queimar. De início, ela pega o líquido do signo do "fogo" que estiver à sua disposição (vinagre ou, melhor ainda, "cachaça") e o aplica sobre a parte queimada. Em seguida, ela trata de buscar o auxílio de um agente "obstruidor de queimadura" o qual, melhor que o álcool (simbolicamente, também chamado, observemos, de "água da vida"***), ou mais exatamente acompanhando o álcool em sua homeoterapia, faz "desaparecer" o mal, antes de o "obstruir". Esse "obstruidor", para melhor cercar a dor sobre a qual vai operar, traça um círculo em torno da queimadura (no sentido do circuito solar)[11], depois soprando, traça uma cruz murmurando uma fórmula (por exemplo: "Que o mal se torne tão

---

* Observe-se que essa associação entre um santo e uma doença advém da semelhança sonora entre o nome do santo e o da doença. Assim, São Genou cura a gota, doença que ataca, entre outras articulações, o joelho (*genou*); Santo Aignan, a tinha (*teigne*); São Loup, o medo, possivelmente pela lembrança do medo provocado pelo lobo (*loup*); Santo Ouen, ou ouvido (*ouïe*), Santo Acário (*Acaire*), as mulheres rabugentas (*acariâtres*) e São Clou, os furúnculos (*clous*). (N. T.)

** Aqui, a associação também se faz pela semelhança formal entre sarampo (*rougeole*) e vermelho (*rouge*). (N. T.)

*** Embora *eau de vie* corresponda normalmente ao português "aguardente", aqui, em função do contexto, preferimos a tradução literal "água da vida". (N. T.) [Note-se, entretanto, que a expressão *aguardente* em português se presta igualmente bem às relações. (N.R.)]

MODELO ALOPÁTICO E MODELO HOMEOPÁTICO

puro, nascido tão puro quanto Nosso Senhor Jesus Cristo nasceu''*). dizse então que ele "tirou" a doença ou que a fez sair. A dor deve então se acentuar nos minutos que se seguem. Parece que isso é bom sinal *e o doente avisado pode efetivamente constatar* (como nós mesmos constatamos) o agravamento de seus sintomas. Da mesma forma, se se tratar de um abcesso, este fura e vaza; se se tratar de febre, ela começa a subir; o que confirma as observações clínicas dos homeopatas modernos que afirmam que o tratamento pelo semelhante age no sentido de uma excitação e de uma reativação dos sintomas[12].

É importante observarmos que os diferentes momentos constitutivos desse ritual não estão todos fundamentados no acompanhamento homeopático, mas também no combate, na extração e na destruição alopática. O "obstruidor de queimadura": 1º) ataca a queimadura ou, como também se diz, "corta-a" ou "cruza-a"; 2º) toma o mal para si, sentindo a dor de seu cliente ao nível correspondente de seu próprio corpo: assim, ao "cortar" a queimadura ou a febre, ele é freqüentemente tomado de arrepios; 3º) age, por fim, no sentido de uma expulsão definitiva do mal, livrase dele cuspindo por terra três vezes ou fazendo um gesto que faz pensar irresistivelmente que ele está enxugando as mãos.

Parece que, através desse cerimonial tão característico dos tratamentos campesinos que estudamos durante vários anos, os dois modelos teóricos que procuramos explicar se encontram e se opõem ao mesmo tempo. O primeiro é o que se encontra principalmente na tradição católica conjurativa e ofensiva que mantém mais que um vago parentesco, mas um verdadeiro parentesco estrutural, com a corrente alopática de nossa própria medicina erudita. O segundo, pelo contrário, pode ser ilustrado pela tradição médica hipocrática, pela maior parte da farmacopéia popular, e também pelo estudo do próprio personagem do curandeiro campesino, que é muito mais um *assistente* do *doente* que um *militante* que desenvolve uma *guerra* contra a *doença*. Nesta última perspectiva, o processo patogênico é visto como um esforço de regulação que tende em direção à cura, o que põe em jogo uma concepção unitária e não fragmentária, sintética e não analítica, geral e não anatômica do ser humano. Certamente, seria difícil descobrir nessa terapia (pelo menos tal como ela funciona hoje e tal como a encontramos) uma nosologia organizada e elaborada. Os curandeiros campesinos não são clínicos no sentido que já o era Hipócrates; o diagnóstico é efetuado às cegas sobre bases divinatórias e evidentemente não experimentais. O terapeuta "vê" (ou não vê) aquilo de que o consulente sofre e se ele é capaz

---
* Na fórmula citada a analogia entre o "nascimento puro" da queimadura e o "nascimento puro" de Cristo, lembra também uma referência ao Espírito Santo, relacionado à uma "língua de fogo" (N. R.)

de o "tratar". Além disso, ele possui, no melhor dos casos, um saber empírico implícito da personalidade do consulente e de seu "campo". Mas, para terminar, o que gostaríamos de salientar é:

1º) a preferência muito clara dessas habilidades populares pela homeopatia: sempre que se pode, não se procura atacar a doença pelo seu contrário, mas ajudar a "natureza" a se defender pelo semelhante, intensificando as reações do doente;

2º) a coexistência de representações antagônicas, pertencentes a dois grupos de modelos distintos. Um certo número de seqüências desses rituais (e evidentemente, de forma particular, a prática que consiste em "tirar um feitiço") põem em jogo um princípio comum à alopatia médica à qual eles, contudo, nada devem: combate-se a doença, o terapeuta é tido pelo grupo a que pertence como o adversário da desgraça, e a saúde (ou a salvação) é então vivida como devendo provir inteiramente do exterior. Inversamente, e é o que vamos tentar mostrar agora, uma terapia como a psicanálise, aparentemente tão distante da cura campesina, é comandada por um modelo comum: o da homeopatia.

4. A cura psicanalítica

Afirmar que o tratamento psicanalítico é, como a cura campesina que acabamos de examinar, uma das variantes do modelo genérico da homeoterapia é sem dúvida paradoxal. Não obstante, estamos convencidos, ressituando ao mesmo tempo o corpo freudiano e o neofreudiano, as entrevistas com pacientes analisandos, bem como nossa própria experiência com a psicanálise[13], na perspectiva comparativa da antropologia, de que a cura analítica advém realmente do princípio das similitudes. A ação empreendida durante essa cura, longe de ser antagônica aos sintomas mórbidos (como é o caso, por exemplo, nas curas rogerianas ou comportamentalistas, que são terapias pelos opostos), consiste em uma reativação dos problemas de que sofre o indivíduo (= terapia pelos semelhantes) em favor de um deslocamento de energia (Freud) ou, se preferirmos, de significação.

A psicanálise, que certamente é *a única psicoterapia que não se fundamenta na sugestão* (o que a distingue radicalmente, desse ponto de vista, de todas as psicoterapias tradicionais e de *todas* as técnicas de cura que encontramos pessoalmente tanto na África quanto na América Latina e na Europa), tem por objetivo resolver os conflitos intrapsiquícos sem atacar frontalmente os sintomas por uma intervenção exterior (neurolépticos, antidepressores, eletrochoque, neurocirurgia), mas agindo no sentido de sua reatualização, o que provoca no analisado a famosa "neurose de transferência". Longe de procurar inibir os sintomas, ela visa encorajar a lembrança do que os provocou e faz com que o doente entre no caminho das substituições mórbidas e das etapas anteriores à sua doença atual. Essa é a razão pela qual, pela representação que é mobilizada (tratar o mal pelo mal e não pelo seu contrário, abrir a ferida e não aliviá-la, rememorar dolorosamente o conflito e não esquecê-lo) e o próprio procedimento que é utilizado (a transferência), a cura psicanalítica se aproxima bem mais de um ritual homeoterapêutico popular que da psiquiatria no sentido ocidental, erudito e histórico do termo[14].

5. A "antipsiquiatria"

Foi nos anos 60 que apareceram no Ocidente, independentemente umas das outras, um certo número de correntes que se autodenominam, ou são denominadas por outros, "antipsiquiátricas", bem como um certo número de experiências caracterizadas por uma forma de sociabilidade comunitária[15]. Ligadas a uma reivindicação psicopolítica, elas conhecem seu maior impacto público nos anos de 1965-1970 com a publicação dos livros de Ronald Laing e David Cooper (na Grã-Bretanha), de Franco Basaglia (na Itália), de Thomas Szasz (nos Estados Unidos), de Maud Mannoni (na França). Suas bases teóricas são largamente diversificadas uma vez que algumas se apóiam nas pesquisas do grupo de Palo Alto, outras na filosofia sartriana (Cooper), outras na mística asiática (Laing), outras na psicanálise lacaniana (Mannoni), outras no marxismo (Basaglia) ou nos trabalhos de Michael Foucault. Mas, quaisquer que sejam as diferenças entre os autores que acabamos de citar, bem como entre as experiências que tenham sido tentadas, uma abordagem convergente da doença mental se exprime, fácil de resumir: existe uma "verdade" da "loucura" que não se deve reprimir mas, pelo contrário, ouvir a fim de que ela não se degenere em "doença mental". O "doente" tem mais a ensinar a seu psiquiatra que este a ele, acredita Cooper, e Laing afirma que a palavra de quem delira deve não só ser escutada, mas encorajada e levada até o fim.

É nesse sentido que a reabilitação da "loucura", que se situa incontestavelmente, em nossa opinião, no movimento freudiano[16] — ainda que certos "antipsiquiatras" recusem esse parentesco, como a maior parte dos psicanalistas recusam essa proximidade —, merece ser qualificada de homeoterapêutica: o "novo" psiquiatra, com efeito, é aquele que, longe de procurar inibir as reações de defesa patológicas em seu cliente, ajuda-as, pelo contrário, a se desenvolverem (= princípio das similitudes). De onde a noção capital de "viagem", e mesmo de "viagem iniciática" cara a Laing, que o psicótico deve absolutamente desenvolver com a ajuda de seu terapeuta.

169

AS FORMAS ELEMENTARES DA CURA

6. *Homeopatia e literatura: o exemplo de Marcel Proust*

Gostaríamos de propor aqui uma leitura possível da penúltima obra que compõe *Em busca do tempo perdido: Albertine disparue* (A fugitiva). Essa leitura, em termos de processos patogênicos e terapêuticos, que não visa em absoluto reduzir de forma alguma o gênio proustiano, parece-nos completamente legítima se estudarmos atentamente o próprio texto em que o escritor analisa a "doença" provocada nele pelo amor de Albertine e o trabalho da memória, que efetua um longo caminho em direção a uma "cura definitiva". Assim considerada, a dinâmica de *Albertine* parece-nos constituída por três etapas: 1.ª) do desaparecimento da moça à notícia de sua morte, o narrador analisa as razões da separação e, mais que isso, do sofrimento que lhe provoca sua partida e, em seguida, sua morte (pp. 7-85); 2.ª) a exploração do passado de Albertine — ou seja, na verdade os diferentes "eu" contemporâneos ou esquecidos do narrador — durante a qual, longe de procurar atenuar e menos ainda de expulsar seu sofrimento (ou seja, "curar" no sentido alopático), ele se impregna dele, não cessa de reatualizá-lo e cura literalmente o mal pelo mal (pp. 85-194); 3.ª) enfim, o trabalho do "esquecimento definitivo" em que Proust, através das associações livres, se esforça por "cobrir no sentido inverso as distâncias que são percorridas para se chegar ao amor" (p. 197), ou seja, ir do "sintoma" à gênese daquilo que o provocou (pp. 194-374).

Retomemos agora cada uma dessas três fases, examinando mais atentamente a segunda. Vamos ver até que ponto a análise proustiana do amor-doença advém de um processo homeoterapêutico não apenas vizinho, mas comum àquele em operação na cura freudiana.

1.ª) A primeira reação do narrador ao saber que a jovem amada o deixou é "fazer cessar imediatamente o sofrimento" (p. 7) causado por sua partida: "encontrar um remédio" (p. 7), procurar, "para colocá-los em minha ferida aberta, os primeiros calmantes" (p. 8). Ele então monta uma estratégia que consiste no envio de emissários desconhecidos da fugitiva, encarregados de informá-lo sobre os sentimentos dela com relação a ele e em uma estratégia epistolar pela qual ele tenta fazê-la voltar fingindo desinteresse. Durante esse período que se assemelha decididamente a uma busca de "cura" (essa palavra aparece sem cessar no texto em questão) alopática, a "dor" é tamanha que ele se esforça por esquecer Albertine procurando a afeição de moças (pp. 40 ss.) que ele não hesita em fazer vir a sua casa.

2.ª) Surge então a notícia da mortal queda de Albertine de um cavalo (pp. 84-85) que reorienta radicalmente a relação do narrador com o sofrimento experimentado. Desta vez, não se trata de esquecer mas, pelo contrário, de matar o mal na raiz, distinguindo sua etiologia própria dos "sintomas secundários" (também qualificados de "complicações") e de deixar que se propaguem, pelo jogo do fluxo e do refluxo dos pensamentos mais desagradáveis, um "longo lamento da alma" (p. 117). Desenvolvendo uma pesquisa à distância, o narrador vem a saber da relação que teve Albertine com uma pequena lavadeira em uma cabina de banho de Balbec. Ele conhece então a "tortura do ciúme" (p. 107) que lhe é causada por essas "inumeráveis Albertines" (p. 101) e principalmente pela revelação dessa "nova Albertine", "a pessoa que me havia escondido que teve encontros com mulheres em Balbec" (pp. 144-145). Não mais procurando fugir do que ele mais temia (a saber, "a culpabilidade de Albertine"), ele procura, pelo contrário, aprisionar essa idéia, se habituar a ela, o que não deixa de aumentar a crueldade de sua confusão e de seu sofrimento que é, já o vimos anteriormente, uma verdadeira prova física. Ele conhece então o "o Inferno", ou seja, "toda essa Balbec (...) de onde (...) ela com freqüência fazia vir as mulheres mais jovens, que ela levava ao banho" (p. 142).

Mas Proust — ou antes aquele que deve estar contando essa longa narrativa — não pára por aí: ele "procura saber não apenas o que ela fez, mas o que ela sentia ao fazê-lo" (p. 153). Ele envia, com esse propósito, uma moça a Nice. Ela encontra uma antiga amiga de Albertine que não só lhe conta como foram suas efusões amorosas com Albertine, mas também as revê com ela nos menores detalhes, uma vez que a emissária chega a Paris com "marcas de mordidas nos braços". O narrador se impregna daquilo que ele considera um "vício" (pp. 154, 159, 175) abominável que se junta à sua dor. Ele ressuscita Albertine "sob as carícias da pequena lavadeira" a quem ela dizia: "Tu me levas para o céu" (p. 156) e se repete ele próprio: "Tu me levas para o céu; eu vi a mordida"[17]. Ele rememora também todos esses lugares de depravação freqüentados pela jovem — Tours, Nice, Balbec —, que são, portanto, "substâncias venenosas que agem de maneira imediata sobre meu coração, acelerando e tornando mais dolorosas as suas batidas" (p. 174).

Em seguida, no fluxo e refluxo das lembranças que lhe permitem aproximar a morte de Albertine à morte de sua avó, qualificada por ele de seu "duplo assassinato" (pp. 112-119), seu amor por Gilberte e por Mme. de Guermantes, por Odette e por Albertine, Proust resgata a idéia-chave de que *a cura passa necessariamente pela reativação da prova da doença e de suas numerosas metamorfoses*. O texto que melhor resume o procedimento proustiano com relação a esse segundo tempo da cura parece-nos ser o seguinte:

Tive que sofrer muito durante esse período, mas me dou conta de que era necessário que fosse assim. *Não nos curamos de uma doença a não ser experimen-*

AS FORMAS ELEMENTARES DA CURA

tando-a plenamente. Protegendo Albertine de qualquer contato, forjando-me a ilusão de que ela era inocente, bem como, mais tarde, tomando por base de meus raciocínios o pensamento de que ela vivia, eu só retardava a hora de minha cura, pois eu retardava as longas horas que deviam antecedê-la, que deviam ser "sofrimentos necessários" (...) Era preciso que eu convivesse com a idéia da morte de Albertine, com a idéia de seus erros, para que essas idéias se tornassem habituais, ou seja, para que eu pudesse esquecer essas idéias e, por fim, esquecer a própria Albertine. (pp. 166-168)

3.ª) A terceira etapa da cura proustiana (pp. 194-374), se não é mais diretamente homeoterapêutica como a precedente, continua a advir de um método estruturalmente análogo ao da cura freudiana. O trabalho do esquecimento, que não é mais que o processo terapêutico que apela para as associações livres — Proust fala de "cura por associações de idéias" (pp. 243-312) —, advém de um procedimento estritamente genético ou, se preferirmos, arqueológico:

... eu sentia melhor agora que antes de esquecê-la completamente, como um viajante que volta pela mesma estrada ao ponto de onde partiu, seria preciso que, antes de atingir a indiferença inicial, eu percorresse em sentido contrário todos os sentimentos pelos quais eu passara antes de chegar a meu grande amor. (p. 197)

O narrador distingue "quatro etapas" das quais "o trajeto, a linha (...) não se utiliza necessariamente dos mesmos caminhos" (p. 197), "no retorno", que aqueles percorridos na ida, mas que são todos comandados por um movimento regressivo que deve permitir que se percorra gradualmente o tempo que separa a manifestação atual da doença do processo de sua eclosão, ou seja, de "percorrer (...) nossas impressões, nossas idéias (que) só têm valor de sintoma (...) até o seu significado mais longínquo", ou seja, até "uma causa mais profunda, ignorada pelo paciente" (p. 200). O término desse trabalho de memória coincide então com uma verdadeira reestruturação da personalidade ou, como diz o próprio Proust, com o aparecimento de "novos eu" ou "o eu de reserva" (p. 246), em suma, de um "ser novo que suportaria viver sem Albertine" (p. 246). No final do texto, o narrador por fim consegue manter distância com relação a seu passado, ou seja, falar nele como passado e não mais sofrê-lo como uma presença perturbadora. Ele confia sua "admiração por ter-se tornado outro, um outro para quem o sofrimento de seu precedessor não passa do sofrimento de outrem" (p. 247). Ele deixou em definitivo de amar Albertine e se declara "curado"[18].

Ao fecharmos este capítulo, é preciso que façamos três observações: o modelo homeoterapêutico mantém uma relação preferencial com a endogeneidade dos processos tanto etiológicos quanto sintomatológicos e terapêuticos; ele supõe uma concepção ambivalente do que é a doença e a cura; ele suscita em nossa sociedade um grande número de resistências.

Em homeopatia, o princípio da cura não é mais apreendido como devendo ser trazido do exterior e devendo agir por uma ação antagônica com relação ao que provocou a doença (= atacar o agressor pela administração de um antídoto), mas como devendo ser literalmente extraído do interior.

Trata-se, então, de utilizar o mal contra ele próprio estimulando, por exemplo, as defesas do organismo a fim de favorecer a produção de anticorpos, como em imunologia ou em alergologia, ou ajudando o doente a reatualizar o conflito original que está na fonte de seus sintomas, como em psicanálise. Quaisquer que sejam as particularidades próprias de cada um desses procedimentos, a terapia, que não é mais ativista como em alopatia, mas *mimética*, que não é mais frontal, mas *lateral*, leva em consideração particularmente o potencial de autodefesa do indivíduo, o que implica a responsabilidade ou, pelo menos, a participação do doente em seu estado e, depois, em seu tratamento, que não lhe é mais ministrado a partir do exterior à maneira de um choque[19].

O sintoma não é mais considerado como intrinsecamente patológico pois ele é, acredita-se, suscetível de anunciar (ou atrair) uma reorganização terapêutica. Na mesma ótica, procede-se a uma dessubstancialização das categorias de bem e mal, de são e patogênico: o que aparentemente é um remédio pode também ser um veneno, e o que aparentemente é um veneno também pode ser um remédio, tais como os micróbios, com relação aos quais pode-se adotar duas atitudes que não são, aliás, exclusivas uma da outra: exterminá-los por um princípio de sinal contrário, ou tirar partido deles inoculando-os sob forma atenuada.

A idéia de que é do mal que pode sair o bem, de que é da doença que pode nascer um novo equilíbrio que seria a saúde[20] constitui um problema para todos os doentes com os quais tivemos contato — para nós também constitui um problema pessoal, por que não confessá-lo.

Certamente, encontramos durante o curso de nossa pesquisa um certo número desses doentes que acreditam que quanto mais o remédio faz mal, mais ele é eficaz (foi principalmente lembrada a injeção intravenosa[21]). Por outro lado, não encontramos ninguém (tanto por parte dos tratados quanto dos que tratam) que acreditasse, como na medicina popular ou na medicina hipocrática, que a dor seja um dos indícios que permitem prever que a cura está próxima. Por fim, e principalmente, a maioria dos discursos (mas também os silêncios) que recolhemos, bem como a análise de nossas próprias reações a esses discursos (e a esses silêncios), convenceram-nos de que as terapias do ataque e da agressão pelos opostos estão infinitamente mais enraizadas em nossa sensibilidade médica que as terapias do acompanhamento e do estímulo pelo semelhante. Na medida em que a doença é vivida como algo que está em nós, mas que nos é estranho, mostramo-nos muito mais inclinados a admitir a inibição do outro pelo outro que a reativação do mesmo pelo mesmo (como é, por exemplo, o caso da vacinação, ou seja, a inoculação do mal que, ao nível do imaginário, consiste, nem mais nem menos, em fazer um pacto com o Diabo). Em suma, aceitamos com dificuldade que o "ruim", o inimigo, o que nos faz sofrer, vem de nós e implica realmente a personalidade que o criou. É o que explica, principalmente nas culturas de opção alopática e exorcista como as nossas, as resistências à cura analítica e às outras terapias que, como a homeopatia, atribuem primazia ao endógeno.

Notas

1. F. Laplantine, 7, principalmente pp. 142-143.
2. Lucien Israël (1968, p. 14) fala de "atividade de comando".
3. Sobre os efeitos secundários da antibioterapia, cf. em particular Dagognet (1964), bem como Reilly, que vai mesmo falar de doentes "mortos devido à sua própria cura" (*Annales de médecine*, 1950, p. 646).
4. E efetivamente, na lógica romanesca, Milly começa a retomar gosto pela vida assim que chega a Veneza, onde encontra um jovem de quem se enamora. Mas ela morre no fim do romance ao saber que fora traída por sua melhor amiga.
6. F. Dagognet, 1964, p. 321.
7. Um curandeiro da Alta Savóia nos declarou: "A asma é o eczema dos pulmões."
8. O que distingue a homeoterapia hahnemanniana da homeoterapia popular, além da administração de doses infinitesimais, é o estudo metódico do campo, da longa maturação da doença, bem como a prescrição de um remédio preciso e individualizado que deve corresponder à individualidade própria do doente.
9. Trata-se de combater o mal pelo mal, porém mais particularmente nesse caso, em que ele é obrigado a se retirar devido ao mau cheiro do remédio.
10. Expliquemos a lógica impecável desse último procedimento: 1) o sarampo provoca a febre; 2) mas a cor vermelha de quem tem febre não é apenas sinal da doença, ela é também símbolo do calor, do sol, de furor e de vida; 3) fazia-se alguém com sarampo carregar um pano vermelho, como se faz quem tem febre tomar uma sopa, porque o vermelho atrai o vermelho e o calor atrai o calor: deixa-se, assim, a doença concluir o processo da crise que, além do sintoma, é considerada como uma fase de maturação e de transformação na cura. É por isso que o doente deve se associar temporariamente às qualidades do vermelho.
11. Observamos recentemente (nos arredores de Genebra) uma variante dessa seqüência de circundamento: o curandeiro, avisado por telefone que uma pessoa se queimou, traça um círculo em torno de uma tomada elétrica.
12. Aqui, encontramos uma das idéias mestras caras ao pensamento hipocrático: toda doença passa pelos três estágios da *crueza*, do *cozimento* e da *crise*, que se costuma acompanhar, pois esta última é o término de um processo que conduz ao reequilíbrio final, ou seja, a cura. Assim, as representações homeopáticas da doença, sejam elas primitivas e implícitas ou eruditas e explícitas, sugerem sempre que o verdadeiro remédio apropriado, longe de acuar e obstruir os sintomas, deve ajudar o processo maturativo e resolutivo da crise, ou seja, agir no mesmo sentido das defesas do organismo.

MODELO ALOPÁTICO E MODELO HOMEOPÁTICO

13. Nós nos submetemos pessoalmente à cura analítica durante dois anos e meio.
14. Aí cessa, entretanto, a analogia entre a cura analítica e os tratamentos homeopáticos populares. Entre a primeira e os segundos existe, evidentemente, um abismo. Pois 1º) a cura popular não é metódica e clínica como já o era a medicina hipocrática; 2º) se ela desencadeia e manipula um processo de transferência, ela não analisa em absoluto esse processo e ainda menos o de contratransferência que é o próprio instrumento da cura freudiana; 3º) ela atribui primazia às representações exteriores ao doente e consiste, com relação à psicanálise, em uma espécie de "golpe de força"; 4º) por fim, e principalmente, se ela chega freqüentemente a fazer desaparecer os sintomas, o doente de forma nenhuma toma consciência do que lhe aconteceu (o "insight"), enquanto que esse é precisamente o objetivo da psicanálise.
15. Gorizia (Basaglia), o "Pavilhão 21" (Cooper), "Kingsley Hall" (Laing e Cooper), Bonneuil sur Marne (Mannoni).
16. Do ponto de vista antropológico, a representação "antipsiquiátrica" da doença constitui uma radicalização do pensamento freudiano, mas certamente não uma ruptura. Foi Freud o primeiro a pôr em evidência — e em valor — a perspectiva daquilo que chamamos doença na primeira pessoa e que provocou no Ocidente a verdadeira revolução psiquiátrica de nossa época, mostrando que entre a loucura e a não-loucura (ou, mais exatamente, entre a neurose e a normalidade) não existia uma diferença de natureza, mas de graduação.
17. O reativamento da doença *por intermédio das palavras* é utilizado em diversas "cenas" de *Em busca*..., e Proust se declara ele próprio surpreso de "apenas as palavras (...) poderem fazer alguém ficar doente como se fossem um veneno que se absorvesse" (*Du côté de chez Swann*, p. 420). Cf. em particular essa última obra, quando Charles Swann se repete várias vezes duas palavras de Odette — "esse embuste!" (pp. 420-425) — a fim de tornar ainda mais cruel seu sofrimento, bem como *A l'ombre des jeunes filles en fleurs*, p. 90: "Eu me obrigava a repetir todo o tempo o nome de Gilberte, como essa língua natal que os vencidos se esforçam por conservar para não esquecerem a pátria que não mais voltarão a ver".
18. Um dos princípios fundamentais da homeopatia, ou seja, o de que é na própria doença que se encontra o remédio conveniente, percorre literalmente o conjunto de *Em busca do tempo perdido*.

No final de *Un amour de Swann*, Charles declara que ele "experimentava uma volúpia por conhecer a verdade" (p. 321) da infidelidade de Odette que provoca nele "uma dor brusca e profunda" (p. 322). Em lugar de procurar "amortecer" essa dor, "por hábito" (p. 409), ele se esforça, ao contrário, por "recriá-la" (p. 322) e "reanimá-la" (p. 409), pois "ele se comprazia em afastar para cada vez mais longe suas imaginações maldosas" (p. 305). Ele cultiva a tal ponto isso de que a maioria das pessoas se apressam a fugir, que Proust pode escrever: "seu ciúme, que havia assumido um papel que nem um inimigo teria assumido para fazê-lo conhecer a dor mais cruel que ele jamais havia experimentado, seu ciúme não achava que ele já tivesse sofrido o bastante e procurava fazê-lo receber uma ferida ainda mais profunda" (p. 422).

Em *Les intermittences du cœur*, o narrador evoca os últimos dias da doença de sua avó, "acrescentando" e "exagerando" o que o fazia sofrer. Assim procedendo, ele interioriza de tal forma essa agonia revivida nele mesmo que chega a literalmente sentir seus sintomas.

Esses poucos exemplos são o suficiente para nos mostrar até que ponto o procedimento proustiano — que hesitamos em qualificar de terapêutico, no sentido habitual do termo — longe de visar acalmar as manifestações patológicas, não só as reativa como também as *exacerba*, levando o indivíduo ao suplício e à tortura. Tal atitude com relação à doença, que evidentemente se afasta, por seu próprio excesso, tanto da cura analítica quanto do tratamento homeopático, evoca irresistivelmente Baudelaire, que declara ter "aperfeiçoado a arte de fazer sangrar seu mal e de esgaravatar sua ferida".

19. A opção homeopática, seja ela aplicada de maneira ritualística como na cura psicanalítica ou na viagem "antipsiquiátrica", expressa de uma forma romanesca como em Proust

175

ou administrada de uma forma medicinal como nas descobertas que tornaram possíveis a vacinação jenneriana ou as prescrições infinitesimais caras a Hahnemann e seus discípulos, inscreve-se historicamente no Ocidente na renovação do pensamento hipocrático, que é eminentemente naturalista.

20. Existe uma variante messiânica da homeopatia: é apenas da provação que pode surgir a regeneração, devendo o indivíduo e o grupo passar pela frustração e a infelicidade para realizar sua saúde*. Trata-se, na cultura cristã, do tema da "felix culpa".* [Notar que aqui o termo utilizado foi "salut", do qual o autor já apontou a dupla relação saúde/salvação. (N. R.)]

21. "As injeções intravenosas têm, em minha opinião, uma ação mais forte que os comprimidos. É preciso suportar o sofrimento para sarar." (Mme. T. B. 48 anos) "Eu tenho mais confiança nas injeções que nos medicamentos." (Mme. A. D. 29 anos) "A injeção é mais eficaz e, além disso, a gente tem certeza de não a esquecer." (M. L. M. 22 anos) Cf. também sobre este ponto a questão dos honorários (M. Marie-Cardine, 1973).

2
Modelo aditivo e modelo subtrativo

Vimos anteriormente que a interpretação etiológica da doença pode oscilar entre dois pólos: a doença é vivenciada como a penetração de um elemento estranho no corpo ou no espírito do doente; ele sofre de *alguma coisa a mais*, e a ação terapêutica consistirá em *tirá-la* dele. Ou então a doença é vivenciada como uma fraqueza, um déficit, uma perda, uma diminuição (anemia, emagrecimento, fadiga); ele sofre de *alguma coisa a menos* que se lhe escapou ou que lhe foi subtraída, e a ação terapêutica consistirá em lhe *restituí-la*. A representação medicinal ou ritual é, portanto, rigorosamente inversa com relação à representação causal: no primeiro caso (etiologia da suplementariedade), suprime-se; no segundo (etiologia da subtratividade), acrescenta-se.

I. O modelo subtrativo

Quer se trate de tratamentos por eliminação dos líquidos ou por extração dos sólidos, existe em nossa cultura toda uma sensibilidade médica que tem, preferencial ou decididamente, optado pelas representações da cura por subtração. Um certo número de fatos merecem ser relembrados. 1º) De início, a valorização da excreção, da flatulência, da eructação, do espirro nas condutas corporais das sociedades tradicionais da Europa[1]. 2º) Nossa medicina científica só tinha como modo terapêutico, até à metade do século XIX, a intervenção subtrativa fundamentada na famosa trilogia da lavagem, do purgativo e da sangria, que devia, mesmo para as pessoas em boa saúde, ser renovada a cada primavera a fim de tornar menos denso "o sangue espesso demais"[2]. 3º) Muito mais próximo de nós, e alguns de nós ainda se lembram, como não evocar o papel dominante, nos cuidados primários de saúde, das ventosas (que substituíram as sanguessugas), bem como das cataplasmas à base de farinha de mostarda? E, ainda hoje, da bolsa de água quente, da infusão quente e do "grog". 4º) A cirurgia de ablação ocupa um lugar considerável no seio de nossa medicina contemporânea: supressão de um órgão (apêndice) ou de uma parte do órgão (estômago, vesícula biliar, intestino). 5?) Lembremos, por fim, que a dietética, seja ela "erudita" ou "popular", está ligada em grande parte às representações alimentares subtrativas: trata-se da prescrição de substâncias que não têm por finalidade encher o corpo, mas esvaziá-lo, como as verduras e as cenouras, que são curativas não por acréscimo, mas por evacuação. Uma publicidade célebre, afixada nas ruas das cidades francesas, difundida nas telas de cinema e televisão, lembra: "Beba Vittel: elimine!"

1. As representações subtrativas de caráter alopático

Encontramo-nos diante desse grupo de representações cada vez que o tratamento prescrito, longe de visar favorecer um processo evacuativo natural que se considera terapêutico por si próprio, procura exterminar pela exteriorização uma doença que se considera como um mal em si. Dois casos merecerão nossa atenção: as "pansements de secrets"* fundamentadas em um ritual de extração e, em seguida, de expulsão, cujo término do processo utilizado é a destruição do mal-objeto; um certo número de técnicas eliminatórias empregadas pela (bio)medicina contemporânea.

1) O curandeiro campesino, com a ajuda de uma gesticulação ofensiva e conjuratória, muito próxima da do exorcismo propriamente dito, que ainda é a arma de guerra do catolicismo terapêutico, ataca o mal, por assim dizer, como guerreiro, "barrando-o", "cruzando-o" ou "cortando-o". Ele procede a uma mobilização de imagens em torno do traçado da cruz, encarregada de ligar e desligar as forças antagônicas presentes, através de fórmula que deve ser mantida secreta ("eu te corto e recorto; "eu te cruzo e recruzo"...) e de ingredientes animais e, com mais freqüência, vegetais que são objetos-substitutivos mantendo com a doença uma relação de analogia ou de analogia inversa. É assim que as ervilhas se tornam os bustitutivos ideais das verrugas, os pregos os substitutivos ideais dos dentes e as castanhas-da-índia** os das hemorróidas, sugerindo ao doente que o que acontecer aos primeiros refletir-se-á nos se-

---

* Optamos pela forma francesa original para evitar distorsão. Antiga expressão francesa. Grosseiramente corresponde ao que chamamos "uma mágica" ou à atividade do "médico-feiticeiro". (N. R.)

** Note-se que a castanha-da-índia (*Aesculus hippocastanum*) entra na composição de alguns remédios homeopáticos (tópicos ou não) usados no tratamento de hemorróidas. Nos livros que discorrem sobre plantas medicinais, aponta-se um amplo espectro de afecções para as quais essa castanha é utilizada. Nestes casos evoca-se o princípio ativo da planta e não sua relação analógica, evidentemente. (N. R.)

MODELO ADITIVO E MODELO SUBTRATIVO

gundos, mas com a condição de que a operação tenha sido executada dentro das estritas condições de observância. De onde esse tríplice processo que é preciso chamar de "transferência" ou, se preferirmos, de circulação dos sintomas: do cliente ao terapeuta, que ressente as dores do primeiro no exato nível correspondente de seu próprio corpo; do terapeuta aos objetos que simbolizam a doença; desses últimos, por fim, à sua eliminação[3].

Outro exemplo dessa representação da cura por extirpação é o fato de se soprar sobre a parte doente, o que pode significar o desejo de fazer reentrar o espírito ou de anular o mal, ou, pelo contrário, exprimir uma sucção e uma aspiração. É nesse sentido que Allendy fala de "excreção afetiva" do elemento mau que o indivíduo não deseja integrar à sua personalidade, e que Valabrega fala de "externalização".

Gostaríamos, por fim, de salientar que nesses ritos em que tudo significa que o mal, vindo de fora, é decididamente externo ao doente, devendo, portanto, para sair, tomar o mesmo caminho que havia tomado na vinda, o movimento se efetua sempre, pelo que sabemos, *de cima para baixo* ou *do interior para o exterior*. Um doente que tinha 40° de febre, ao contar-me sua cura, confiou-me: "o mal caiu". Por outro lado, parece que o ritual de contato tem por objetivo sugerir a imagem do mal atraído, arrastado e canalizado para as extremidades da pele:

T. curou um bebê de quatro meses que tinha eczema da cintura para baixo. Em dois dias, tudo estava acabado. O mal se agravou talvez uma hora depois de ter sido tratado. *Ele saiu sob a forma de crostas.*

2) Um certo número de procedimentos (bio)médicos contemporâneos assumem a mesma representação da doença. O Dr. J. F. B. explicou-nos a técnica à qual havia recorrido para curar o reumatismo inflamatório: a punção de hidrartrose, que consiste em aspirar ao nível do joelho um exsudato da membrana sinovial inflamada. "Uma vez efetuada a operação", declara-nos o Dr. J. F. B., "eu mostro sistematicamente ao doente o líquido que foi extraído. É um líquido de cor amarela; é importante, tanto para meu cliente quanto para mim, ver o que eu fiz sair dele." Por seu lado, o Dr. T. M. nos confia:

Os doentes possuem todo um vocabulário para descrever esse pedido de expulsão da doença. Eles falam, por exemplo, de "tirar o mal" ou "fazer sair a ferida": depois de um traumatismo, eles consideram mau prognóstico não verem surgir uma equimose. "A ferida não saiu", tenho ouvido muitas vezes, e é por isso mesmo que as pessoas podem vir me consultar.

AS FORMAS ELEMENTARES DA CURA

E o Dr. T. R.:

A idéia que muitos doentes têm, e que provavelmente alguns dentre nós compartilhamos, é de que existe alguma coisa de ruim no corpo que deve sair. De onde, talvez, essa reticência por parte de alguns deles que vêm nos consultar com relação aos medicamentos que fazem entrar algo a mais no corpo e não fazem com que nada saia dele, e, pelo contrário, a preferência que manifestam por medicamentos como a aspirina, que faz transpirar.

Isso é válido, como observamos pelos diferentes testemunhos por nós recolhidos junto a médicos e doentes, com relação a toda cirurgia de ablação[4]: a prova tangível da veracidade das representações subtrativas (que não se consideram representações uma vez que se acredita ser a realidade) é que o cirurgião pode apresentar-lhe seu apêndice infeccionado ou os cálculos que acabou de extrair de sua vesícula biliar. Enfim, se a cirurgia é, por assim dizer, o arquétipo da terapia da extração, o médico contemporâneo dispõe de uma gama muito diversificada de medicamentos que têm por objetivo exteriorizar o mal-doença: são os diuréticos (que favorecem a eliminação urinária), os sudoríficos (a transpiração), os laxantes (a eliminação intestinal), os eméticos (que provocam o vômito), os vermífugos (que têm por objetivo expulsar os vermes do intestino...) Mas, qualquer que seja o procedimento utilizado — favorecer a transpiração e a salivação administrando, por exemplo, mercúrio para lutar contra a esclerose e a formação de coágulos de sangue, ou intervir de maneira instrumental (fazer incisão, cortar, perfurar, extirpar, cortar e depois fechar) —, a finalidade terapêutica permanece a mesma. Como diz Dagognet, "é preciso sobretudo lançar o inimigo interior para a periferia, abrir-lhe o caminho, desalojá-lo. Não convém que o mal 'entre', penetre nas vísceras ou se enquiste: persegue-se o intruso" (*op. cit.*, 1964, p. 5).

2. As representações subtrativas de caráter homeopático

As terapias de evacuação fundamentam-se, desta vez, na noção mimética de acompanhamento do sintoma, que não é mais considerado, como anteriormente, intrinsecamente patológico. Assim, na Lyon do começo do século, recomendava-se ao doente de rinofaringite, de afecção na garganta ou dos pulmões, que tossisse muito, provocando o escarro. Para facilitar essa expulsão, agia-se ao mesmo tempo a partir do interior e do exterior: do exterior, agasalhando-se o doente ao máximo e administrando-lhe cataplasmas, se possível mal-cheirosas, à base de farinha de mostarda; do interior, fazendo-o engolir infusões bem quentes, alcatrão diluído no leite quente ou vinho quente misturado com especiarias (o que hoje foi substituído pelo famoso "grog"). Assim, longe de ser um sintoma a se inibir, a evacuação (sob a forma de escarro e de sudação) é um processo que convém facilitar e mesmo, se for preciso, provocar, pois leva o doente a fazer sair de seu corpo os "humores ruins" a serem curados. É nessa mesma ótica que o vômito é apreendido como sinal de que meu estômago reage de maneira adequada à absorção de um alimento que não me convinha, a diarréia como uma expulsão benéfica, e não se baixa a febre através de antitérmicos pois ela é vista como uma reação de autodefesa de meu organismo.

Fazer literalmente suar quem tem febre através de bolsas de água quente e de tisanas, expulsar a bronquite para as extremidades da pele através de cataplasmas, ou administrar, como na época de Broussais, sangrias[5], purgativos e lavagens, busca inspiração em um fundo comum de representações: não se deve enfrentar a doença buscando reabsorvê-la, combater um excesso ("sangue ruim", "humor ruim") por um princípio de sinalização oposta, mas ajudá-lo, pelo contrário, a sair, ou seja, encorajar o organismo a se livrar de um excesso*. É nessa perspectiva que os curandeiros que encontramos consideram quase unanimemente que as doenças da pele são exatamente o contrário do que habitualmente as consideramos. Sendo manifestações anunciadoras de uma restauração da saúde, o terapeuta vai então reativá-las, ajudando sua expulsão[6]. Finalmente, observemos que essas representações terapêuticas — que Leonardo qualifica de "debilitantes" e que se exprimem notadamente na linguagem dos provérbios — recebem plena legitimação social na França quando a Faculdade de Montpellier adota os princípios da medicina hipocrática bem como os preceitos da Escola de Salerno, ou ainda com o sucesso das teses de Broussais, que inspiram a prática oficial dos médicos de sua época. Não obstante, elas são totalmente postas em dúvida pela medicina erudita à medida que avançamos na segunda metade do século XIX e, a fortiori, quando entramos no século XX.

II. O modelo aditivo

Uma vez que o conjunto dos procedimentos que acabamos de estudar é comandado por uma intervenção subtrativa (aspiração ou extração, seguida de expulsão simbólica ou real do que os psicanalistas chamam de "objeto mau") remetendo a uma patologia por excesso, encontramo-

---

* Entre nós, p. ex., considera-se perigosa a ingestão de certos remédios que podem fazer "recolher" a "catapora" ou o sarampo. Ao contrário, o uso de remédios (ou chás) que os trazem para a superfície da pele (fazem "estourar"), é visto como adequado. (N. R.)

nos, desta feita, em presença do reverso do modelo anterior: não é mais a patogenia que é aditiva e a terapia subtrativa, mas o inverso.

1. Partiremos de um exemplo que observamos e analisamos sob a forma de um filme etnográfico: a peregrinação a Saint-Sabin que acontece a cada segunda-feira de Pentecostes em um dos cumes do maciço de Pilat, na região da Stéphanie[7]. Pareceu-nos que os diferentes rituais praticados por essa ocasião (colheita de uma planta chamada de "erva de Saint Sabin", contato com a estátua do santo, cujos pés são beijados e esfregados com um buquê da erva, o qual é colocado por um ano nas portas dos estábulos ...) exprimem um pedido de "acréscimo" de poder. O santo para quem se reza (bem como a erva que cresce junto ao local em que ele está colocado, e que é o próprio prolongamento de seu poder) não é considerado como agressor do agressor, como o é quem tira o feitiço diante de quem o lança ou, ainda, como o exorcista com relação ao demônio, mas como o *protetor* dos que crêem nele e vivem em sua área geográfica de imunidade. E o rito assegura a renovação periódica dessa garantia de que nada de grave lhe acontecerá durante um ano. Assim, o que é pedido não é a extração do mal, mas a prevenção da desgraça por reforço, a eficácia simbólica que impede o surgimento do "ruim" no campo doméstico do indivíduo.

Observemos que, através dessa simbologia aditiva que remete a uma imputação etiológica não por excesso mas por falta (fraqueza, déficit, falta, enfraquecimento, perda de alguma coisa ou, mais exatamente, o medo de se perder alguma coisa), a doença não é interpretada no sentido estrito em que a entendemos (apenas) em nossa cultura (bio)médica, mas como um caso particular de uma lógica mais geral — a do mal e da desgraça —, e correlativamente a busca da saúde vai de par com a busca do sucesso, da fecundidade, da prosperidade e do que poderíamos simplesmente chamar de felicidade[8].

Aqui, gostaríamos de enfatizar a relação não exclusiva mas, em nossa opinião, preferencial que existe entre as duas figuras do recurso aos santos curadores (que advêm não de uma terapia da substrativida, mas da suplementariedade; por contato, por imagens, objetos sacros e preces escritas que "reforçam") e à homeopatia ritual que estudamos anteriormente: elas são o contrário das terapias da agressão. Muitas vezes, a doença que se procura curar mantém uma relação de analogia (até mesmo de consubstancialidade) com o santo que também passou pelas mesmas dores em uma certa época de sua vida. Se, por exemplo, Santa Apolina cura a dor de dente é porque, quando de seu martírio, quebraram-lhe o maxilar, e se São Pantaleão cura as queimaduras é porque ele morreu queimado. É por essa mesma razão que uma das maiores peregrinações de Berry, a do Precioso Sangue de N. S. J. C. em Neuvy-Saint-Sépulcre, na segunda-feira de Páscoa de cada ano, é principalmente realizada para a cura das hemorróidas e das doenças do sangue.*

2) As representações terapêuticas aditivas podem igualmente ser postas em operação de uma maneira propriamente (bio)médica: prescreve-se, por exemplo, uma alimentação que "reforce" (alimentos com altas calorias), acrescenta-se às refeições do doente vinho quente, álcool, pratos consistentes (carne, batatas), fortificantes, como outrora a "quintonine"** ou atualmente a prescrição de vitaminas.

Ao lado da cirurgia de enxerto de um órgão, que visa suprir uma falta, existe nessa perspectiva toda uma alopatia que não mais visa agir por exteriorização, mas, pelo contrário, por reabsorção: são os antidiarréicos, os adstringentes (que fecham e fortalecem os tecidos), os carminativos (que reabsorvem os gases provenientes das fermentações intestinais), os hemostáticos (que estancam os sangramentos), os anti-sudoríferos (que diminuem a transpiração), os vasoconstritores (que fecham os tecidos sanguíneos por contração muscular). Em uma perspectiva idêntica, a medicina árabe, que, como vimos, experimenta uma grande desconfiança com relação às representações subtrativas, prefere de longe utilizar a cauterização em vez que recorrer a uma operação que faria correr sangue, e um curandeiro explicou-nos como ele agia para tratar do câncer: provocar o "enquistamento" a fim de que as células atingidas não aumentem[9].

Assim, parece-nos que as representações aditivas da cura são preferencialmente (mas não necessariamente) ligadas a uma terapia homeopática (e adorcista, como veremos em breve), enquanto as representações subtrativas são preferencialmente (mas não necessariamente) ligadas a uma terapia alopática (e exorcista).

Mas, qualquer que seja o modelo adotado, encontramo-nos nos dois casos em presença de uma compreensão ontológica da doença e da saúde: na ablação, como no enxerto, com efeito, é "alguma coisa" que se extrai ou que se acrescenta (fazendo reentrar "o espírito", tornar a encontrar "a razão", restituindo "a força"), e, nos dois casos, sugando, aspirando, fazendo punção, recorre-se a uma gesticulação símbolo de que o mal-doença é uma realidade que entrou ou partiu, uma presença de "alguma coisa" que se deve fazer sair[10]. Também o cenário da soma ou da subtração tem sempre valor de demonstração: trata-se de preservar, de

---
* Impossível deixar de lembrar aqui a figura de Omolú/Abaluaê do candomblé brasileiro, também chamado "Médico dos Pobres". (N. R.)
** Marca de um fortificante infantil muito popular na França até a década de 50 aproximadamente. (N. T.)

conjurar, de proteger ou de atacar, mas sempre de demonstrar, com a ajuda de imagens carregadas de todo o peso da cultura, que a cura, não mais que a doença, não é uma metáfora.

Por fim, observemos, todavia, que as representações terapêuticas aditivas/subtrativas não excluem necessariamente uma interpretação funcional, até mesmo relacional, da doença e da saúde. Interpretação funcional quando o médico procura corrigir um desfuncionamento interno, não o trazendo ou o retirando do ser, mas ajudando a função perturbada a se livrar de um excesso ou, mais que isso, a produzir. Interpretação relacional quando, a uma carência afetiva, o psicoterapeuta reage fornecendo ao doente calor humano e um ambiente que lhe "oferece" não apenas "alguma coisa", mas confiança em si mesmo, amor, ou, quando a questão é um excesso de sociabilidade, como é o caso de alguém que sofre de anorexia e que tem necessidade de um público para se recusar a comer, pelo isolamento terapêutico de seu cliente[11].

Notas

1. Cf. notadamente sobre este ponto N. Elias, *La civilisation des mœurs*, Paris, Calmann-Lévy, 1973, pp. 213-282.
2. Uma boa parte da medicina "popular" não é mais que a medicina oficial e "erudita" do século passado. Com freqüência, os curandeiros prescrevem tratamentos outrora em vigor e recomendados por essa medicina do século XIX, mas que foram posteriormente abandonados. Isso vale para o magnetismo e a hipnose. Vale também para uma cura que observamos na Suíça: o "doutor" Z, naturopata diplomado por uma escola de Munique, fundamenta toda sua terapia na lavagem intestinal (quinze litros de água misturados com camomila, três vezes ao longo do tratamento que dura uma semana) e na administração de um diurético (o cinorródio fabricado pela Lipton).
3. Uma vez que o mal está, com efeito, integralmente na ervilha, bastará, para se livrar dele em definitivo, relegá-lo ao infinito, seja jogando-o em um poço (tomando-se o cuidado de não ouvi-lo cair na *água*), seja lançando-o ao *ar* (tomando-se a mesma precaução), seja queimando-o (*fogo*), seja enterrando-o (*terra*).
4. Cf. os inúmeros quadros que têm por tema a extração da pedra da loucura, principalmente os de Jeronimus Bosch, Museu do Prado, Madri, e os de Brueghel, o Velho, Museu de Saint-Omer.
5. Um dos médicos que encontramos declarou-nos: "a sangria é uma prática que ainda existe, e como! Conheci um médico — que substituí — que exigia que eu lhe aplicasse sangrias para aliviá-lo de sua hipertensão".
6. Assim, o tratamento do abcesso consiste em fazê-lo vazar, como o da febre consiste em fazê-la subir: "Sempre me ressinto quando volto do curandeiro. Chego mesmo a ficar agitado... Fico muito quente durante vinte e quatro horas."
7. *Aller à Saint-Sabin*, filme colorido em 16 mm realizado por A. Jilliard, F. Laplantine, J. Nardone e J. B. Martin, C. N. R. S. — Université Lyon II, 1981.

MODELO ADITIVO E MODELO SUBTRATIVO

8. As peregrinações aos santos curadores constituem um exemplo perfeito desse modelo da terapia por adição. A maioria das que freqüentamos dizem respeito hoje essencialmente às doenças infantis e às doenças mentais (geralmente chamadas de "doenças dos nervos"). Nos dois casos, o ritual quase sempre compreende uma imposição das mãos e uma gesticulação do contato que visam expressar que o santo é suscetível de beneficiá-lo com seu poder, e, no último (devoções a São João, Santo Estevão, São Loup...), a representação terapêutica é ainda mais manifestamente aditiva, pois supõe a crença etiológica em uma "perda do espírito" (ou da "razão"), ou no risco da "perda do espírito", se a peregrinação é efetuada com finalidades profiláticas.

Observemos que esse sistema de interpretação da cura, não por extração e expulsão do mal, mas por proteção e acréscimo de energia, é comum às representações baulês dos *usu* (= gênios), que não são diretamente patogênicas mas que, se abandonadas, deixam livre o campo para as ações dos *baiefuê* (= feiticeiros).

9. A literatura nos fornece numerosos exemplos dessa compreensão do retorno à saúde por aditividade. Assim, em *Voyage au bout de la nuit*, o Dr. Bestombes explica a seu colega Bardamu que, à guisa de psicoterapia, ele trata de seus doentes com "vigorosas doses de ética patriótica, com verdadeiras injunções de moral reconstituinte" (p. 124). A narrativa de Marie Cardinal (1981) inscreve-se igualmente no oposto de uma representação terapêutica por externalização: "Para melhor me esconder, eu havia tapado todas as saídas: meus olhos, meu nariz, minhas orelhas, minha boca, meu ânus, os poros de minha pele, minha bexiga." (p. 10) (...) "Em vão eu tentei esconder a coisa e fechar tudo para que ela não pudesse sair, ela sabia bem como se revelar, através de minhas veias e de minha pele." (p. 23)

10. "Por vezes, quando tenho muita dor", escreve Alain Cahen em seus Cadernos, "não consigo acreditar que não se possa fazer sair a dor de si mesmo e dá-la a outrem, que ela seja incomunicável. Como um transplante. Entendo bem isso. Haveria um doador e um receptor. Penso nisso muito seriamente." (1983, p. 36)

11. Em uma perspectiva psicanalítica, os processos de adição e de subtração — reais e simbólicos — que estão em operação tanto nas representações da doença quanto nas da cura exigiriam ser postos em relação com os estágios de organização da libido (a relação de "aditividade", da incorporação do alimento e da introjeção, da "subtratividade", da expulsão — fecal, seminal — e da rejeição) e as zonas de trocas nutricionais, sexuais e afetivas (a *boca*, capaz de apreensão por intermédio dos dentes e da língua, mas também de expulsão — do mamilo, dos alimentos ingeridos —; o *ânus*, zona ativa por excelência de troca nutritiva e afetivo-expulsiva, mas igualmente zona passiva suscetível de acolher o objeto, como no caso da tomada de temperatura retal, da lavagem, da administração do supositório ou ainda da sodomia; o *pênis*, expulsivo; a *vulva*, expulsiva e preênsil).

3
Modelo exorcista e modelo adorcista

Existe uma terceira alternativa terapêutica: a do exorcista, em que quem cura é um combatente engajado em uma verdadeira guerra contra a doença, que ele procura extrair do corpo ou do espírito de seu cliente e anulá-la; a do adorcismo, em que quem cura se torna, pelo contrário, o assistente ou iniciador do doente. Aqui, não estudaremos o primeiro elemento dessa bipolaridade, pois ele corresponde à opção dominante em nossa cultura médica e a procedimentos que são muito familiares para a maioria de nós. Vamos nos ater, entretanto, à análise do segundo, que consiste em sua simetria inversa, o que não deixa de colocar a toda nossa cultura uma série de problemas que vamos examinar.

Foi, lembremos, Luc de Heusch[1] que forjou o conceito de adorcismo para designar a opção cultural pela qual esse estado que habitualmente consideramos um mal no Ocidente é, pelo contrário, percebido como um bem: a doença não é mais temida, mas desejada; não se deve mais afastá-la ou combatê-la, mas desejá-la e saudá-la, quando ela surge, como um nível superior de existência; o que era interpretado como patogênico é, desta feita, reconhecido como terapêutico. Ou seja, às associações simbólicas do mal-desgraça, doença-maldição, exigindo uma medicação ou um ritual de extração, opõe-se, da maneira mais antagônica, a doença-eleição, solicitando uma ação de domesticação, de iniciação, de entronização, mas sempre de sacralização por acréscimo. O que agora gostaríamos de mostrar é que a matriz de significações que Luc de Heusch teve o mérito de indicar com clareza diversifica-se, com efeito, em expressões múltiplas e amplamente proteiformes, constituídas por numerosas graduações oscilando entre: a doença como valor (à qual correspondem atitudes terapêuticas de confirmação e até mesmo de indução e de amplificação), e a doença como sentido (à qual correspondem atitudes terapêuticas que certamente passam pelo reconhecimento de uma experiência fundamentalmente irredutível à sua interpretação pura e simplesmente negativa, mas que não levam tão longe o procedimento de tomada de responsabilidade no sentido de uma radicalização). Mas, antes de aprofundar essa distinção — em nossa opinião essencial —, uma pergunta liminar não pode deixar de ser feita:

I. A compreensão adorcista da doença pode ser interpretada como um procedimento terapêutico?

Nessas condições, ainda se pode falar da doença no sentido em que habitualmente a entendemos no Ocidente? E podemos falar de cura na medida em que o que é visado é o próprio contrário do retorno a um estado inicial de "saúde", pois é a própria doença que é percebida como "esforço de saúde"[2]? Ou seja, os procedimentos originários do adorcismo podem ser considerados como projetos terapêuticos, a partir do momento em que os indivíduos de que eles se ocupam não são mais, em absoluto, considerados doentes[3]?

É cientificamente difícil, para não dizer impossível, falar de adorcismo em uma cultura moldada por uma religião que, a partir de suas fundações institucionais, chega a desconfiar de seus próprios místicos, uma medicina que, a partir de Galeno, nos ensina que a doença é um mal absoluto que deve ser combatido por seu contrário, e uma lógica que, a partir do século de Descartes, nos ensina desde nossa infância a operar uma discriminação sem equívocos entre o real e o imaginário, o verdadeiro e o falso, o bem e o mal, o normal e o patológico.

Sem dúvida, hoje nos encontramos em melhor posição que há vinte anos para pensar o modelo em questão, pois o positivismo, que não é mais que a crispação escolástica do racionalismo, está cedendo lugar a um pensamento radicalmente diferente. No entanto, persiste a dificuldade que poderá ter o pesquisador, ou seja, alguém que não pretende aprovar nem desaprovar, e que pretende compreender determinada atitude, e não inebriar-se com ela. E o fato de que o que ontem era objeto de aversão esteja se tornando para alguns de nós objeto de desejo em nada nos ajuda. Essa dificuldade começa como sempre ao nível do vocabulário, e a prova disso é que devemos, com Luc de Heusch, recorrer a um neologismo incompreensível para a maior parte das pessoas — o adorcismo —, o que nos permite avaliar até que ponto nossa cultura não estava preparada para denominar um procedimento que, nem por isso, deixa de existir[4].

II. O adorcismo absoluto: possessão e xamanismo

Aqui, consideraremos os casos em que a cultura, e mais precisamente *esse aspecto da cultura que é o sagrado*, é diretamente o intérprete da doença e da cura. As instâncias socioreligiosas (divindades, ancestrais, gênios) responsáveis pelo que no Ocidente percebemos como uma ruptura do equilíbrio, ou seja, uma desordem biológica, psicológica ou social, são, pelo contrário, consideradas benéficas, e a ação ritual posta em ação por essa ocasião, longe de proceder a um reequilíbrio do sistema perturbado, consiste em aceitá-lo, atribuindo-lhe uma legitimação social[5].

Tal percepção da doença e da saúde (evidentemente absurda do ponto de vista de nossa cultura, que nos ensina a pensar e a provar rigorosamente o contrário), implica uma concepção absolutamente particular do sagrado. Este, com efeito, não é mais apreendido como o "horror à podridão e a fascinação pelo braseiro", segundo a expressão de Roger Caillois, mas somente como "a fascinação pelo braseiro". Ele não é mais são e maldito, puro e poluído, sublime e abjeto, mas totalmente são, puro e sublime. Em resumo, confrontadas com a ambivalência do sagrado, ao mesmo tempo "tremendum et fascinans" (Rudolf Otto), as culturas do adorcismo cortam o nó górdio: elas só retêm o "fascinans" que fascina, exalta, enriquece e que é preciso, custe o que custar, acrescentar ao indivíduo exatamente compreendido em sua experiência da doença. Duas grandes variantes podem ser aqui identificadas:

A primeira, que corresponde às representações etiológicas exógenas benéficas, consiste em um *adorcismo da fixação* caracterizado por um movimento descendente e centrípeto que se exerce a partir da divindade em direção ao ser humano. A divindade (deus, ancestral, gênio) se apossa do ser humano, se instala nele, tomando literalmente posse de seu corpo e de seu espírito. Ela geralmente penetra pela cabeça, como nas cerimônias da umbanda que estamos estudando no Brasil ou no *Le N'Doep* (H. Collomb e A. Zempléni, filme de 16 mm de 1967), mais raramente pelos pés como em *Les maîtres fous* (J. Rouch, filme de 16 mm de 1954) e deve se fixar à pessoa do doente[6].

Propomos que se designe por *adorcismo de viagem* a segunda variante do modelo que estamos analisando. Correspondendo a representações endógenas benéficas, e caracterizada principalmente por um movimento ascendente e centrífugo que se exerce desta vez do ser humano em direção ao sagrado, ela nos parece exemplarmente ilustrada pelo fenômeno complexo do xamanismo. Lembremos que o xamã siberiano (cf. principalmente M. Eliade, 1968; L. Delaby, 1976; R. Hamayon, 1978), longe de ser tomado pelas divindades como no caso anterior, toma posse delas ao longo de sua "viagem", traçando, ou constituindo-se num exemplo rigorosamente inverso do dos possuídos songhays, que são "cavalos" ou "jumentos" "montados" pelos gênios. Não se trata, portanto, de possessão no sentido estrito do termo, mas de inspiração, como entre os "camisards cévenols"* que profetizam ou, como observamos pessoalmente, entre os "Cristãos Celestes" da laguna da Costa do Marfim e entre os pentecostais de uma comunidade de Lyon. Nesses três últimos casos, se o episódio do transe se relaciona empiricamente com a possessão, ele só pode, entretanto, ser compreendido em fundo cultural decididamente messiânico (cf. F. Laplantine, 3, 18)[7].

Além das expressões proteiformes desse adorcismo radical, encontramo-nos realmente em presença — e isso tanto para os autores que distinguem a possessão do xamanismo (M. Eliade, 1968; L. de Heusch, 1971; G. Rouget, 1980) quanto para os que os confundem (I. M. Lewis, 1977) — de um mesmo modelo de base. Quer se trate de viagem voluntária (xamanismo) ou irrupção involuntária (possessão), tratamos com um grupo de fenômenos que não são socialmente reprovados (como em Loundun) mas que, pelo contrário, recebem uma plena legitimação, mesmo que ela provenha apenas de grupos minoritários. Entre a doença enquanto manifestação do social (que se exprime nos casos evocados mais por intermédio do sagrado) e o indivíduo, existe, como diz Gilbert Rouget, "não uma relação de conflito, mas de aliança": a perturbação do campo relacional não mais interpretada como uma desarmonia social que seria conveniente reequilibrar (como na lógica do mal-doença-maldição exigindo um exorcismo), mas como um acontecimento salvador, uma vez que suscita um rito de acentuação dessa ruptura. Ou, dito de outra forma, se persistimos em utilizar um vocabulário de referência ontológica: "essa alguma coisa" que acontece (acréscimo) ou de que se escapa (subtração) não é alguma coisa em excesso", mas "alguma coisa a mais". No primeiro caso, um "poder" penetra, enquanto que no segundo esse poder se retira, mas, nos dois casos, ela é vivenciada como uma metamorfose que significa uma eleição[8].

III. O adorcismo relativo: a ambivalência da doença e a ambigüidade da cura

É possível distinguir um segundo nível da prática adorcista, que não mais consiste em uma inversão pura e simples dos termos postos em jogo no exorcismo, mas que leva em consideração o fato de que esses últimos são antes de tudo sobredeterminados. Por adorcismo, aqui designamos uma atitude terapêutica que, sem se falar propriamente de uma "antimedicina" com relação à nossa medicina ou de uma "antipsiquiatria" no

---

* Calvinistas insurgidos durante a perseguição que se seguiu à revogação do Édito de Nantes (fim do século XVII) e que habitavam a região de Cévene no sudoeste da França. Ficaram conhecidos como "camisards" devido à longa camisa branca que usavam sobre as vestes. (N. T.)

sentido restrito, não é menos radicalmente diferente com relação à tendência que triunfou no Ocidente e representa a doença como um intruso patogênico (micróbios) penetrado criminosamente no corpo ou no espírito de um indivíduo naturalmente são e representando a cura como o combate entre duas forças: a afecção, mal absoluto a ser eliminado; o remédio, que deve substituir esse mal para fazer o doente voltar a seu estado inicial, que era o da saúde.

Os diferentes casos possíveis advindos dessa variante do adorcismo encontram, em nossa opinião, seu fundamento teórico nas duas proposições seguintes: a ambivalência fundamental da doença (que não é mais apreendida como sendo sempre e necessariamente negativa) e da saúde (que está longe de ser sempre e necessariamente positiva); a função terapêutica devolvida ao doente, considerado ele próprio como sendo o agente principal da cura, enquanto o terapeuta é antes um 'barqueiro' que ajuda o doente a evoluir de um estado a outro.

Assim, uma psicoterapia inspirada por esse procedimento não buscará eliminar a angústia ou o delírio (por eletrochoques, neurolépticos, antidepressivos ou ainda recorrendo à neurocirurgia), mas procurará ouvi-los e disso tirar partido. O terapeuta não visará, por exemplo, livrar em algumas sessões o cliente de seus sintomas, ou até mesmo fazê-lo sentir repulsa por eles, como nos métodos comportamentais originados a partir de Pavlov. Ele seguirá, pelo contrário, com o próprio doente, o longo caminho que leva do sintoma a sua origem oculta. Ora, é precisamente o que se passa no caso da cura analítica, que permanece propriamente incompreensível enquanto se continuar a raciocinar utilizando apenas o quadro exorcista de referência. O projeto freudiano, com efeito, não é absolutamente terapêutico no sentido de que o paciente conseguiria se desembaraçar de um mal para encontrar seu antigo estado de equilíbrio. A psicanálise, aliás, não se engana em absoluto quanto a isso: para a psicanálise, a cura não é a antidoença, a qual, em seus limites, até mesmo não existe, por isso abandona de bom grado essa própria noção, tanto ela lhe parece comprometida com o modelo do exorcismo, com os psiquiatras de um lado e com os curandeiros de outro[9].

O romance analítico de Marie Cardinal que já evocamos anteriormente exprime perfeitamente tal procedimento. A escritora-analisada encontra-se no cruzamento de um duplo recurso terapêutico, a hospitalização psiquiátrica e "a operação cirúrgica que teria amputado meu ventre", cujos perigos respectivos mas convergentes ela pressente. Ela vai, finalmente, escolher um terceiro: a psicanálise. Mas, antes de chegarmos ao que consideramos um dos caminhos do adorcismo no sentido anteriormente definido, ouçamos a narradora falar-nos da opção cirúrgica — ou seja, do exorcismo — que lhe foi proposta:

Eu sangro, ela sangra. Por quê? Porque alguma coisa não funciona, alguma coisa orgânica, alguma coisa muito grave, alguma coisa fibromatóide, alguma coisa de retroversão, de rasgado, de anormal. Os exames não revelam nada, não valem nada, ninguém sangra desse jeito sem motivo. É preciso abrir e olhar. É preciso fazer uma longa incisão em sua pele, em seus músculos, em suas veias, separar as carnes do ventre, das vísceras e se apoderar do órgão rosáceo, quente, cortá-lo, suprimi-lo. Assim, não haverá mais sangue. (p. 28)
... eu queria que eles me livrassem do medo, dessa coisa, a qualquer preço. Entretanto, nessa manhã, na clínica, eu adivinhei que o preço deles ia ser enorme e que eu não queria pagá-lo. Eu não tomaria mais seus comprimidos nojentos, estava decidido! (p. 27)

A partir da primeira sessão de psicanálise, o sangue parou de correr e jamais voltaria a correr como antes. Aqui, o que é importante pôr em evidência, mais que o movimento terapêutico da cura agindo por reativação, e mesmo durante certas sessões por exacerbação da doença (cf., por exemplo, pp. 182-183), é a atitude nova da narradora com relação à doença. Não se trata mais, como anteriormente, de "fazer guerra à coisa" (p. 23), mas de domá-la e compreendê-la não mais como coisa, mas como "sentido" (cf. p. 46).

IV. A relação entre os pares alopatia/homeopatia e exorcismo/adorcismo

Se bem que a alopatia e a homeopatia não sejam rigorosamente possíveis de se sobrepor ao exorcismo e ao adorcismo (essa é a razão pela qual introduzimos esse terceiro grupo de modelos), parece-nos, não obstante, que existe uma relação preferencial entre os termos dessa dupla alternativa terapêutica.

A alopatia, como o exorcismo, atribui prioridade etiológica à procura de um agente patogênico externo e prioridade terapêutica a um procedimento que tem por objetivo a eliminação do mal considerado como um mal em si. Nos dois casos, o que se visa é a separação radical da doença com relação ao doente (e certamente com relação ao médico). Tratam-se de terapias da agressão que, acreditando que os problemas patológicos têm pouco a ver com a própria pessoa, esperam tudo da intervenção do outro[10].

De uma maneira simétrica, tanto no modelo homeopático quanto no modelo adorcista, a cura não consiste em uma inibição da doença, pois se estima que ela, que tem uma função que convém interpretar, não deve mais ser separada do doente. Mas aí, sem dúvida, cessa a analogia pois 1º) um tratamento alopático não consiste sempre em uma extração, mas também em um acréscimo ou uma ação visando a reabsorção da doença como na radioterapia; 2º) a cura homeopática, contrariamente à cura adorcista, pode considerar que o organismo está infectado por um elemento patogênico que é preciso eliminar, certamente não pela inibição, mas pelo reforço do potencial de defesa do sujeito; 3º) existe uma variante do adorcismo em que a doença é inteiramente considerada não apenas como significativa, mas também como benéfica, o que desta feita nada tem a ver com a compreensão homeopática; 4º) por fim, no caso da possessão, a ênfase não é absolutamente posta no semelhante — como na homeopatia e na homeoterapia — mas no outro. Assim, por todas essas razões, não é possível opor termo a termo as duas alternativas seguintes:

Alopatia — Exorcismo — Etiologia exógena — Terapia externa
Homeopatia — Adorcismo — Etiologia endógena — Terapia interna

A segunda relação, em especial, só diz respeito ao único caso que privilegia as noções de constituição, de temperamento, de predisposição à doença em geral e ao transe em particular.

V. O adorcismo na obra de Marcel Proust

Se nos propomos a voltar à obra de Marcel Proust é porque nos parece que, através das relações complexas do narrador de *Em busca do tempo perdido* com a doença e a saúde, o romancista vai infinitamente mais longe do que aquilo que propõem, cada uma por seu turno, *a cura homeopática ou a cura psicanalítica, que permanecem ambas como dois dos projetos terapêuticos no sentido habitual do termo*: Proust se engaja, e engaja com ele o leitor, em uma outra direção que advém, a nosso ver, estruturalmente da opção adorcista no que ela tem de mais radical.

No final de *Albertine disparue*, o narrador observa que "o desaparecimento de meu sofrimento, e de tudo o que ele trazia consigo, deixou-me diminuído como ocorre com freqüência com relação à cura de uma doença que ocupava um grande lugar em nossa vida" (p. 244). Assim, se há lugar para se pensar que a saúde não tem nada de invejável pois ela sempre traz o risco de empobrecer o ser humano, convém correlativamente afirmar que a doença atribui àquele que sabe aceitá-la um enriquecimento incomparável. E não se trata apenas, como há pouco, de reativá-la em vista de um fim que seria o de não mais sofrer, mas de utilizá-la ao mesmo tempo como fonte insubstituível de análise e como instrumento de transfiguração estética que permite aceder ao que habitualmente chamamos de o sagrado.

AS FORMAS ELEMENTARES DA CURA

Mais precisamente, existem para Proust três vias para a cura ou, se preferirmos, três modelos terapêuticos. O primeiro, quer se trate de intervenção cirúrgica ou de ação quimioterapêutica, age à maneira dos "contravenenos": fornece "calmantes eficazes para seus sofrimentos", ou seja, capazes de fazer cessar a agitação. É possível, por esse meio, "curar" do amor, ou seja, livrar-se dele.

A segunda via consiste em confiar na "natureza". O "instinto de conservação" é também suscetível de nos livrar da doença e do sofrimento, acredita o narrador, mas seu trabalho é, do ponto de vista em que ele se situa, dos mais ambíguos: é uma "obra útil e nefasta".

Os dois métodos — intervencionismo alopático ou expectativa naturalista — levam, aliás, ao mesmo resultado: "*o esquecimento*" *de si mesmo,* "*o hábito*" que, em um certo sentido, cura, ou seja, "enfraquece" a dor, acaba por ser mais forte que a doença, mas tem efeitos "anestésicos" sobre o doente. Ora, convém desconfiar desse "trabalho obscuramente reparador que dá a ilusão de repouso a um convalescente, a um operado" e que é de fato completamente contrário ao que é visado por Proust em *Em busca do tempo perdido*, e realizado em *O tempo redescoberto*. Ele pode chegar a anular ou, pelo menos, atenuar a excitação nervosa, mas também a faculdade de sentir, de se lembrar e de imaginar, que fica "entorpecida", enquanto "o coração" "seca" e a imaginação se exaure. Essa maneira de acabar com a doença tem um nome: a "frivolidade".

Existe, finalmente, uma terceira via de cura, que pode ser considerada superior e que nada tem em comum com as outras duas. Ela se distingue, igualmente, tanto do ponto de vista da tomada de consciência freudiana (o "insight") quanto do ponto de vista do desaparecimento dos sintomas ao término de um processo medicinal de reativação homeoterapêutica. Ora, essa terceira via não se relaciona apenas analogicamente, mas deriva estruturalmente do modelo do adorcismo cuja modalidade proustiana, absolutamente original, é a transmutação artística do passado e particularmente do passado doloroso. O criador, renascendo em si mesmo e dando nova consistência ao mundo, atinge nesse momento uma "felicidade" até então desconhecida: a "contemplação fugidia" das coisas em sua "essência atemporal", que lhe permite captar a presença da eternidade no tempo. Ao término dessa experiência "de alegria semelhante a uma certeza e suficiente sem outras provas", que se situa além de todo raciocínio lógico e que é uma experiência extática de iluminação espiritual, como quase sempre acontece com o adorcismo, Proust, em termos que evocam Baudelaire — que chegou, antes dele, a "extrair a beleza do mal" — e sem dúvida ainda mais Dostoievski, proclama: eu daria toda minha vida em troca desses auges de intensidade, ou seja, dessas "verdades" pertencentes a um mundo mais real que aquele em que eu vivia, e agora me

MODELO EXORCISTA E MODELO ADORCISTA

é totalmente indiferente morrer. Esse deleite incomparável vem da transfiguração romanesca daquilo que a experiência privou o autor de *Em busca do tempo perdido* durante toda sua vida; essa obra, em nossa opinião, pode ser lida como a narrativa inversa da existência reclusa e literalmente mórbida do próprio Proust[11]. Mas, para chegar a esse estágio supremo que o romancista chama indiferentemente de "divino", de "vida verdadeira", de "arte" ou de "literatura", o sofrimento (seja diretamente ligado à doença física ou ao amor) continua sendo o suporte, ou melhor, o material indispensável que será utilizado e transformado pela memória. Sendo cronologicamente o primeiro na existência do escritor, o sofrimento é o caminho real que lhe permite, e nos permite com ele, ultrapassar a fragmentação da existência empírica e atingir as "Idéias" que, ontologicamente, entretanto, preexistiam a ele.

O ideal que se encontra ao término desse caminho é, como se pode ver, tão elevado que vale a pena deixarmos nosso "corpo se desagregar" (*Le temps retrouvé*, p. 271), suportarmos as torturas do amor e, em particular, a entrada em cena do rival, ou seja, daquele que aparentemente é "nosso inimigo", mas que na verdade é "nosso benfeitor" (p. 270). Pois essas dores, em particular as nascidas em nós pela traição do ser amado, são, do ponto de vista adorcista aqui adotado, realmente "pouca coisa perto das verdades que essa traição nos revelou" (p. 272)[12].

A percepção imediata do presente "que se contenta em descrever as coisas" e lhes dar um "miserável relevo" à maneira da literatura realista.	O trabalho de "retomada" ou de "recaptura" do passado pelo qual "desligamo-nos do concreto" e acedemos à "essência".
O raciocínio, a inteligência, a a memória voluntária, a linguagem dominada.	A imaginação, "a memória involuntária", o conhecimento do inconsciente pelas "associações de idéias".
O conhecimento "convencional" ou por "clichê".	O conhecimento artístico da "Realidade", as "Idéias".
A cura por extração cirúrgica da doença ou por recurso à farmacopéia sedativa (os "calmantes") ou a cura pelo poder do "instinto de conservação" (a obra da natureza) (sistema nervoso imobilizado)	A cura por reativação e metamorfose da dor (sistema nervoso em alerta)
O "esquecimento", o "hábito", o tempo perdido	A eternidade, O tempo redescoberto (reencontrado).

AS FORMAS ELEMENTARES DA CURA

Notas

1. Luc de Heusch, 1971, pp. 226-285.
2. G. Briche, *Autrement*, nº 26, setembro de 1980, p. 65.
3. É, observemos, a partir desse critério distintivo — doença como eleição e doença como alienação — que Cooper, que se diz "antipsiquiátrico" ou "não psiquiatra", traça uma linha de demarcação entre as doenças que provocam lesões (por exemplo, cerebrais), qualificadas de "doenças verdadeiras" e a "loucura", a respeito da qual ele nos diz que não se trata de uma doença, o que logicamente implicaria que ela não requer cura.
4. É talvez o termo *entusiasmo*, tomado em seu sentido etimológico, que melhor conviria para exprimir o modelo que agora procuramos explicar, mas esse sentido está hoje perdido e, mesmo se fosse reatualizado, conheceria o descrédito. Quanto ao termo *possessão*, a menos que se esclareça, como nós o fazemos, tratar-se de possessão eletiva, a língua francesa (*Le Petit Robert*, edição de 1967, p. 1.355) o utiliza para designar um conjunto de fenômenos "maléficos". Estar possuído é, no Ocidente, o contrário de estar em plena *possessão* de todos seus meios e faculdades, o que, portanto, significa não mais estar em seu estado normal.
5. Levando até o fim as proposições metodológicas desenvolvidas em nossa primeira parte, logicamente deveríamos distinguir o modelo terapêutico do adorcismo enquanto *modelo de base* comandando um certo número de *formas elementares específicas* da cura e os diferentes *modelos epistemológicos* (biomédicos, psicomédicos, sociomédicos e também lingüísticos, econômicos, políticos) que se pode pôr em ação para pensá-lo e explicá-lo cientificamente. Mas, ainda uma vez, acontece que tal distinção é, em muitos aspectos, fictícia, pois o próprio modelo epistemológico jamais pode se orgulhar de um perfeito estatuto de extraterritorialedade psicológica, cultural, social e histórica. Com freqüência, acreditamos que estamos quites quando comprovamos que uma rede de interpretação funciona. Mas o que é explicativo também exige ser explicado.
6. Esta primeira grande variante do adorcismo, ela própria se diversificando em vários casos, é comum a um certo número de rituais terapêuticos que podem ser observados em áreas geográficas diferentes: é ela que inspira o culto de *zâr* na Etiópia (M. Leiris, 1958), o culto dos *rab* no Senegal (A. Zempléni, 1966), o *bori* na região haussa (J. Monfouganicolas, 1972), o *vodu* no Haiti (A. Métraux, 1958), o *candomblé* na Bahia (R. Bastide, 1958), o *tromba* em Madagáscar (J. M. Estrade, 1977) ou, na Itália do Sul, o fenômeno da *tarântula* (E. de Martino, 1961).

Um das imagens mais freqüentemente mobilizadas para explicar esse adorcismo de fixação é a do "cavalo" e de sua "montaria". Por exemplo, na região songhay ensina-se às mulheres possuídas a se tornarem "jumentos dos deuses" (J. Rouch, 1960).
7. O adorcismo de viagem constitui, do ponto de vista metodológico que decidimos adotar, um subconjunto interpretativo (que o pensamento ocidental tende a considerar como patológico e não terapêutico) que pode ser identificado fora de todo contexto siberiano. Assim, quando o movimento "antipsiquiátrico", e mais particularmente Laing, utiliza a metáfora da "viagem na loucura" para designar um itinerário que agiria em sentido contrário ao da doença mental, ele não sugere, ao nosso ver, uma vaga relação de parentesco com o xamanismo, mas reatualiza, na verdade, um caso terapêutico possível que excluímos de nosso horizonte sociocultural.
8. Se pessoalmente temos a tendência, por preocupação metodológica, a isolar formas puras do adorcismo, estas são raramente encontradas como tais na realidade. Também o N'Doep, por exemplo, advém do que seria conveniente chamar de possessão mitigada. Se, com efeito, a cerimônia começa por uma invocação aos *rab* que entraram no corpo do doente (=possessão), ela é seguida pela transferência desses últimos do doente para o ani-

mal sacrificado, e termina por sua fixação na terra, ou seja, fora da pessoa do possuído. Da mesma forma, se as mulheres tarantuladas de Calatina e seus arredores se identificam realmente com a tarântula (= possessão), imitando o caminhar da aranha sobre o altar de São Paulo, o ritual terapêutico propriamente dito, que é um ritual cromático-musical, consiste em lançar fitas coloridas e fazê-las dançar a tarantela a fim de expulsar (= exorcismo) o veneno da tarântula. Nos dois casos, as divindades que se apoderam do indivíduo são infinitamente ambivalentes, uma vez que alternadamente patogênicas e terapêuticas.

9. O que fundamenta a especificidade da psicanálise no campo terapêutico imenso que estamos explorando não é ter "descoberto" o inconsciente, mas: 1º) ter feito explodir a distinção entre o normal e o anormal, que não são mais, a partir de então, pensados como radicalmente heterogêneos um com relação ao outro; 2) ter mostrado a implicação profunda do terapeuta no campo de uma experiência, a partir de então, compartilhada, e não mais posta à distância, aprendendo a tirar partido dos processos de transferência e de contratransferência; 3º) ter aperfeiçoado uma forma de tratamento que é o próprio contrário da sugestão, ou seja, de uma intervenção induzida a partir do exterior à maneira de um conteúdo cultural exterior ao doente ao qual este deveria aderir, ou da extração dos sintomas — o que, nesta perspectiva, apenas viria a deslocá-los e a encorajar o recalcamento da causa profunda que os provocou.

10. Ao propormos que se estabeleça uma ligação entre a alopatia e o exorcismo, entre as representações exógenas da doença e as representações subtrativas e conjuratórias da cura, não pensamos em proceder a uma construção arbitrária, pois nos encontramos realmente em presença de representações análogas. Lembremos apenas que a Igreja católica, cuja tradição terapêutica é decididamente exorcista, não sabendo muito bem, no início, que pensamento médico adotaria, optou deliberadamente pela escola de Galeno que foi, depois de Celso, a que rompeu com pelo menos um, se não dois, dos três princípios da medicina hipocrática. E, inversamente, a corrente marginal de nossa medicina européia pode ser ilustrada por um Paracelso, que foi pouco ortodoxo no plano religioso, ou por um Hahnemann, que era protestante.

11. Desde *Jean Santeuil*, ele escreve a respeito de Marie Kossichef: (é) "uma moça que brilha dessa saúde, dessa vida, dessa alegria que faltaram a Jean" (p. 216). E em *A l'ombre des jeunes filles en fleurs*, uma observação já nos adverte que o pequeno grupo de adolescentes maravilhosas encontradas a cada verão na praia de Balbec é "uma simples objetivação irreal e diabólica do temperamento oposto ao seu, da vitalidade quase bárbara e cruel de que eram tão desprovidas sua fraqueza, seu excesso de sensibilidade dolorosa e de intelectualidade" (p. 515). Enfim, o processo de inversão em seu contrário do que foi realmente vivido e sentido explode literalmente no último tomo da obra proustiana, *O tempo redescoberto*.

12. O leitor de Proust não consegue deixar de se surpreender com o caráter de totalidade, de perfeição e de acabamento da obra realizada, que se situa exatamente nos antípodas do texto literário de um escritor que, aliás, está, em vários aspectos, muito próximo dele: Michel Leiris.

Como para Proust, a escrita é para Leiris o instrumento privilegiado que permite ao homem transformar-se ao contar seu passado. Também como Proust, Leiris, etnólogo de si mesmo, constitui-se em seu próprio carrasco e nos conta sem a menor complacência os mínimos detalhes do que ele se inflige.

Mas, contrariamente a Proust, Leiris acalenta um projeto de liquidação da doença, que se exprime ao mesmo tempo por uma cura psicanalítica, pela escrita de *A idade de ser homem* e também por sua primeira estada na África (que o leva, lembremos, ao estudo de um culto da possessão, ou seja, de um ritual de adorcismo). Enfim, ainda contrariamente a Proust, a obra literária ulterior de Leiris revela a impossibilidade do escritor em curar, ou seja, em liquidar um passado doloroso. São notórias as "modificações", que constituem as correções ininterruptas de tudo o que ele havia podido escrever anteriormente e exprimem uma insatisfação de si mesmo fundamental e o caráter de coisa inacabada, constitutivo do próprio texto literário.

4
Modelo sedativo e modelo excitativo

Este grupo de modelos, em nossa opinião plenamente original com relação aos precedentes, nos vai permitir introduzir uma última alternativa terapêutica que corresponde preferencialmente a uma compreensão disfuncional da doença: às patogenias ligadas a processos endógenos respondem terapias reguladoras que procuram ajudar o indivíduo (campo, psiquismo ou ambos concomitantemente) a melhor se defender, ou seja, a encontrar em si suas próprias defesas. Duas possibilidades surgem, voltaremos a este ponto, do mesmo princípio, podendo então ser postas em ação. Os mecanismos de defesa não funcionando a contento, o sujeito sofre, por exemplo, de um desequilíbrio hormonal que se desenvolve em um hipotiroidismo; então, a intervenção terapêutica terá por objetivo acelerar o processo funcional, administrando, por exemplo, hormônios ou vitaminas encarregados de compensar por estímulo uma carência fisiológica. Os mecanismos de defesa, pelo contrário, funcionando demais, as reações do indivíduo são exacerbadas (hipertensão, hipertiroidismo, hiperemotividade), e, desta feita, tratar-se-á de desacelerar seu excesso por uma intervenção sedativa cujo protótipo quimioterápico é o gardenal.

Evidentemente, como não se trata aqui de explicar o conjunto das práticas oriundas desse último modelo da cura, tomaremos apenas três exemplos: o domínio da imunologia; os trabalhos de Hamburger sobre o rim artificial; a acupuntura.

A *imunologia* é o estudo dos problemas resultantes de uma carência, ou seja, de uma insuficiência da função imunológica como, por exemplo, a estafilocoxia repetida entre crianças muito novas, bem como os problemas resultantes de uma reação imunológica forte demais (ou hipersensibilidade), que provoca o que hoje comumente chamamos de alergia. A terapia (ou imunoterapia) que é então administrada consiste em uma regulagem da intensidade das defesas imunológicas que se procura desacelerar ou, pelo contrário, estimular.

Os trabalhos de Hamburger sobre *o rim artificial* partem da seguinte constatação: enquanto que, em seu estado normal, o rim é capaz de corrigir um excesso ou uma falta de potássio (de sódio ou de magnésio) no sangue, em um grande número de afecções, ele não consegue, por si só, assegurar essa função. A terapia do rim artificial permite retificar esse desvio quantitativo, seja pela expulsão da dose de potássio em demasia, seja, pelo contrário, por meio de uma diálise, em que o acréscimo de potássio permite que seja suprida essa carência.

Se bem que não se fundamente em absoluto sobre as bases da fisiologia experimental do Ocidente, mas sobre o conhecimento dos centros "reflexógenos" (os famosos pontos de excitação), *a acupuntura* parte da mesma compreensão da doença e da cura: ela procura excitar uma energia positiva (o Yang) debilitada, ou seja, estimular uma carência funcional ou diminuir uma energia negativa (o Yin) que se tornou preponderante, isto é, a dispersar um excesso dessa energia através de agulhas de ouro (consideradas excitantes) ou de prata (consideradas diminuidoras e dissipadoras).

I. O modelo sedativo

O indivíduo desenvolve reações de defesa desproporcionais com relação a uma situação patogênica específica, ou reações de defesa que continuam a agir mesmo depois da causa da agressão ter cessado. A essas doenças por excesso de processos fisiológicos que acabam por exaurir literalmente a função, e até mesmo a totalidade do próprio indivíduo, o terapeuta responde com tratamentos que visam reequilibrar o organismo não pelo estímulo, mas pela inibição. Ele procura "aplacar", "diminuir", "estancar", prescrevendo "calmantes" tais como os soníferos, os antiespasmódicos, os emolientes (diminuir a inflamação dos tecidos irritados), os hipotensivos (fazer baixar a pressão arterial), os estupefacientes (provocar o entorpecimento dos centros nervosos), ou ainda os famosos tranqüilizantes que, como a clorpromazina, são terapias inibidoras de reações psicofisiológicas.

Não se pode deixar de objetar que esses tratamentos não são propriamente comandados por um modelo que pudesse ser qualificado de sedativo, pois são função das próprias doenças bem como dos doentes. Acreditamos, não obstante, por mais paradoxal que isso possa parecer, que existe uma opção terapêutica que visa, em todos os casos clínicos e para todos os doentes, combater um excesso e não estimular uma deficiência. Essa opção parece ter recebido os favores da medicina hipocrática e mais geralmente humoral, que procura provocar a eliminação dos "humores danosos". Ela se torna quase sistemática com Broussais que, atribuindo primazia etiológica à alteração por excesso, concebe a terapia como uma ação de sinal e sentido contrários — o purgante, a dieta e principalmente a sangria, que foi durante longo tempo o tratamento quase exclusivo de *todas* as doenças — ou ainda com Rasori e a escola italiana para os quais, toda patologia se originando de uma incitação demasiadamente forte, a medicação só poderia ser contra-estimulante. Em nossos dias, por fim, um certo número de psicoterapias optaram deliberadamente por um tratamento que, longe de estimular, desacelera: o relaxamento (J. G. Lemaire, 1964, M. Sapir, 1969), o treinamento* autógeno (Schultz, 1972) fundamentado no relaxamento respiratório e muscular, a sofrologia (Cherchève e Béranger, 1973) que visa provocar um nível de consciência chamado de "consciência sofrômica", situada entre a vigília e o sono, e todos os métodos fundamentados na meditação, que, como o ioga ou o zen, têm por objetivo favorecer o relaxamento do funcionamento mental, do ritmo cardíaco e o desligamento com relação ao meio ambiente.

II. O modelo excitativo

Desta feita, o tratamento ministrado é decididamente tônico. Ele procura provocar um estímulo do organismo ou da personalidade. Trata-se da utilização de plantas e medicamentos estomacais (= ativar a digestão), coleréticos (= ativar a produção de bílis), balsâmicos (= ativar as vias respiratórias), afrodisíacos (= estimular a atividade genésica), estrógenos (= ativar as funções sexuais da mulher), galactógenos (= aumentar a secreção láctea), hipertensores (= fazer subir a pressão sangüínea), bem como todos os biocatalisadores que têm por efeito acelerar as reações, e os desinibidores que, como a estricnina ou a cafeína, são excitantes do sistema nervoso. Convém também lembrar o lugar dos "fortificantes" na farmacopéia popular: prescrever uma alimentação "consistente", tônica e estimulante — vinhos quentes, caldos, café ao qual se acrescentam ovos batidos como em Lyon no começo do século, ou álcool forte como ainda se faz hoje em certos meios rurais; o famoso óleo de fígado de bacalhau de que muitos de nós ainda se lembram e que está sendo cada vez mais substituído por licores (licores caseiros, licores ditos "do padre"), considerados "reanimadores" e "reconstituintes".

Como anteriormente, temos o direito de nos perguntar se essas prescrições não estão exclusivamente ligadas a um grupo de doenças, mas também a um tipo de atividade que exige um grande esforço físico, como os trabalhos rurais, e também a um período do ano, como o inverno. Não

---

* Em inglês no original ("training"). (N. R.)

AS FORMAS ELEMENTARES DA CURA

estamos totalmente convencidos disso, pois achamos que em medicina também pode existir uma verdadeira opção excitante, independente tanto da sintomatologia quanto da etiologia. Além disso, durante longo tempo, tem-se tratado a maior parte das doenças pela desnutrição, uma vez que as medicações tônicas e estimulantes, agindo por acréscimo, prescrevendo principalmente uma superalimentação, são muito mais recentes e que, aliás, estão atualmente perdendo prestígio. Brown achava que, sendo a maioria das doenças de natureza "astênica", a ação terapêutica deveria ser essencialmente excitativa. Parece-nos igualmente que o procedimento psicanalítico, qualquer que seja a doença tratada, procede de um estímulo que visa uma reativação e não um relaxamento, e menos ainda um esquecimento do passado. Parece-nos, finalmente, que um certo número de psicoterapias que conhecem sucesso manifesto no Ocidente a partir de uns quinze anos atrás são claramente fundamentadas em um modelo estimulante (e também evacuativo). Examinemos sucessivamente as "terapias de inspiração reichiana", o "grito primal", bem como os "grupos maratona": trata-se, nos três casos, de liberar as emoções e os afetos reprimidos, ou seja, de ajudar a energia bloqueada a transpor as defesas do sujeito e a se exprimir.

Lembremos que, para Reich (1970), sendo a doença uma perturbação da função orgástica, a função do terapeuta é procurar uma descarga dos impulsos vegetativos, uma eliminação do fluxo energético, uma expulsão, poderíamos mesmo dizer uma explosão orgástica, que deve passar pela liberação das inibições. A bioenergia, fundada por Lowen (1977) dentro do movimento reichiano, consiste em uma expulsão das tensões do sujeito: o "potencial humano" reprimido, particularmente pelas convenções sociais, deve ser redescoberto por uma reativação da energia disponível do sujeito.

A terapia pelo grito ou "grito primal" (Janov, 1975) se insere na mesma perspectiva: o indivíduo deve literalmente fazer sair de si tudo o que foi reprimido nele, acreditando-se que essa profunda descarga emocional aja no sentido contrário aos condicionamentos e inibições ligados à sua educação.

A técnica do "grupo maratona", introduzida na França por Jacques Durand-Dassier (1973), e que é uma variante mais intensiva do grupo terapêutico, estende-se por dois dias contínuos sem o menor descanso. Nesta terapia, ela também psicotônica e desinibidora, o indivíduo, através de suas trocas com o grupo, é incentivado a descarregar-se e literalmente romper suas defesas[1].

MODELO SEDATIVO E MODELO EXCITATIVO

III. É possível sobrepor o par terapêutico do estímulo e da inibição ao par terapêutico do acréscimo e da subtração? E se trata realmente de uma dualidade de modelos?

Existe um parentesco, e até mesmo uma identidade, entre uma etiologia do aumento que apela para uma terapia da diminuição, ou uma etiologia da diminuição que apela para uma terapia do aumento, *e* uma etiologia de adição que apela para uma terapia subtrativa, ou, inversamente, uma etiologia da subtração que apela para uma terapia aditiva? Dito de outra forma, pode-se estabelecer uma equação pura e simples entre as representações da doença por falta e o modelo etiológico subrativo? Entre as representações da doença por excesso e o modelo etiológico aditivo? Entre as terapias excitativas e as terapias aditivas? Entre as terapias sedativas e as terapias subtrativas?

Parece realmente que as medicações tônicas favorecem o estímulo das funções orgânicas e dos processos de adição, como na administração de vitaminas e alimentos que reforçam, e que paralelamente as medicações contra-estimulantes são prescritas para favorecer os processos eliminatórios e são, portanto, capazes de agir por subtração (a eliminação dos "humores danosos" cara a Galeno ou a sangria cara a Broussais). Além disso, parece que nos dois casos (aditivo/subtrativo; excitativo/sedativo) não estamos realmente tratando com uma dualidade estrutural de modelos — como fizemos, por exemplo, nos pares, decididamente antinômicos, do ontológico e do relacional, do endógeno e do exógeno, do aloterapêutico e do homeoterapêutico — mas com *uma falsa simetria*, ou seja, com um *modelo único* que vai permitir ao médico tocar *o mesmo teclado terapêutico*, ora por adição, ora por extração, ora por estímulo, ora por atenuação. Por fim, o último ângulo de comparação que se impõe a nós advém do fato de que, *em suas formas elementares*, as terapias por adição-excitação ou por subtração-diminuição são mecanicamente alopáticas. Trata-se de responder à doença pelo seu contrário, ou seja, de fornecer ao organismo (ou à personalidade) uma medicação de caráter "anti", e, nessas condições, a medicina é efetivamente de uma extrema simplicidade.

Não obstante, aqui não chegamos sequer aos limites da analogia esboçada, pois, se existe uma relação privilegiada entre os tratamentos por atenuação e por expulsão, de um lado, e os tratamentos por junção e excitação, de outro, as terapias sedativas não se sobrepõem rigorosamente às terapias subtrativas, não mais que as terapias incitativas se sobrepõem às terapias aditivas. O sistema que aqui consideramos é, com efeito, comandado por uma opção decididamente *funcional*, enquanto que o outro sistema nos parece estar estruturalmente ligado ao modelo ontológico anteriormente estudado. No primeiro caso (acrescentar/diminuir), estamos diante de uma representação *monista* e *quantitativa* da doença e da saúde, em que o normal e o patológico são apreendidos como homógenos (é a concepção atualizada que encontramos no humorismo médico, na fisiologia moderna ou ainda na psicanálise). O segundo caso, pelo contrário (acrescentar/eliminar), insere-se no âmago de uma representação dualista e *qualitativa* do normal e do patológico, que são pensados, vivenciados e postos em ação não mais como um feito contínuo de graduação, mas como dois estados *heterogêneos* (trata-se da concepção do que se chamou no Ocidente de medicina "solidista" e, de maneira mais geral, de toda prática médica tributária de um modelo interpretativo em termos de ser ou de substância). A doença é então percebida como uma *capacidade de alteração*, e a prescrição médica consistirá em uma junção ou uma extração *qualitativa* como, por exemplo, o *transplante*, se a etiologia imputada é subtrativa, ou como a *ablação*, se a imputação causal é aditiva. Por outro lado, de vez que as representações patogênicas não são mais pensadas em termos de entidades, mas em termos de problemas relacionais ou funcionais (em hiper- ou em hipo-), ou seja, de *alteração* com relação ao que é considerado normal, a resposta terapêutica consistirá então em uma restauração *quantitativa*: ajudar a função a se livrar de um excesso, desacelerando-a, por exemplo, através de uma ação sedativa, ou em ajudar sua regulagem no outro sentido — se se tratar de uma doença não mais por excesso, mas por falta — através, por exemplo, de uma incitação excitativa (afrodisíacos, desinibidores quimioterapêuticos).

Tal compreensão da cura consistindo no jogo alternado dos estímulos e das inibições — levar o indivíduo doente a um eixo de equilíbrio agindo no sentido de uma diminuição ou de um crescimento de suas reações — remete às noções de incitabilidade de Brown, de irritação dos tecidos de Broussais, ou ainda de limite (psicológico ou social) de tolerância. Verificamos, portanto, que esse último modelo:

1?) leva a prática médica muito menos a fundo na busca das causas. Diagnosticar uma reação por falta (o enfraquecimento do sujeito, a diminuição e até mesmo a "perda" de suas "forças") não equivale em absoluto a distinguir o adversário, como na representação onto-etiológica da penetração virótica ou demoníaca;

2?) não é mais aquele do combate frontal contra o inimigo, o que nos leva a tornar mais abrangente a interpretação alopática esboçada na análise precedente. A doença, com efeito, não é mais considerada uma transformação radical, mas uma variação (fisiológica, psicológica, social); *ela não é mais uma perda ou uma invasão pelo outro, mas um excesso ou uma falta do mesmo.* E, correlativamente, o ato terapêutico não visa mais, nessas condições, perseguir um invasor, mas suprir uma falta, corrigir as reações do sujeito, levá-las a um ponto médio de equilíbrio, reforçá-las para fazê-lo superar sua doença, que não é mais que uma alteração com relação ao que é considerado normal[2].

Notas

1. A etnologia não pode deixar de se ressentir pelo fato de, contrariamente às "novas terapias" do tipo sedativo (cf. *supra*) que evocam e até mesmo se inspiram diretamente no oriente e em sua cultura de introversão, essas últimas evocarem muito mais a África e sua cultura de oralidade e extroversão.

2. Evocamos acima o que foram os dezessete últimos anos da vida de Marcel Proust, e parece-nos interessante deixar claro o uso — sucessivamente excitativo e sedativo — que ele fez dos medicamentos que enchiam seu quarto.

Proust, como já vimos, viveu a maior parte do tempo abrigado sob sete cobertores de lã e diversos acolchoados, e, quando se levantava à noite para trabalhar em seu escritório, enrolava-se em uma peliça dupla de cetim de cor malva, sempre tendo um vaporizador à mão. Ele associa, em uma terapia completamente aberrante, o recurso a uma medicação excitativa (a noite) e sedativa (o dia). Utiliza um tratamento anti-asmático (cigarros Espic, fumigações de pó Legras que contém datura, café e supositórios de teofilina) cuja associação não deixa de provocar uma hiperexcitação. Por fim, para ajudar a respiração, usa e abusa de comprimidos de adrenalina, que, certa vez, queimaram-lhe de tal modo a garganta que ele decidiu se alimentar durante vários dias seguidos apenas de cerveja batida e sorvete, que seu motorista ia buscar no Ritz.

Só conseguindo conciliar o sono, o que é compreensível, ao deitar-se pela manhã, o autor de *Em busca do tempo perdido* recorre então a doses maciças, e cada vez mais fortes, de soníferos: valeriana, trional e veronal. Mas, se precisa de uma terapia sedativa à base de narcóticos para combater a insônia, ele precisa de doses cada vez mais fortes de cafeína (até dezessete xícaras de café em seguida) e de adrenalina para ficar acordado e, nessas condições, encontrar forças para trabalhar em sua obra durante a noite.

5
A relação etiológico-terapêutica

Diversos casos podem ser apontados no estudo das relações teoricamente possíveis entre a interpretação etiológica e a prescrição médica.

1. É a representação etiológica que, com mais freqüência, comanda a representação terapêutica: entre nós, o diagnóstico determina a natureza do tratamento, da mesma forma que nas sociedades tradicionais a adivinhação induz o ritual a ser efetuado. Portanto, são os conhecimentos e as habilidades que determinam os poderes. Para intervir eficaz e duradouramente, acredita-se, com efeito, que é preciso conhecer, de início, a causa da doença. Esse processo lógico — que consiste em identificar e designar com clareza o adversário, a torná-lo nominalmente responsável pela doença — é de longe, evidentemente, o mais tranqüilizador tanto para o espírito humano quanto para o grupo social. Nós o encontramos, ao mesmo tempo, na medicina científica contemporânea (voltaremos a este ponto mais detalhadamente), na sensibilidade médica da maioria dos doentes, nos provérbios, bem como entre terapeutas não diplomados, como o célebre Raspail, que infuenciou os comportamentos médicos de várias gerações e que nos diz: "A causa descoberta significa que o inimigo está descoberto; então, podemos combatê-lo com conhecimento de causa."

2. Mas a prática médica está longe de sempre obedecer ao esquema da anterioridade do conhecimento das causas que levam à pesquisa e à determinação do remédio apropriado. Encontramos, igualmente, o caso inverso: o modo de representação etiológica é comandado pelo próprio ato terapêutico. Com freqüência, com efeito, a ação médica é anterior à pesquisa das causas. O médico conhece a eficácia de um medicamento, mas pouco ou nada conhece de seu processo de ação, e ainda menos da causa da doença que ele está tratando. Vamos ainda mais longe: é *porque* procuramos curar que procedemos preferencialmente a uma localização e a uma objetivação da doença e que construímos a representação da agressão patogênica, sempre muito mais tranqüilizadora que quando nos orientamos pela atribuição da responsabilidade no "campo".

AS FORMAS ELEMENTARES DA CURA

É importante enfatizar até que ponto a imensa maioria dos médicos que encontramos são *práticos* no estrito sentido do termo, e até mesmo *pragmáticos*, mas raramente teóricos. Eles prescrevem com freqüência tratamentos vários, sem ter um conhecimento exato das causas da doença e são obrigados, todos os dias, a tomar decisões, por vezes cruciais, antes que estejam perfeitamente comprovados os processos dos medicamentos utilizados.

Observemos, por fim, que, paradoxalmente, esta forma de inversão da relação etiológico-terapêutica é talvez mais acentuada em nossos dias que há cinqüenta anos. O médico mais antigo era essencialmente um clínico. Sua credibilidade dependia principalmente da sua capacidade de realizar o que se chamava de "um bom diagnóstico". Ora, o que caracteriza o especialista de hoje (pelo menos no que se refere à maneira pela qual ele é percebido pelos doentes) é menos o poder do diagnóstico que o do tratamento, e mais precisamente do tratamento de vanguarda, do impacto da última inovação.

3. No caso anterior, se a causalidade não estava claramente demonstrada, não deixava de ser menos pressentida ou procurada, e, uma vez encontrada, era ela que vinha retroativamente confirmar a legitimidade da operacionalidade terapêutica. Ora, existem casos em que nos encontramos diante de uma independência total entre o conhecimento e a prática, entre a etiologia e a terapia. Então, é impossível identificar um sistema global formado pelo conjunto etiológico-terapêutico. Não há mais nenhuma outra relação de causa e efeito ou de homologia entre, de um lado, a imputação etiológica, que pode ser da ordem do diagnóstico, da semiologia ou da adivinhação, mas sempre da leitura, da decodificação ou da interpretação, e, de outro, a terapia, que é da ordem da intervenção. Vários casos podem ser aqui identificados. Vamos nos ater a dois deles.

Uma representação terapêutica aditiva pode muito bem ser independente de uma etiologia subtrativa ou mesmo de uma etiologia qualquer. É, por exemplo, o que se passa na peregrinação a Saint-Sabin, à qual se recorre hoje por razões essencialmente preventivas (prevenir e impedir o surgimento do mal no campo doméstico e social do indivíduo) e quase não mais curativa (remediar uma patologia particular como, até o início do século, o retardamento motor e as dificuldades de locomoção das crianças).

A uma representação exógena da doença nem sempre responde uma exterioridade da cura; ou seja, uma endoetiologia não evoca necessariamente, por si mesma, uma endoterapia. Assim, em *Les rêveries du promeneur solitaire*, Rousseau interpreta os males que o afetam como um ferimento vindo dos outros (= exogeneidade), enquanto representa seu processo de cura como só podendo partir dele mesmo.

4. Finalmente, podem existir, como veremos, situações em que vários modos de resposta terapêutica são possíveis a partir de uma única determinação etiológica.

Parte IV

A doença e o sagrado, a medicina e a religião, a cura e a salvação: da antropologia médica à antropologia religiosa

1
O esclarecimento não simultâneo do mesmo fenômeno. Deslocamento metodológico: dos processos etiológicos-terapêuticos propriamente ditos à questão do porquê da doença

Nesta última parte, propomo-nos a reconsiderar o conjunto do campo temático que foi estudado a partir da antropologia médica, fazendo variar seu esclarecimento. Enquanto, na leitura precedente, propusemo-nos a esclarecer os processos etiológico-terapêuticos, agora tentaremos situar-nos além das interpretações e das reinterpretações desses processos (*como* fiquei doente e *como* vou me curar); deslocaremos a questão das causas propriamente ditas para as razões últimas provocadas. Ou seja, situar-nos-emos ao nível do *porquê* da doença, e veremos que são as diferentes respostas a essa questão que vão fazer surgir a relação estreita entre a saúde e a salvação e colocar sob um novo ângulo o problema das relações possíveis entre o indivíduo doente e a sociedade. Então, munidos dessa nova perspectiva, procederemos ao reexame dos dois grupos de representações analisadas anteriormente.

Mas convém, primeiramente, antes de avançarmos nessa investigação, que nos questionemos quanto à pertinência científica da divisão espontânea da etnologia realista que postula a distinção de um objeto que se originaria na antropologia médica e de um outro que se originaria na antropologia religiosa. O que deve ser posto em questão, ao nosso ver, é que essa distinção operada por uma compreensão eminentemente etnocêntrica é, na maior parte do tempo, transportada e transposta tal e qual para aquilo que se acredita ser a ciência. O que implica, por outro lado, uma estrita epistemologia da pluridisciplinaridade, articulando a pesquisa em antropologia médica e a pesquisa em antropologia religiosa; não é simples adição de duas disciplinas que se apropriam dos campos temáticos, ou seja, de "territórios" pré-construídos empírica e ideologicamente isolados, mas o esclarecimento sucessivo de um duplo procedimento di-

DA ANTROPOLOGIA MÉDICA À RELIGIOSA

ferenciado com relação ao mesmo fenômeno[1]. É surpreendente constatar que o que tal pesquisador considera um ritual religioso será estudado por outro como uma prática médica e vice-versa. É ainda mais surpreendente perceber — o que não se trata de mero acaso —, para qualquer pessoa que efetue, como é o nosso caso, pesquisas em etnomedicina e etnopsiquiatria, que é sob o rótulo de "religião" e não de "etnologia" do *Bulletin signalétique* do Conselho Nacional de Pesquisas Científicas (C. N. R. S.) que encontramos o maior número de referências. Tomemos o exemplo de uma peregrinação a um santo curandeiro como a que vimos estudada sob a forma de um filme etnográfico (*Aller à Saint-Sabin*, 1981) e à qual voltaremos em breve: se nos colocamos do ponto de vista da antropologia religiosa, o culto de Saint-Sabin é uma cerimônia religiosa de dimensão terapêutica. Mas, se nos colocamos do ponto de vista da antropologia médica, trata-se de uma terapia popular que se exprime através de um discurso religioso. De fato, todo fenômeno, quer se apresente ostensivamente religioso (uma peregrinação, um rito de proteção individual ou coletiva) ou como declaradamente médico (uma intervenção cirúrgica), é sempre um "fenômeno social total" que demanda o esclarecimento de vários procedimentos sucessivos: o da antropologia médica e o da antropologia religiosa, mas também da antropologia política, econômica..., dos quais convém, a cada vez, articular as pertinências ou, como diz Devereux, a "rentabilidade" respectiva.

No estudo das relações possíveis entre a doença e o sagrado, a medicina e a religião, a saúde e a salvação[2], dois casos exemplares podem, já de início, ser observados.

O primeiro se refere a situações terapêuticas nas quais aquilo que *nós* indicamos por religioso e o que chamamos de médico estão estreitamente ligados. De fato, é o que acontece na imensa maioria das práticas utilizadas em medicina popular: o conjunto dos ritos de proteção, as peregrinações e as "viagens" aos santos curandeiros, o recurso aos "panseurs de secrets" detentores de fórmulas em que entram o Diabo e Deus, mobilizam significados explicitamente religiosos. O mesmo acontece com relação, ainda que em níveis diversos de profundidade de envolvimento, ao recurso às plantas cujas diferentes utilizações estão longe de poder ser explicadas pelas propriedades estritamente médicas que lhes são atribuídas.

Nesse grupo de práticas, a interpretação religiosa não só está presente, mas também manifesta e reivindicada pelos próprios atores sociais. A tarefa da antropologia, que não se satisfaria com a redundância "erudita" dos modelos "populares" construídos pela própria cultura, ou seja, "feitos em casa", segundo a expressão de Lévi-Strauss, consiste, portanto, não tomar ao pé da letra o que é dito mas, pelo contrário, em procurar o que não é dito: os riscos sociais e econômicos, principalmente, das práticas e dos discursos religiosos veiculados e manipulados.

O segundo caso, que vai agora mais longamente merecer nossa atenção, se apresenta como rigorosamente inverso com relação ao precedente. A função médica, desligada da função religiosa, assume uma autonomia relativa e, depois, total com relação a essa última, tornando-se uma prática específica e especializada[3]. A eventual dimensão religiosa (da medicina), seja sob forma residual, seja sob uma nova forma, não é absolutamente percebida pela sociedade, tanto da parte dos que são curados quanto da parte dos que curam, os quais afirmam que são apenas praticantes de uma ciência neutra e objetiva, e nada mais.

A leitura das histórias da medicina no Ocidente pareceu-nos particularmente interessante desse ponto de vista. Todas as que consultamos — com exceção de apenas uma, Lichtenthaeler, 1978 — descrevem o longo percurso que vai do obscurantismo pré-hipocrático até o surgimento da "ciência médica" fundamentada na objetivação de desarranjos do corpo. O que mostram as obras em questão é que o fundamento do conhecimento médico consistiu historicamente em uma lenta *desimplicação* do *mal,* oriunda de uma concepção sacra ou filosófica do homem, e da *doença,* por fim encarada em sua positividade naturalista. Assim, em *Naissance de la médecine* (1981), o eminente psiquiatra que foi Henry Ey põe em evidência o que considera o preâmbulo epistemológico de todo pensamento médico digno desse nome: "arrancar" a doença da religião, da filosofia e das ciências humanas a fim de resgatar uma "ordem natural". O livro é uma exposição das "dificuldades epistemológicas com as quais sempre se chocou e ainda se choca o esforço dos médicos para separar seu conhecimento do corpo e de seus males da mitologia que os dilui na simbologia de suas representações, ou seja, a problemática do Mal" (p. 3). Henry Ey escreve principalmente que:

A verdadeira Medicina se separa da falsa, ou mágica, ou mitológica, ou sacerdotal, pseudo-medicina, da mesma forma que a doença real deve ser distinguida da doença imaginária (...). O advento da Medicina consiste na desmitificação dessa parte do Mal que, na antimedicina, mitologizava a doença. (p. 78)

Convém, em nossa opinião, tomar ao pé da letra tais propostas, pois elas correspondem exatamente ao processo de encravamento do pensamento médico "científico" em seu desejo de se libertar do pensamento "não científico", por um ato de diferenciação consumada (que é seu próprio fundamento) entre o que advém do mal biológico e o que advém de outros males. Além disso, o que chamamos de "progresso" da "ciência médica" consiste em uma emancipação com relação às crenças metafísi-

DA ANTROPOLOGIA MÉDICA À RELIGIOSA

cas, às especulações filosóficas e às interrogações psicológicas, mas também com relação ao social e principalmente — é o que nos interessa aqui — às etiologias sociais que atribuem a causa presumível da doença ao religioso.

A esse propósito, é interessante observar que essa clivagem da natureza e da cultura não constitui o único fato do conhecimento médico moderno. Assim, a maioria dos etnólogos que estudam as terapias tradicionais procedem quase sempre, a exemplo dos médicos, à ventilação dualista de dois campos de conhecimentos:

o empírico	o simbólico
a farmacopéia e as técnicas médicas	os rituais
a etiologia natural	a etiologia mágico-religiosa
o "saber especializado"	o "saber comum" (proposto por A. Epelboin)
a medicina erudita	as medicinas "profanas" (proposto por S. Genest)
o campo do biomédico	o campo do sociomédico
disease	*illness* (Fabrega)
o racional	o irracional
a doença	o mal e a desgraça
o orgânico	o psicológico e o social

Do ponto de vista da "ciência médica" (que é preciso entender como o ponto de vista informado pelo modelo epistemológico biomédico que procura explicar a si mesmo, excluindo o modelo sociomédico ou o absorvendo), unindo-se ou, mais exatamente, sobrepondo-se:

as "doenças verdadeiras"	as "doenças imaginárias" ou "falsas doenças" (H. Ey)
a verdadeira medicina como "ciência da natureza" e "saber objetivo" sobre o corpo, por fim desembaraçado de sua "gangue mágico-religiosa"	"os charlatães", as explicações "arqueológicas", "sobrenaturais" e "míticas", o "infantilismo das práticas supersticiosas" (H. Ey)

Em resumo, de um lado, um saber "mitológico" (H. Ey, p. 78) leve e ambivalente e, de outro, o saber "objetivo" do naturalista médico. Entre os médicos, essa série de oposições consiste em uma emancipação progressiva da coluna da esquerda com relação à da direita e em uma "dico-

O ESCLARECIMENTO DO MESMO FENÔMENO

tomização" hierárquica dos termos em presença (com uma inversão possível entre os médicos desiludidos que, como já vimos, podem se tornar, como os stalinistas arrependidos, os maiores adversários da ortodoxia que haviam abraçado); entre os etnólogos, pelo contrário, tende-se a privilegiar (pelo menos como objeto de estudo) tudo o que se situa na coluna da direita. Mas, nos dois casos, que advêm de uma mesma concepção da doença (*sickness*), o que está em operação é um único e mesmo processo ideológico: o dos preconceitos não críticos do observador ocidental, ou seja, um etnocentrismo, deliberado entre a maior parte dos médicos que encontramos, inconsciente entre muitos etnólogos, o que nos parece infinitamente mais grave.

De fato, e é uma crítica que formulamos principalmente contra nosso próprio esboço de tipologia da medicina popular (cf. F. Laplatine, 7, 28), não existem práticas puramente "médicas" ou puramente "mágico-religiosas", mas, no máximo, recursos distintos, de resto raramente antagônicos, e é sobretudo difícil, se não ilusório, pensar que apenas a coluna da esquerda de nosso quadro adviria do "médico" com relação à da direita que seria, *ipso facto*, ligada ao "religioso". Encontramo-nos, pelo contrário, quase sempre em presença de dois níveis interpretativos estreitamente ligados: uma interpretação concernente aos processos etiológico-terapêuticos, uma interpretação concernente à questão do sentido e do porquê, a qual não cessa de aparecer do ponto de vista biomédico como uma duplicação inútil da problemática causal.

O trabalho do antropólogo ocidental, confrontado com sua própria sociedade, consiste então em mostrar que a relação privilegiada da doença e do sagrado é uma conseqüência inelutável da relação indefectível da doença com o social. Ora, há várias maneiras possíveis de se pôr em evidência a *relação da doença com essa forma de expressão totalizante do social que é o religioso*.

A primeira consiste em estudar as respostas simultaneamente interpretativas da desgraça social e da desordem biológica, pelas quais o grupo reage ao que considera a calamidade absoluta. Foi o que tentamos fazer em nosso livro *Les trois voix de l'imaginaire* (As três vozes do imaginário), optando deliberadamente por nos atermos apenas às três formas extremas da revolta coletiva: a possessão, o messianismo e a utopia, que nos pareceram ser as três maneiras universais à disposição de uma sociedade para representar a adversidade e promover, através de três tipos de práticas simbólicas, ao mesmo tempo a *saúde* do indivíduo e a *salvação* do grupo.

Podemos igualmente perceber reconhecimentos do médico e do religioso quando o indivíduo passa pela experiência de uma afecção que desconcerta literalmente sua existência (cf. sobre este ponto o que nos ensi-

217

nou o estudo da literatura romanesca), ou quando a cultura, como é o caso hoje no Ocidente, vive uma crise de seus fundamentos: parece-nos, então, possível detectar o sagrado, fora das próprias instituições que ontem ainda mantinham seu monopólio e sua gestão.

Por fim, existe, em nossa opinião, uma terceira maneira de pôr em evidência a doença como caso particular da desgraça social e a saúde como caso particular da obtenção da salvação: trata-se — e vamos dedicar o próximo capítulo a isso — do estudo da medicina popular para o qual aquilo que o pensamento racional historicamente se empenhou com tanta dificuldade em desvincular não voltou a se juntar, mas de fato nunca esteve separado. O estudo da medicina popular — que não funciona retirando apenas seus materiais da coluna da direita do nosso quadro — vai nos permitir captar, na sua forma mais nítida, exatamente aquilo que foi encoberto pela medicina positivista — a qual jamais conseguiu limitar-se às proposições da coluna da esquerda.

Notas

1. Cf. mais uma vez G. Devereux, em particular 1972, pp. 9-21, bem como H. Selye, que mostra que uma das condições de toda descoberta científica consiste em "observar as coisas sob um ângulo novo que faça com que cintilem suas facetas ocultas" (1954, p. 424).
2. Observemos que a raiz indo-européia *san* (= conservação de si mesmo) deu, ao mesmo tempo, sanitas (= a saúde) e salvatus (= a salvação).
3. É de capital importância observar que apenas as sociedades ocidentais procederam historicamente a essa separação. Da mesma forma, a representação da doença individual suscetível de ser isolada e interpretada como a morbidez específica de um indivíduo em particular é, pelo que sabemos, única no campo etnográfico de todas as sociedades conhecidas.

2

O estudo da medicina popular como revelador da relação da doença com o social por intermédio do religioso

I. A medicina popular como revelador da questão do sentido da doença

Se o caráter aqui biológico, ali social, lá psicológico, não muda, como vimos anteriormente, a especificidade das representações que pertencem a um mesmo conjunto teórico, a questão que se coloca agora é saber o que realmente distingue as terapias oficiais das terapias populares (ou tradicionais)[1]. Não é, como se diz geralmente, a posição social do que cura — pois os curandeiros tradicionais são investidos por seu grupo de um poder exorbitante, por vezes mesmo superior àquele creditado ao médico diplomado. Também não é o fato de que o doente que se dirige a um curandeiro retome uma autonomia que lhe é efetivamente confiscada pela medicina moderna. Tendo freqüentemente assistido a consultas dessa natureza, podemos atestar que o doente se vê aí tão despojado do significado individual de sua doença quanto nas consultas oficiais. A idéia de que o paciente aí seria "responsável" está totalmente ausente das práticas em questão, que são, pelo contrário, fundamentadas em uma dependência total do "paciente" em relação à pessoa que cura, a qual com freqüência declara ao final de uma consulta: "não se preocupe com nada, tenha confiança em mim". Vamos mesmo mais longe e afirmamos que esses recursos terapêuticos são tanto mais eficientes quanto o doente aceita receber do exterior um conteúdo cultural ao qual adere sem restrição.

O que, pelo contrário, caracteriza as medicinas populares, sem falar do papel do contato e da proximidade física de quem o cura em um quadro familiar ("tocando" em você) e do caráter abrangente da percepção da doença (a totalização homem-natureza-cultura, que se opõe à tendência à dissociação do homem, da natureza e da cultura, cujo corolário é a hiper-especialização) e da terapia, é *sobretudo* a imbricação estreita da questão do *como* etiológico-terapêutico e de uma *interrogação sobre o*

DA ANTROPOLOGIA MÉDICA À RELIGIOSA

porquê associada à subjetividade do doente. Enquanto a intervenção médica oficial pretende apenas fornecer uma explicação experimental dos mecanismos químico-biológicos da morbidez e dos meios eficazes para controlá-los, as medicinas populares associam uma *resposta integral* a uma série de insatisfações (não apenas somáticas, mas psicológicas, sociais, espirituais para alguns, e existenciais para todos) que o racionalismo social não se mostra, sem dúvida, disposto a eliminar. O que constitui o sucesso e a perenidade dessas terapias (e que nos permite também perceber mais nitidamente o que é negado pela medicina erudita) é o fato de o indivíduo doente jamais chegar a *se conformar* com a questão do porquê (por que me encontro neste estado e por que eu?) de sua doença. Essa interrogação, considerada pela ciência médica e pelas ciências impregnadas do positivismo lógico como coisa menor com relação ao discurso científico e uma excrescência monstruosa do pensamento é, em nossa cultura, a própria expressão de um *refugo social* singularmente agitado cuja existência podemos ignorar, mas que não cessa de ressurgir, particularmente quando a sociedade duvida de si mesma e quando o indivíduo atravessa uma crise.

A fim de estudar as relações privilegiadas que são mantidas entre a medicina e a religião, a doença e a sociedade, propomo-nos partir de um exemplo etnográfico preciso: o fenômeno que consiste em "ir a Saint-Sabin", que designa, ao mesmo tempo, o fato de se partir em peregrinação a um dos cumes do maciço do Pilat (situado ao sul do departamento do Loire), onde se efetua uma série de devoções ao protetor da região, e o fato de se consultarem os curandeiros da região — os "reparadores" — também chamados, às vezes, de "Saint Sabin" (São Sabino).

1º) *São Sabino protetor.* Existem diversas narrativas sobre a lenda de São Sabino. Em uma delas, ele foi um padre italiano que viveu no século IV de nossa era e atravessou o Pilat como eremita. Em outra, foi um trabalhador da região de excepcional bondade e que, por seus méritos, foi tocado pela graça divina. Outra versão nos conta ainda que, enquanto ele trabalhava na construção de uma capela, seu martelo escapou-lhe das mãos, voou pelos ares e foi cair no topo de Saint Sabin, onde o edifício foi finalmente construído. É precisamente aí, a 1.120 metros de altitude, em um sítio grandioso dominando o vale do Rhône e uma parte da região ardéchois, que a cada segunda-feira de Pentecostes afluem do conjunto do Pilat e das regiões vizinhas peregrinos de todas as idades, que vêm render homenagem a São Sabino e pedir sua proteção. Pela manhã, depois de percorrer, em sua maioria, vários quilômetros a pé, um pequeno número de peregrinos, homens em sua maior parte, começam a chegar às proximidades da capela. Eles colhem uma erva encontrada

O ESTUDO DA MEDICINA POPULAR

nos arredores, a "alchemille", também conhecida como "erva de São Sabino", e fazem com ela um buquê, que será abençoado pelo padre quando da celebração da primeira missa na capela por volta de sete horas. Ao término dessa missa, os peregrinos se dirigem à estátua de São Sabino situada à esquerda do altar, beijam os pés da imagem, esfregam-na com o buquê de ervas e depositam uma moeda. À esquerda do altar, uma segunda estátua representando Santa Sabina não recebe qualquer tipo especial de devoção. Diante de uma assembléia muito mais importante e notoriamente mais familiar, desta feita vinda de automóvel, por volta de onze horas, na parte baixa da capela, uma segunda missa é celebrada, durante a qual a erva de São Sabino será igualmente abençoada. Por fim, contrastando com a cerimônia pública em presença do clérigo, que se esforça por integrar, não sem dificuldade, o culto profilático a São Sabino ao cristianismo do Concílio Vaticano II, reorientando-o em um sentido mais acentuadamente pastoral, desenvolve-se ao longo de toda a manhã um ritual de caráter muito mais clandestino, ignorado pela maioria dos peregrinos presentes. Sobre o aparador da sala de jantar privada do albergue vizinho, encontra-se, com efeito, um relicário, bem como uma terceira estátua também contendo relíquias. Francamente mais antiga que as duas anteriores, ela representa São Sabino com ambos os braços cortados. Essa estátua, que era levada em procissão, ainda há alguns anos, pertence à família dos albergueiros, transmitida de geração a geração. Quanto ao ritual propriamente dito, se é rigorosamente idêntico ao da capela — beijar o santo, esfregá-lo com o buquê de ervas, depositar uma moeda a seus pés —, ele agora só concerne a um pequeno número de fiéis e se desenrola à revelia do padre.

As práticas que acabamos de descrever são a expressão reiterada de um pacto assinado entre um personagem legendário e um território, que lhe assegura esse suplemento de força e saúde, esse acréscimo de energia de que se vai precisar durante o ano. São Sabino é o protetor dos que crêem nele e vivem em sua área geográfica de imunidade. Além disso, "ir a Saint-Sabin" é tomar um certo número de precauções para conservar a força de trabalho, fertilizar as colheitas, impedir as calamidades (seca, tempestades), proteger, em suma, a existência dos moradores de uma casa e em particular proteger o gado: o buquê de erva de São Sabino, que é o prolongamento do poder do santo, fica pendurado durante um ano nas portas dos estábulos ou é misturado à forragem.

2?) *São Sabino curandeiro: uma família de "reparadores"*. Também existe uma outra maneira de "ir a Saint Sabin" que nos leva a ocuparmo-nos do destino apaixonante de uma família de curandeiros do Pilat designados precisamente por "São Sabino". Durante a revolução de 1789, um

DA ANTROPOLOGIA MÉDICA À RELIGIOSA

padre rebelde pediu asilo a um agricultor chamado Odouard. Em agradecimento, legou o único bem que possuía — o dom da cura — a um bebê de colo. A criança cresceu, casou-se, teve vários filhos e transmitiu esse dom a um deles, Laurent, que o pôs em prática. Laurent conheceu então um imenso sucesso terapêutico que não cessou de se ampliar. Curandeiro geral e mais particularmente "reparador", ou seja, tratador empírico de luxações, fraturas e entorses, bastava-lhe, conta-se, *tocar* a parte sofredora do corpo ou o membro atingido para que quem o consultasse reencontrasse a saúde. Seu renome foi tão grande que acabou por ser perseguido pela justiça, por exercício ilegal da medicina. No dia da audiência, como se conta até hoje no Pilat, a sala estava repleta de gente. Trouxeram-lhe um cofre contendo um esqueleto desmontado e pediram-lhe, para comprovar seus conhecimentos anatômicos, que o reconstituísse. Depois de examiná-lo atentamente, Laurent teria exclamado: "Eu o reconstituirei inteiramente quando me trouxerem a falange do dedo mínimo que está faltando." Conta-se ainda que, enquanto os jurados estavam em deliberação, a sala ficou "em polvorosa" e só se acalmou depois de clamar "Viva São Sabino! Abaixo os médicos!". Laurent Odouard, também chamado de "Pai Laurent", terminou sua vida como homem piedoso e caridoso, admirado por todo o povo. Quando morreu em 1887, como testemunho de numerosas curas realizadas com total desinteresse financeiro, uma subscrição pública foi aberta em toda a região a fim de erigir um monumento sobre o qual há uma estátua que o representa e onde se pode ler:

"Ao benfeitor da humanidade
Seus concidadãos reconhecidos."

Seu filho Jean-Marie o sucedeu. Ele morreu nove anos mais tarde a algumas centenas de metros de Saint-Sabin, quando voltava de uma fazenda aonde fora chamado para curar uma criança. Em sinal de gratidão por seu devotamento e sua competência terapêutica, edificou-se uma cruz sobre uma inscrição gravada na pedra lembrando "Jean-Marie Odouard, dito São Sabino, benfeitor da região do Pilat". Dois de seus filhos também se tornaram curandeiros. Não tiveram a imensa reputação do pai e ainda menos a de seu avô, mas conheceram, não obstante, reais sucessos e foram tidos em alta estima pelos habitantes do Pilat. Hoje, entre os últimos descendentes dos "Laurent" ou "São Sabino", um deles, muito conhecido em toda a região, exerce a profissão de curandeiro. Instalado em um consultório e, contrariamente a seus antecessores, cobrando honorários, ele associa ao dom familiar técnicas menos tradicionais como a radiestesia. Esclareçamos, por fim, que a transmissão do dom se efetua de homem para homem, excluindo em princípio as mulheres, enquanto que parece se enfraquecer ao passar de uma geração a outra.

O ESTUDO DA MEDICINA POPULAR

II. A medicina popular como reveladora da relação entre a religião e a medicina

Gostaríamos de insistir na estreita imbricação entre as duas séries de práticas — a "reposição" e a "reparação" — que não constituem uma simples superposição, mas dão lugar a uma identificação que culmina na expressão "ir a Saint-Sabin", mostrando que a religião popular e a medicina popular são uma única e mesma coisa. Observemos, de início, que o duplo fenômeno, ou antes o aspecto mágico-religioso e o aspecto médico-mágico do mesmo fenômeno, encontra seu fundamento numa origem bastante similar, uma vez que advém do que poderíamos chamar de o sagrado proibido: o culto religioso de São Sabino tem início com o martírio dos bispos cristãos perseguidos no Ocidente nos primeiros séculos de nossa era, enquanto que a prática médica dos "São Sabino" remete à época em que os padres rebeldes eram perseguidos por suas convicções. Obervemos, em seguida, que a crença em São Sabino protetor ou em São Sabino curandeiro se inscreve em uma mesma perspectiva de resistência ou mudança social. É no século XIX, quando os camponeses franceses começam realmente a ser medicalizados e a Igreja desenvolve suas missões entre eles, que surge uma geração de terapeutas ilegais. Por fim, gostaríamos de mostrar — o que é o mais importante — que a memória popular é seletiva e só retém o que lhe convém. Ela confunde sob uma mesma denominação o grupo de bispos chamados São Sabino ou São Savino — certas fontes mencionam quatro deles —, reúne sob uma mesma denominação o conjunto de filhos da família Odouard, todos virtualmente curandeiros — os "São Sabino" —, em seguida estabelece um parentesco fictício entre a família dos São Sabino protetores e a família dos São Sabino curandeiros, em suma, produz um corpo de lendas que, a cada época, se enriquece de imagens selecionadas dentre as preocupações cotidianas das pessoas.

1) A origem social, as qualidades morais e o renome popular do bispo cristão e de Laurent Odouard são tão idênticos para o imaginário popular, que os dois personagens são associados sob a figura genérica do herói do grupo, ou seja, do ancestral exemplar benfeitor da região. 2) Laurent é um simples agricultor que nos lembra que São Sabino foi um modesto trabalhador. 3) Se a vida do primeiro — nascido em Saint-Sabin — não chega ao martírio, é, contudo, pontuada por provas e dificuldades, principalmente por perseguições jurídicas por exercício ilegal da medicina, que ele consegue superar sempre, obtendo com isso um grande prestígio. 4) Mas a comparação está longe de parar aí. Apela-se, seja a título de profilaxia no caso da "reposição", seja a título de terapia no caso da "reparação", para um ritual de contato. Basta, com a condição

de acreditar nisso, que se *toque* a estátua do santo para assegurar à sua propriedade, e em particular a seu gado, a proteção por um ano, da mesma forma que basta ao "São Sabino" *tocar* com as mãos a parte doente para que a pessoa se cure. 5) Os dois grupos de práticas empregam a noção capital de "viagem" (cf. F. Laplantine, 34), que também designa o fato de se fazer a peregrinação. Vem-se de muito longe, dos montes do Forez, do Vivarais, da margem do Rhône (Ródano) na região de Dauphine* e até mesmo de Lyon, invocar São Sabino protetor, como se vem de muito longe consultar São Sabino curandeiro. 6) A comparação poderia ser levada até seus últimos limites. Tomemos a dominante masculina do fenômeno. O dom inicialmente transmitido por um padre a um menino circula na família Odouard por transmissão masculina. Ora, surpreendeu-nos, quando da peregrinação, o fato de Santa Sabina, embora presente na capela, não receber qualquer atenção, não lhe sendo atribuído nenhum poder. Observemos também que a grande maioria dos fiéis presentes à primeira missa são homens. 7) Finalmente, o que mais atraiu nossa atenção foi o caráter popular, ou seja, "não erudito" das práticas em questão. A demanda profilática dirigida a "São Sabino" é decididamente marginal com relação à medicina científica oficial. Assim, "ir a Saint-Sabin" é afirmar de uma só voz, que exprime uma vingança do popular sobre o erudito e do territorial que particulariza sobre o universal: nosso bom santo deu-nos suas provas, não deixemos de honrá-lo e de tirar partido de seu poder; um simples camponês de nossa terra pode nos curar quando os médicos de Lyon falham!

III. A medicina popular como reveladora da relação entre a doença e a sociedade

Mas ainda há mais no fato de se "ir a Saint-Sabin". Forjando *uma mesma expressão ao mesmo tempo interpretativa da desgraça social e da desordem biológica*, os habitantes do Pilat e seus arredores unem aquilo que a ciência médica e, muito mais tardiamente, o saber religioso esforçam-se ambos por separar.

O cristianismo moderno, com efeito, confirma uma separação inequívoca entre a saúde e a salvação em benefício dessa última, abandonando, por assim dizer, os corpos à medicina para apenas se ocupar das almas. Por outro lado, sua mensagem universalista tende a privá-lo desse apoio que é a terra e em particular da dimensão cósmica da vida campesi-

---

* Antiga província francesa. Foi dividida em várias regiões como Alta Província, a região do Ródano e alguns afluentes. (N. R.)

O ESTUDO DA MEDICINA POPULAR

na cotidiana considerada no ciclo do trabalho agrário. Quanto à medicina erudita, ela se constitui, como já vimos, em ciência objetiva pela libertação e pela autonomização do biomédico, através da emancipação crescente com relação ao social e em particular a esse aspecto do social que é o religioso. Do ponto de vista da religião pós-conciliar e da medicina contemporânea, ao unir São Sabino curandeiro e São Sabino protetor em um mesmo fervor, a memória popular dos habitantes do Pilat confunde aquilo que devia ser separado. Mas a religião pós-conciliar, ao assim proceder, mantém uma dupla ilusão: a ilusão da extraterritorialidade social do próprio discurso religioso, a ilusão de que é possível anunciar a salvação sem nela incluir a saúde. Quanto à medicina contemporânea, se ela progride (o que é inegável) pela despersonalização dos agentes patogênicos mágico-religiosos (divindades, gênios, feiticeiros), é ao preço de uma descontextualização cultural da doença e de uma ocultação da ligação do doente com sua sociedade.

Ir a "Saint-Sabin", nos dois sentidos que o termo admite, nos permite, pelo contrário, captar de modo notável a relação estreita entre o doente e seu grupo, entre a doença e o sagrado, entre a medicina e a religião, entre a saúde e a salvação. A dupla série de práticas, que na verdade são uma só, age como um revelador daquilo que o saber religioso e, ainda mais, a ciência médica dissimulam. Porque, indo a Saint-Sabin, aprendemos que a doença não pode ser reduzida à sua única dimensão anatômico-fisiológica, que ela não pode ser isolada da cultura, que ela faz parte de outros ritmos de equilíbrio, que ela se inscreve no âmago de outras lógicas da desgraça, em suma, que ela não advém da biomedicina apenas, mas também da etnomedicina.

Agora, pode-se, sem dúvida, avaliar melhor o interesse propriamente antropológico da medicina popular considerada não apenas como campo de investigação a analisar e a criticar, mas como autêntico saber que permite, por pouco que o saibamos interrogar, esclarecer aspectos inteiros de nossa medicina oficial. O paradoxo (aparente) pareceu-nos suficientemente importante para que, a partir de um exemplo preciso, aí nos detivéssemos: é o pensamento "científico" que mantém a ilusão de uma ruptura entre a doença e o social. É, pelo contrário, o pensamento totalizante (que só pode ser religioso, pois a religião, ou seus substitutos laicos, é a única interpretação totalizante do social, do individual e do universo) que nos permite tomar consciência daquilo que nos é oculto pelo pensamento científico: os rituais que acabamos de analisar não constituem sobrevivências do obscurantismo, mas a própria expressão de uma dimensão constitutiva da doença e da própria prática médica: a relação com o social[2].

DA ANTROPOLOGIA MÉDICA À RELIGIOSA

Notas

1. A fim de não tornar mais pesada esta exposição, nós nos permitimos remeter o leitor às nossas próprias pesquisas sobre medicina popular em domínio francês. Cf. F. Laplantine, 7, 21, 23, 25, 27, 28, 34, 35, 36, 38, 40, 41.

2. Observemos, por fim, que é *a individualização* das afecções e dos tratamentos que certamente contribuiu em grande parte para dissimular esta relação da doença com o social. Ora, 1º) *Todos* os curandeiros que encontramos, entre eles os que imitam a medicina científica em seus mínimos detalhes (sala de consulta, sala de espera, estetoscópio, avental branco), mantêm um discurso *religioso*, ou seja, *social*. 2º) Um certo número vai ainda mais longe no processo de *socialização da doença*, praticando tratamentos de grupo. (Estamos pensando particularmente no sr. T. B. da Normandia, que passou do magnetismo individual ao magnetismo coletivo e que certamente é um dos curandeiros mais renomados da França, a julgarmos pelos mais de 3.000 relatórios registrados em seu arquivo.) Ora, nesse último caso, pareceu-nos que nada separava realmente a tomada de responsabilidade pela doença da celebração de um culto. O terapeuta é levado, principalmente pelos círculos dos que o freqüentam, a se tornar fundador de uma religião.

3

A doença-maldição
e a doença-punição

Aqui, não voltaremos ao modelo que faz da experiência da doença uma eleição que exalta e enriquece, pois ele já foi amplamente analisado anteriormente. Pelo contrário, concentraremos nossa atenção no que nos parecem ser as duas outras grandes variantes possíveis da interpretação propriamente religiosa: a doença-maldição e a doença-sanção. Eliminaremos, de início, aquilo que pessoalmente consideramos um impasse: as tentativas tipológicas, cujo esforço consiste em diferenciar as representações etiológicas não personalizadas das representações etiológicas personalizadas, e, no interior dessas últimas, as imputações causais mágicas (bruxaria, feitiçaria, práticas dos marabus*) e as imputações religiosas (divindades, espíritos, gênios). Por mais interessantes que sejam essas distinções, convenhamos que elas não fazem avançar em nada a pesquisa antropológica.

I. A doença-maldição

Neste primeiro modelo interpretativo, muito claramente privilegiado pelas sociedades mais tradicionais, a doença é apreciada como o efeito de uma vingança *gratuita*. Ela é o *acidente* que ocorre por *acaso*, pelo *destino*, pela *fatalidade*, contra a qual nada se pode. O doente (ou todo o grupo) vive então o que lhe acontece como um escândalo e uma injustiça. Considerando-se uma vítima que padece pelo que não provocou, ele proclama sua inocência e sua indignação. Ele se interroga, não compreende e grita o que já tivemos algum dia a ocasião de ouvir: "O que é que eu fiz para o bom Deus?"

Assim, Jó, sentado em seu monte de cinzas e sofrendo de dores em todos os seus membros, não vive a experiência do pecado, uma vez que não o cometeu, mas sofre da maldição divina que se abateu sobre ele:

---

* Eremitas ou ascetas que, entre os muçulmanos, dedicam-se à prática e ao ensino da vida religiosa. (N. T.)

Os meus ossos se apegam à minha pele e à minha carne/ E salvei-me só com a pele dos meus dentes./ Compadecei-vos de mim, amigos meus,/Compadecei-vos de mim porque a mão de Deus me atingiu./ (...) O meu íntimo se agita sem cessar;/E dias de aflição me sobrevêm./Ando de luto, sem a luz do sol;/Levanto-me na congregação e clamo por socorro./Sou irmão dos chacais/ E companheiro de avestruzes./Enegrecida se me cai a pele,/e os meus ossos queimam em febre.[1]

No interior desse mesmo modelo, que comanda as interpretações religiosas da doença como conseqüência da fatalidade, dois casos podem ser facilmente identificados. A doença é atribuída à onipotência da "natureza" considerada "má", interpretação que encontramos principalmente na explicação contemporânea do câncer bem como no pensamento astrológico e também genético; a doença é a expressão de uma relação distendida entre o indivíduo e a sociedade apreendida como "má". Desta feita, a desgraça individual é associada a um estado de desgraça mais fundamental, de um "mal-estar da civilização", segundo Freud, e se exprime principalmente na crença em uma divindade maldosa como na tragédia grega. Mas, qualquer que seja a formulação empregada (natureza hostil, divindade impiedosa, demônio liberto) e a reação individual ou social manifestada (que sempre oscila entre os três pólos da resignação, da prostração e da purificação) (teatro), a doença é sempre considerada como sendo aquilo totalmente estranho a quem padece dela: ela é o *Outro* por excelência.

Tais representações, longe de ser características das sociedades que qualificamos de tradicionais e dos aspectos tradicionais de nossas próprias sociedades, podem ser marca de todas as culturas. Encontramos suas expressões principalmente na literatura: o personagem de Milly Theale, por exemplo, a jovem heroína atingida pela tuberculose em *The Wings of the Dove* de Henry James, ou o confronto entre o homem e o câncer em *Pavilhão de cancerosos* de Alexandre Soljenitsyn, que é uma versão contemporânea do "fatum" antigo. Enfim, se procuramos ligar esse modo de imputação etiológica ao que foi estabelecido anteriormente, o mal-doença se situa evidentemente do lado da agressão exógena bem como no não sentido ou, mais exatamente, das significações vivenciadas como negativas (o sagrado nefasto)[2].

II. A doença-punição

Trata-se de interpretação rigorosamente contrária à anterior. Desta feita, a doença é vista como a conseqüência necessária do que o próprio indivíduo ou o próprio grupo provocou. Assim, quando no século XIX se condena a sífilis ou os casamentos consangüíneos ou, em nossos dias, as doenças cardiovasculares ou o câncer (voltaremos a este ponto), não se trata

A DOENÇA-MALDIÇÃO E A DOENÇA-PUNIÇÃO

em absoluto, como anteriormente, de apontar o adversário, mas de designá-lo como sanção que resulta diretamente da transgressão de uma lei. O indivíduo é punido por uma negligência ou por um excesso, mas sempre por um mau comportamento — com relação às prescrições religiosas ou médicas —, ou seja, por uma falta com relação à ordem social. Essa apreensão, que nos é tão familiar, deve-se essencialmente à cultura cristã[3], que impregnou literalmente nossos comportamentos médicos, mesmo se estes se laicizaram e aparentemente se emanciparam do religioso. Dois casos podem ser identificados: a doença é a conseqüência de uma transgressão *coletiva* das regras sociais, exigindo uma reparação, ou seja, uma ação de ressocialização, sem que haja, como na África negra tradicional, interiorização individual da falta, e ainda menos da noção de culpa; a doença é a conseqüência do pecado coletivo *e* individual. O sujeito experimenta (ou deve experimentar) a culpabilidade com relação ao que é considerado um castigo merecido. Desta feita, o que é enfatizado é a relação extremamente estreita entre a imputação etiológica e a pessoa do próprio doente, e, nessa *moralização da doença*, o cristianismo representa sem dúvida nenhuma uma inovação capital.

Observemos, entretanto, que, qualquer que seja a representação adotada (infração contra Deus, contra as divindades, contra os mortos, contra "seu próximo" e, portanto, contra a sociedade), o que está sempre envolvido são as noções de responsabilidade, de justiça e de reparação, que são certamente noções sociais[4]. Observemos também que a concepção da doença como sanção de uma ruptura com a ordem social é suscetível de se sobrepor à de uma ruptura com a ordem cósmica. Tal é o sentido do provérbio francês "Coxos, vesgos, corcundas e zarolhos nasceram no quarto crescente", que sugere que os pais que conceberam seus filhos quando a Lua crescente era considerada desfavorável à concepção são diretamente responsáveis e, portanto, punidos por terem atentado contra a ordem do cosmos[5]. Por fim, se tentamos relacionar esses diferentes modos de interpretação religiosa com o que foi destacado mais acima, ao nível dos processos patogênicos propriamente ditos, a doença-punição se situa, desta feita, do lado do endógeno[6] e oferece ao indivíduo ou à sociedade que a ela recorrem uma satisfação no que concerne à resposta oferecida à questão do sentido. No domínio romanesco, *A peste* de Camus, e mais particularmente o afrontamento entre o Dr. Rieux e o Pai Paneloux, ilustra perfeitamente essa dupla série de representações. Enquanto para o primeiro a doença é um escândalo contra o qual é preciso lutar até o fim, mesmo se soubermos por antecipação que seremos vencidos, para o segundo a peste que assola a cidade de Oran é um justo castigo enviado por Deus concitando os homens a se arrependerem[7].

DA ANTROPOLOGIA MÉDICA À RELIGIOSA

Notas

1. Livro de Jó, XIX, 20-21 e XXX, 27-30. Observemos, entretanto, que no caso de Jó, figura paradigmática do servidor que sofre, o que é apreendido como maldição vai se transmutar em bênção, e no próprio interior da prova mais cruel da desgraça é a experiência da graça que se anuncia.

Por fim, esta variante messiânica encontra uma formulação ainda mais radical no tema do Novo Testamento da justificação *a posteriori*, ou seja, da promessa de um reequilíbrio entre a desgraça e a felicidade, entre o sofrimento e a saúde: "Bem-aventurados vós os pobres, porque vosso é o reino de Deus./(...) Bem-aventurados vós os que agora chorais, porque haveis de rir./ (...) Ai de vós que agora rides! porque haveis de lamentar e chorar" (Lucas, VI, 20/22/25*). [* Para as citações bíblicas, usamos a tradução de João F. de Almeida, Rio de Janeiro, Sociedade Bíblica do Brasil, 1969. (N.T.)]

2. A resposta terapêutica que corresponde mais geralmente a esse modelo interpretativo de um Deus onipotente enviando sem razão aparente as doenças é a de que só Ele, se o desejar, poderá dar fim a elas. Lembremo-nos da célebre fórmula de Ambroise Paré: "eu cuidei, Deus curou". Encontramos pessoalmente formulações praticamente idênticas entre os terapeutas baulês tradicionais, entre os curandeiros franceses, no Pentecostalismo, na prática do exorcismo cristão, e também nos encontros que tivemos com três médicos que se declaravam cristãos; dois deles eram homeopatas e observamos a presença de um crucifixo em seus consultórios.

3. "A doença existe porque o pecado se instalou no mundo. Ela é sempre o sinal de que vivemos em um mundo revoltado contra Deus, bem como lembrança da presença demoníaca", escreve Maurice Jeanneret, que acrescenta: "O homem doente só pode viver sua doença no arrependimento", "Jésus-Christe et la maladie", *Les cahiers protestants*, 1966, n.os 4-5, pp. 21-22.

4. Em *Brebis galeuses* (1977), que é um romance de ficção científica, Kurt Steiner (aliás, doutor André Ruellan) imagina uma sociedade em que as doenças servem para punir os condenados.

5. Contrariamente, o provérbio francês "Não há coxo nem corcunda que não tenha o diabo no rabo" é testemunho não mais de uma enfermidade-sanção, mas de uma enfermidade-maldição associada a uma influência humana maléfica como a feitiçaria.

6. Dir-se-á então *"eu estou* doente e sou responsável por isso" ou *"eu provoquei* meu mal", e não mais *"isso* me provoca um mal" ou *"eu estou* mal".

7. Se hoje se afirma que a doença-maldição (ou vingança gratuita) é o registro interpretativo mais "arcaico", que a doença-transgressão coletiva o sucedeu, e que a doença-erro individual é muito mais recente (o que corresponderia às representações que encontramos respectivamente na sociedade africana tradicional, nos movimentos messiânicos e, depois, na conversão ao cristianismo), existem sempre sincretismos e recorrências possíveis. Assim, a própria teologia cristã conservou, e até desenvolveu, uma concepção original da doença-maldição ou, se preferirmos, da doença-escândalo.

4
A relação entre a doença e o sagrado nos dois grupos de modelos anteriormente identificados

I. O modelo endofuncional e a idéia de natureza

Contrariamente ao naturalismo médico dominante que, como vimos, não tem nenhuma confiança na capacidade da natureza (ou do organismo) para chegar à cura e tende a considerar o ser humano como o ponto de encontro entre uma agressão e uma intervenção quimioterapêutica encarregada de eliminá-la, no modelo que vamos agora reexaminar, a saúde não se opõe mais à doença como o Bem se opõe ao Mal. É o próprio ser humano (seu temperamento, sua organização funcional) que é o gerador de uma doença não mais apreendida como calamidade a ser eliminada, mas como um processo de compensação e adaptação a ser encorajado, uma vez que anuncia um novo equilíbrio.

Acreditamos que é a partir de sua insistência na idéia de *Natureza* que devem ser buscadas as implicações propriamente religiosas da maioria das terapias pertencentes a esse grupo, as quais não vêem quem cura como um guerreiro empenhado em uma luta armada contra os sintomas de um órgão, mas como um assistente da pessoa do doente, acompanhando e estimulando a crise através da ação no mesmo sentido da doença.

1. O poder de cura da Natureza no pensamento médico

Toda atitude médica que acredita ser a doença uma crise anunciadora de um processo de reequilíbrio terapêutico encontra incontestavelmente no Ocidente sua primeira referência histórica no pensamento hipocrático, e mais precisamente na concepção da "natura medicatrix" ou da "vis medicatrix naturae": a medicina só pode consistir em uma imitação da *natureza*, uma vez que ela mesma é medicinal; é preciso aprender a ouvi-la e não procurar contrariá-la (como no pensamento antinaturalis-

DA ANTROPOLOGIA MÉDICA À RELIGIOSA

ta, e por isso muito mais intervencionista, atribuído à escola de Cnido), pois ela mesma possui uma aptidão espontânea de restabelecimento terapêutico. Galeno, fiel à noção de finalidade natural, acredita que "a natureza não faz nada em vão", e Paracelso vai ainda mais longe, pois devota uma verdadeira veneração à Vida e às suas "substâncias naturais" que são, para ele, dotadas de uma "alma". Esta versão do naturalismo médico, que afirma ser a "natureza" quem provê a conservação da saúde e que é preciso ver as próprias doenças como defesas "naturais" com finalidade terapêutica, não cessa de se aprofundar nos séculos XVII e XVIII e, por essa época, culmina no tema do médico de si-mesmo[1]. Se essa concepção é progressivamente abandonada pelo saber médico à medida que entramos no século XIX, ela conhece, por outro lado, uma nova orientação e se torna um verdadeiro fenômeno social: trata-se da multiplicação de manuais de saúde destinados às camadas populares, que não têm meios de recorrer a um médico. Citemos, por exemplo, *La véritable médecine sans médecin* (A verdadeira medicina sem médico) de Morel (1826), *La nouvelle médecine sans médecin* (A nova medicina sem médico) de Burckard (1828), o *Traité d'anthropologie ou l'Art de se guérir soi-même* (Tratado de Antropologia ou a Arte de curar-se) de Crommelinck (1835), e principalmente *Le nouvel annuaire de la santé ou Médecine et pharmacie domestiques* (O novo anuário da saúde ou Medicina e farmácia domésticas) de Raspail (1845), obra que será reeditada setenta e sete vezes até 1935*. Por fim, já hostilizado no século XIX, o naturalismo médico não chegou, contudo, a cair no esquecimento no século XX. Mas acabou por se tornar consideravelmente marginalizado com relação ao modelo dominante que comanda a opção feita por nossa medicina científica, que, mostrando (aliás, a justo título, mas não é essa a questão) que o organismo pode se desestabilizar e provocar aberrações[2], acredita que a medicina não consiste na redundância da natureza.

O naturalismo médico exprime-se notadamente no princípio da homeostase desenvolvido por Cannon (1946) — vivemos em um estado de instabilidade permanente, mas que é constantemente regulado pelos processos naturais que permitem ao organismo voltar a seu estado natural —, do qual encontramos, aliás, um certo número de premissas nos trabalhos de Claude Bernard sobre a "constância do meio interior", ou seja, dos líquidos, principalmente o sangue, em circulação no corpo. Encontramos igualmente um certo número de suas formulações na concepção monista de Groddeck, que procede à equação do Id, da Natureza e de Deus, em Reich, que pensa que o organismo tende espontaneamente à

---

* No Brasil tivemos famosos "Almanaques" editados mesmo por laboratórios locais que cumpriam tarefa semelhante à do anuário citado e gozavam de grande popularidade. (N. R.)

satisfação de suas necessidades, principalmente através da sexualidade, ou mais recentemente em Perls (1979), que escreve: "Podemos confiar na sabedoria do organismo", que "sabe" o que lhe convém. Em nossos dias, ainda é possível encontrar ecos desse mesmo fundo cultural religioso (ainda que secularizado) em muitas críticas dirigidas contra nossa medicina oficial, críticas cujo corolário é quase sempre a renovação da confiança na natureza (ecologia, agricultura biológica, fitoterapia). Como proclama Mésségué (este é o título de um de seus livros): "É a natureza que tem razão."

2. O poder de cura da Natureza na literatura do século XX

Dos escritores e filósofos romanos até o neo-rousseaunianismo, passando por Montaigne e Bernardin de Saint-Pierre, o tema da providência da Natureza tem sido amplamente desenvolvido. É a Proust, mais uma vez, que dedicaremos nossa atenção, mas, antes de examinar o pensamento decididamente naturalista do autor de *Em busca do tempo perdido*, eis alguns exemplos tirados da literatura moderna e contemporânea. Em *La traversée des apparences*, Virginia Woolf fala do "implacável bom senso da natureza, que pune as temeridades através das enxaquecas". E Rachel diz a si mesma a respeito das noites de insônia por que passa: "não havia meio de impedi-las se era sua vontade se manifestarem". Em *Pavilhão de cancerosos*, de Soljenitsyn (1979, p. 115), Kostoglotov justifica sua recusa por injeções de glicose:

Antes de mais nada, é contra a natureza. Se realmente tenho necessidade de açúcar de uva, que ele me seja ministrado pela boca! Que invenção do século XX é essa de se aplicar injeção por qualquer motivo? Onde se vê isso na natureza? Entre os animais?...

Por fim, Henry Miller (1978, p. 23) acredita que a "natureza com freqüência trata de nossos males melhor que o médico".

Para entendermos a atitude proustiana com relação à natureza, convém lembrar que, antes de se tornar o autor de *Em busca do tempo perdido*, o escritor foi admirador e tradutor de Ruskin.

"A natureza", escreve Proust, "por todos os sentimentos que despertava em mim, me parecia ser o que há de mais oposto às produções mecânicas do homem. Quanto menos sinais disso ela me apresentava, mais espaço ela oferecia à expansão de meu coração."[3]

Ora, todos possuímos uma ciência infusa chamada de "instinto de conservação" com relação ao que realmente convém ao nosso organismo e ao que nos pode "preservar da dor":

DA ANTROPOLOGIA MÉDICA À RELIGIOSA

Existe em nosso corpo um certo instinto com referência ao que nos é saudável, como no coração existe um instinto com referência ao que é o dever moral, e que nenhum diploma de doutor em medicina ou teologia pode suplantar.[4]

É mais precisamente no domínio da psicologia que esses mecanismos de defesa e de cura espontânea são, por assim dizer, experimentados e confirmados ao longo de *Em busca do tempo perdido*:

> Felizmente para Swann, sob os novos sofrimentos que acabavam de entrar em sua alma como hordas de invasores, existia um fundo de natureza mais antigo, mais doce e silenciosamente laborioso, como as células de um órgão ferido que se apressam a recompor os tecidos lesados, como os músculos de um membro paralisado que tendem a retomar seus movimentos.[5]

Quando o narrador de *Albertine disparue* rememora sua ignorância da infidelidade da mulher amada, ele diz a si mesmo:

> A natureza deu a nosso espírito o poder de segregar um contraveneno natural que anula as suposições. (p. 82)

Assim, todos temos em nós a possibilidade, graças a esse processo inato de esquecermos o que acontece à nossa revelia, de suplantar as experiências mais desafiadoras, como a morte de um ente querido:

> No mesmo momento em que morre um doente que padece de câncer, é raro que um viúvo, um pai inconsolável não sejam curados. (p. 314)

Essa confiança no poder terapêutico da natureza é acompanhada em Proust, bem como, aliás, na maioria dos autores que estudamos, por um ceticismo e uma hostilidade com relação à quimioterapia intensiva, incapaz de dar um fim a suas crises de asma[6].

II. O modelo sanitário oficial como explicação totalizante (ética e religiosa) do indivíduo e do social

Aprendemos, principalmente ouvindo o que se diz a respeito de situações concernentes à doença (e talvez ainda mais por estarmos atentos ao que não se diz), que nossa medicina não saberia se reduzir a seus aspectos propriamente técnicos. Considerada não mais como "ciência da saúde", mas como prática social desencravada, é possível mostrar que ela carrega um certo número de representações ligadas ao social e parti-

A RELAÇÃO ENTRE A DOENÇA E O SAGRADO

cularmente a essa forma de expressão do social que é o religioso. De um lado, a doença, experiência aprendida e informada através dos modelos sociais, é percebida tanto em nossa sociedade quanto em qualquer outro meio menos como um fato bruto que como um *problema* que exige sua mobilização e confere a alguns de seus membros o "poder terapêutico" que, entre nós, ultrapassa em muito a doença, visto que se estende a uma grande parte do que diz respeito não apenas ao corpo, mas ao psiquismo (não se fala mais de alma), à sexualidade, à alimentação, às situações de desvios sociais, ao trabalho, ao lazer, ao sono, à educação e à própria morte. Por outro lado, a partir da experiência de sua doença, o indivíduo — qualquer que seja ele — procede inelutavelmente a uma reinterpretação simbólica da prática e do discurso eruditos. Ele não pode, principalmente se o que o aflige é grave e doloroso, ater-se ao *como* do episódio mórbido, mas passa sub-repticiamente, de um momento para outro, a um questionamento do *porquê*, ou seja, a uma busca, procurando nos materiais postos à sua disposição por sua cultura uma explicação quanto à origem última de sua doença: ele não cessa de buscar, até que a tenha encontrado, uma responsabilidade decisiva, quando não um responsável e até mesmo um culpado. Em suma, trata-se da questão do sentido (e principalmente do sentido metafísico).

O modo de apreensão tão amplamente encorajado pela tendência dominante de nossa cultura médica consiste, como vimos, em afirmar que o ser humano não está na origem da patologia que suporta e que o agride à maneira de um corpo estranho, ou seja, de um agente externo, não apenas sentido como nocivo, mas também maléfico. O que é então incriminado pode ser tanto o "micróbio", o clima (muito frio, muito quente ou muito úmido), o "feitiço" enviado por um inimigo sobre uma vítima inocente, a poluição do meio, o tabaco, as gorduras, os doces, o chocolate, o ritmo de trabalho, o "stress" da vida moderna, a família, "a sociedade" ou a própria "medicina".

Essa idéia, ou mais exatamente essa imagem-crença de que "eu não tenho nada com isso", é suscetível de se exprimir em uma linguagem não apenas biológica, mas também religiosa e, por vezes, até mesmo jurídica: a busca e a designação do bode expiatório, a demanda de reparação dirigida a um terceiro responsável do qual se exige, como se diz hoje, "reparação por perdas e danos". Por outro lado, procedendo à associação entre a Saúde e o Bem, entre a Doença e o Mal, ela implica necessariamente a negação da ambivalência e das contradições constitutivas do ser humano — ou seja, a *positivação* tanto da existência individual quanto da social[7] — bem como a projeção do que recai sobre um outro responsável — a rejeição de uma parte de si que será "da responsabilidade de outrem". Quanto à representação propriamente religiosa presente nesse mo-

235

delo em sua versão médica oficial contemporânea[8], achamos que convém menos identificá-la na interpretação etiológica "erudita" da doença e sua reinterpretação "popular" (o "micróbio" como um mal em si, a epidemia como a invasão do mal, e o médico, cujo diagnóstico é impreensível para a imensa maioria dos doentes, como mágico que possui a "fórmula") que na resposta terapêutica de caráter decididamente ofensivo que só pode se construir, em nossa opinião, sobre um fundo sociocultural messiânico que, ébrio de seus sucessos, progressivamente se enrijeceu em normalização utópica[9].

1. A onipresença das preocupações médicas em nossa sociedade: da medicina como segmento de cultura à medicina como cultura global

Nos demos conta, depois de alguns anos (e essa é uma das razões que nos levaram ao empreendimento desta obra), que era praticamente impossível em nossa sociedade ter uma conversa amigável ou familiar com qualquer pessoa sem que, repentinamente, viéssemos a falar num momento ou outro da doença e, conseqüentemente, da medicina. A busca da segurança — que, contrariamente ao que pretendemos habitualmente, não é talvez mais forte aqui e agora que alhures e em outra época — assume entre nós a aparência da segurança vital do indivíduo, e as preocupações concernentes à saúde são tão importantes[10] que acabam por se transformar em objetivo, fim e valor da existência. Correlativamente, a medicina, que tem por função não apenas curar, mas levar até as últimas conseqüências essa preocupação do indivíduo consigo mesmo, não é mais apenas um segmento muito importante de nossa cultura, como em outras populações, mas o segmento dominante que não está longe de constituir, sozinho, toda a cultura. Ou seja, em toda sociedade, representações são mobilizadas para dar uma explicação global do indivíduo e do social, mas, enquanto essas explicações são mais freqüentemente religiosas, políticas ou de econômicas, pela primeira vez na história da humanidade, elas tendem a se tornar sanitárias (e mais precisamente biomédicas).

Paradoxalmente, foi o sucesso da microbiologia pasteuriana — a qual, entretanto, agiu resolutamente no sentido de uma disjunção entre a doença e o social — que começou a substituir a tarefa de curar cada uma das doenças pelo projeto de prevenção do "corpo social", e contribuiu para impor a idéia de uma sociedade que se quer, a partir de então, globalmente terapêutica. Mas o político e o médico estão longe de ser os únicos a se encarregar da defesa e da promoção da saúde. Podemos até afirmar que a preocupação da doença se reintroduz sub-repticiamente através de todas as fendas abertas em nossa cultura: no movimento ecológico, é evidente, mas também na incursão psicológica, psicossomática e psicanalítica que explora os menores rincões do indivíduo, no projeto pedagógico, nas religiões (as seitas em particular) e até mesmo na arte e na literatura, como mostramos sobejamente.

2. A medicina como moral

A medicina ocidental não pode ser considerada como a aplicação de um procedimento científico (que procede necessariamente da modéstia, mantendo distância das certezas e do espírito do sistema). Não buscando apenas o que é verdadeiro, mas enunciando o que é bom, ela é o Saber por excelência, tornada diretriz de nossas condutas e estendendo seu monopólio bem além dos limites do domínio biológico. É ela que *ordena* (a "disposição médica"), *prescreve* (a "prescrição médica"), *certifica* (a "certidão médica"), é solicitada pelos tribunais nos casos em que a própria justiça se acredita incompetente (a "avaliação médica"), *promete* (e a esperança suscitada, como vamos ver, é imensa, uma vez que induz muitos a acreditarem que todas as doenças poderão ser vencidas). É ela também que *ameaça*, provocando a angústia de todos que se dão conta de que não obedecem aos comportamentos-padrão que garantem a saúde e a longevidade, e alimenta o terror do que é visto como o flagelo dominante de nossa sociedade: o câncer.

Foi essencialmente a prevenção médica (as grandes campanhas de informação, a política de esclarecimento, a imposição de que nos submetamos aos famosos "check-up de saúde", mesmo em ausência de qualquer sintoma) que contribuiu para mobilizar um pensamento médico antes desmoralizante, levando-se em conta seu pressuposto teórico que reserva um lugar privilegiado ao pólo da exogeneidade das doenças. Observamos pessoalmente algumas das conseqüências dessa moral da prevenção entre os doentes que encontramos. As fórmulas "meu médico *me proibiu* de fumar" ou "*me proibiu* o álcool", "o café", "o açúcar", "o sal", etc. foram freqüentemente utilizadas ao longo das nossas entrevistas. Ainda mais interessante nos pareceu a avaliação do círculo de relações do doente (registrada quando o encontro era efetuado no domicílio do doente, em presença de um terceiro, com mais freqüência o cônjuge): "eu te falei", "você está tendo o que merece" ou (dirigindo-se a nós): "é culpa dele", "ele foi avisado", e mesmo "ele fez por merecer".

3. A medicina como absoluto (ou religião)

Essa nova normatividade, que permite, ao mesmo tempo, medir a ignorância, recompensar a obediência, punir a transgressão, lutar contra o "charlatanismo" (ou seja, as medicinas não oficiais) e intervir perma-

DA ANTROPOLOGIA MÉDICA À RELIGIOSA

nentemente em domínios cada vez mais extensos da vida cotidiana de cada um de nós, parece-nos poder ser qualificada de religiosa, não de um modo vagamente analógico, mas no sentido exato do termo. Mostrar que a medicina (ou antes a hipertrofia de uma tendência dessa prática social que acabou se creditando a uma pretensão decididamente totalizante) é *nossa religião*, e que, se hoje existem "Luzes" no sentido do século XVIII, trata-se de "Luzes médicas", consiste em evidenciar que a saúde ocupa rigorosamente o lugar exato que antes era ocupado pela salvação* e que a fé médica preenche em grande parte o vazio deixado pelo desencanto com as grandes religiões em que não mais cremos.

Entre as muitas pistas de exploração possíveis, três merecerão mais particularmente nossa atenção: o combate militante (mobilizando uma grande parte dos recursos financeiros do grupo), não apenas contra a doença mas contra a própria morte, que muitos começam a encarar seriamente menos como um limite necessário à vida que como um limite provisório da medicina; o tema do médico redentor em um certo número de obras contemporâneas; a fé dos próprios médicos em sua "missão", que Balint não hesita em qualificar de "missão apostólica", o que nos levará a desviar um pouco o que foi afirmado acima: a ligação entre a medicina e o sagrado não é sempre necessariamente oculta ou estrategicamente negada a partir do próprio interior da medicina.

Notas

1. Descartes (*Entretien avec Burman*, 1648) escreve: "A Natureza (...) não nos faz cairmos doentes senão para que nos reergamos mais robustos." E acrescenta: "É preciso saber ouvi-la." Harvey fala da "previdência suprema da natureza". Sthal acredita que "a cura se opera sem a intervenção de nenhum meio externo". E Devaux (*Le médecin de soi-même ou l'Art de conserver la santé par l'instinct*, 1682) declara: "O instinto é o grande Médico de todos os homens em geral e em particular, preferível a qualquer outro Médico, e os remédios que ele nos faz encontrar para a cura de nossas doenças são preferíveis a todos os remédios que a arte prepara a altos custos." Por fim, lembremos que esse neo-hipocratismo recebe sua plena legitimação social no fim do século XVIII pelo ensino oferecido na Faculdade de Montpellier.

2. Existe uma imunoterapia natural, mas, em certas condições e em certos indivíduos, a própria natureza, longe de prover sua autoproteção (a fabricação de antígenos que protegem o organismo de substâncias externas), pode provocar seu próprio enfraquecimento (ao reagir, por exemplo, contra seus antígenos). Em uma entrevista concedida a *France Culture* (2 de janeiro de 1973), Jean Hamburger resumiu essa situação ao explicar que as defesas imunitárias do organismo podem ser dirigidas tanto contra os "germes nocivos" quanto contra os "enxertos benéficos".

---

* Note-se de novo o jogo santé—salut, saúde-salvação. (N. R.)

A RELAÇÃO ENTRE A DOENÇA E O SAGRADO

3. *Du côté de chez Swann*, p. 446.
4. *La prisonnière*, pp. 220-221. Se Proust acredita que só ele pode se curar (os doentes são "seu próprio médico", *A l'ombre des jeunes filles en fleurs*, p. 247), é porque estava convencido de que só ele é capaz de sentir aquilo de que precisa e de compreender a complexidade dos problemas de que padece.
5. *Du côté de chez Swann*, p. 421.
6. Lembremos, quanto a este ponto, a relação particular que o romancista percebe entre a natureza e o remédio artificial. "A natureza parece capaz de só oferecer doenças muito breves. Mas a medicina associou-se à arte de prolongá-las. Os remédios, a remissão que eles procuram, o mal-estar que sua interrupção faz ressurgir compõem um simulacro de doença que o hábito do paciente acaba por estabilizar, por estilizar, da mesma forma que as crianças tossem regularmente por muito tempo depois de terem sido curadas da coqueluche. Depois, os remédios agem menos, são aumentados, não mais fazem bem, mas começam a fazer mal graças a essa indisposição permanente. A natureza não lhes teria dado uma duração tão longa. (...) A partir de então, a doença enxertada artificialmente cria raízes, torna-se uma doença secundária mas verdadeira, com a única diferença de que as doenças naturais são curáveis, mas as que a medicina cria jamais o são, pois ela ignora o segredo da cura", escreve o narrador de *La prisonnière* (pp. 216-217).

Portanto, o veredito não poderia ser mais severo, mas existe, quanto a esse ponto, um verdadeiro paradoxo em Proust. Ele é um precursor incontestável da crítica contemporânea das doenças "iatrogênicas". Mas, na verdade, ele se trata muito mal: com regimes alimentares pouco eficazes, e principalmente por um verdadeiro abuso de medicamentos. Enfim, se o narrador de *Em busca do tempo perdido* insiste, como acabamos de ver, na faculdade espontânea que todos temos de nos curar, ele não apenas está longe de pôr esse preceito em prática, mas opõe-se a ele resolutamente. A natureza envia-nos, ao mesmo tempo, a doença e o remédio, o sofrimento e seu antídoto (que se chama esquecimento e hábito), mas o artista deve principalmente agradecer à doença por fazê-lo voltar-se para a natureza.
7. O processo é tão mais forte em nossa sociedade que o segmento principal de sua medicina contribui para uma diminuição crescente do limite de tolerância a partir do qual nos consideramos doentes.
8. Se, quanto a esse ponto, damos ênfase (à maneira do sociólogo) à globalidade de nossa ideologia médica (sickness) em detrimento do estudo de certa variabilidade regional, é porque, além de estar fora do objetivo que aqui nos fixamos, não nos parece possível fazer referência à etnomedicina do domínio europeu contemporâneo sem recorrermos permanentemente à própria instituição médica e às suas representações. Mas nosso projeto não fica menos essencialmente antropológico por causa disso: tornar mais familiar o exótico (quando se trata, por exemplo, de práticas e crenças hoje tornadas marginais tanto em medicina quanto em religião populares), e principalmente *aprender a nos surpreender com o que nos é familiar* (as convicções médicas às quais a maior parte de nós hoje adere) e *torná-lo exótico*.
9. Permitimo-nos remeter o leitor a nossa obra *Les trois voix de l'imaginaire (le messianisme, la possession et l'utopie)*, 1974.
10. Uma expressão como "a saúde não tem preço", ouvida por nós centenas de vezes, é particularmente reveladora a esse respeito.

5
A fé médica

I. A promessa de saúde absoluta

A crença em um progresso infinito que levará o ser humano à saúde absoluta, através da eliminação gradual de todas as doenças da cidade, por fim totalmente medicalizada, fundamenta-se em uma esperança messiânica que promete, ao mesmo tempo, mais e menos que as grandes religiões. Mais, porque a medicina contemporânea é tão religiosa quanto as religiões que se apresentam como tais: ela não mais se contenta com anunciar a salvação* após a morte, mas afirma que esta pode ser realizada em vida. Menos, porque só as religiões são suscetíveis de responder a questão da morte e, correlativamente, dar um sentido absoluto à vida — de alguma forma, aí reside sua superioridade sobre as ciências biológicas e até mesmo sobre as ciências humanas que, na verdade, nada têm a nos ensinar sobre a morte — enquanto que a medicina só pode responder razoavelmente quanto à vida, e o sentido que ela lhe atribui consiste apenas, segundo a expressão de Norbert Bensaïd, em "reintroduzir uma aparência de eternidade no efêmero" (op. cit., p. 195).

Ora, os comportamentos sociais que se apresentam ostensivamente como comportamentos assumidamente religiosos aparecem, em suma, como muito menos delirantes que o religioso camuflado, que constitui uma boa parte da medicina contemporânea. As grandes religiões, com efeito, situam o alcance da perfeição após a morte — evidentemente, há pouca probabilidade de que elas digam a verdade se tomarmos seus discursos ao pé da letra, mas, apesar de tudo, nada sabemos a esse respeito do ponto de vista científico. Por outro lado, o religioso que se dissimula no médico é, de um ponto de vista científico, infinitamente mais aberrante, pois, de início, ele tropeça em dois obstáculos de vulto: 1º) a ausência de conflito, ou seja, necessariamente de sofrimento, é uma eventualidade rigorosamente incompatível com o fato de se viver em sociedade; 2º) sendo

---
* Salut (N.R.)

DA ANTROPOLOGIA MÉDICA À RELIGIOSA

as células nervosas em número limitado e incapazes de se reproduzir, a prolongação da vida só pode esbarrar nos problemas inelutáveis da degeneração.

O fato de hoje assistirmos a uma desmistificação do progresso infinito da medicina bem como da utopia de um indivíduo sem males e de uma sociedade perfeitamente sã, não invalida, a nosso ver, o caráter eminentemente religioso do fenômeno considerado. A transgressão do tabu — ou seja, as críticas vindas, ao mesmo tempo, do interior da medicina (e que são julgadas como um ato de traição) e de seu exterior (que aparecem desta feita como uma suprema ignorância reforçada por uma imensa ingratidão) — implica, com efeito, a existência do sagrado, que alguns adoram e outros profanam. Quanto às medicinas paralelas, elas tampouco parecem escapar a esse processo de sacralização. Elas apenas atestam que, em medicina como em religião, o politeísmo é sempre possível, que existem cismas, heresias, crenças autóctones (como a homeopatia) ou vindas de outros lugares (como a acupuntura). As medicinas paralelas, que se situam entre as duas grandes ortodoxias (a missa e a consulta médica), tendem a responder a todo um campo de questões, as quais, como constatamos hoje, mais que ontem, não chegam a ser anuladas: *nem* pelas respostas médicas oficiais, as quais atravessam uma crise de credibilidade na medida em que começam a aparecer como promessas que jamais poderão ser cumpridas e provocam efeitos inversos aos desejados[1]; *nem* pelas respostas religiosas oficiais que, é certo, fornecem uma inteligibilidade mais vasta, mas igualmente decepcionante, pois remetem a uma distância inacessível e se alinham, além disso, cada vez mais com o discurso precedente; *nem*, por fim, é preciso enfatizar, pelo discurso sociológico (a "a saúde é um problema social"), que se interessa pela doença como fato significativo, mas faz refluir o sentido em direção diferente daquele encontrado na experiência individual e existencial do doente: nas relações econômicas, demográficas, políticas...

E é precisamente no espaço dessa carência, nesse vazio deixado pelo que as duas Reformas, aliadas às Luzes do século XVIII, não conseguiram submeter, que se reproduzem e se renovam as diferentes formas de medicinas tradicionais (farmacopéia popular, ritos de proteção, devoção aos santos curandeiros, recurso aos "panseurs de secrets" e aos tiradores de feitiços) e neotradicionais (magnetismo, radiestesia, fitoterapia), e que se alinham e surgem novos tipos que não são nem do tipo da confissão e do perdão, e menos ainda da ordem fisioanatômica: a psicologia, a psicanálise e as múltiplas formas de psicoterapia[2].

Acabando por situar-se nos dois extremos, o discurso religioso, mesmo o mais depurado e mais "reformado", não visa apenas a salvação da alma. Ele fala de outra coisa além do que atribuímos ao religioso no

Ocidente contemporâneo: de saúde, ou seja, de medicina. E, reciprocamente, o discurso médico que se apresenta como o mais "objetivo" e despojado de qualquer pressuposto religioso fala de um "estado de completo bem-estar físico, mental e social"[3], ou seja, de juventude, beleza, força, serenidade, felicidade e paz, em suma, de promessas de salvação comuns a todas as grandes religiões.

II. O encontro do médico e do religioso no romance popular

Propomo-nos a reexaminar, fazendo variar ligeiramente o foco, o tema do romance do médico heróico, totalmente desinteressado e que, por seu imenso poder, consegue colocar-se acima das leis e salvar seus semelhantes. A trama dessas obras é construída, em quase todos os casos, em torno de uma dramaturgia que exprime, nesse espaço social que é o campo (cada vez mais raro), a cidade, e principalmente o hospital, a luta entre o Bem e o Mal ou, mais exatamente, o combate implacável pela Saúde que é explicitamente chamado de obra de salvação[4]. Notemos, por fim, que, nesse verdadeiro gênero literário, a assimilação entre o padre e o médico é total, assimilação que, a nosso ver, só se pode compreender pela importância cultural que o cristianismo continua a exercer, sob forma secularizada, em nossa sociedade.

Examinemos com maior atenção o estereótipo ostensivamente religioso veiculado por algumas dessas obras. A *Operação epidemia* de Slaughter põe em cena a luta entre o apego egoísta ao conforto e aos valores materiais dos habitantes da cidade (Nova Iorque) assolada pela peste e o devotamento sem limites do corpo médico, que se choca com a ingratidão de todos. *O destino de Robert Shannon* de Cronin é a transposição moderna da figura do servidor que sofre, vivendo na pobreza e na abnegação, mas também na incompreensão de seu meio. O Dr. Shannon não hesita em chegar ao auto-sacrifício para fazer triunfar o objetivo que está acima dele: a pesquisa médica. *O médico de Estalingrado* de Konsalik vai ainda mais longe na descrição do personagem exemplar que só pode despertar admiração. O Dr. Böhler, herói do livro, não é apenas guia e profeta ("Nós médicos somos, para os milhares de homens que nos cercam, a luz que eles seguem e que lhes mostra o caminho"), mas também taumaturgo[5]. Esse último atributo de que é dotado o médico (e a medicina) permite visualizar uma variante capital do romance médico que é também suscetível de exprimir o horror e o fascínio que suscita o sagrado de transgressão: é o tema do médico demiurgo que se torna semelhante a Deus e uma ameaça para a humanidade[6].

DA ANTROPOLOGIA MÉDICA À RELIGIOSA

Assim, a representação que faz do médico um ser verdadeiramente incomum, e da medicina uma atividade diferente das outras, apresenta-se a cada vez como ultrapassando em muito o prestígio social e a admiração moral atribuída ao homem e à profissão. Temos aí, sem dúvida, o fervor (ou o terror) propriamente religioso, e esse fervor (ou esse terror) é tamanho que, se a ligação da doença com o sagrado se encontra reafirmada de maneira mais forte que nunca, ela faz do médico um ser que não mais pertence à sua sociedade, isto é, que não mais pertence a qualquer sociedade. À medicina, de forma correlata, atribui-se fantasticamente o estatuto perfeito de extraterritorialidade social a que ela aspira na realidade.

III. A concepção apostólica da medicina

A relação privilegiada que a medicina mantém com o sagrado não é necessariamente velada do ponto de vista da própria medicina, pelo menos por parte de um certo número de médicos, e o tema do médico com coração de ouro, capaz de operar milagres, está longe de pertencer apenas ao gênero da ficção. Um artigo de um projeto de associação de médicos votado no século passado está formulado nos seguintes termos: "A medicina é irmã da religião e da moral; seu ministério, todo benevolência e humanidade, inspira-lhe todos os deveres, atribui-lhe todos os direitos de um sacerdócio." Louis Figuier escreve em *Les merveilles de la science* (1867): "A ciência é um sol; é preciso que todos se aproximem dele a fim de se aquecerem e iluminarem." Virchow, por seu lado, qualifica os pesquisadores da medicina de "heróis", de "grandes capitães", e fala das "conquistas", das "vitórias", da "marcha triunfal da medicina", e o *Précis de thérapeutique* de Xavier Arnozan (1912, tomo I, p. 8) chama Pasteur de "nosso imortal sábio".

Esse fervor, não analógico mas estruturalmente religioso, dos médicos pela medicina não data do século anterior. Georges Duhamel escreve em *Paroles de médecin* (1946):

O empreendimento médico é indelével. Ele é marcado tão profundamente quanto o empreendimento eclesiástico. "Sacerdos in aeternum". Eu desconheço qualquer dissidente da medicina. O sábio que deixa sua casa sempre volta a ela com facilidade e prazer. Ele sabe que não pode, não importa o que pense ou faça, deixar de agir e pensar em termos de medicina. Cada palavra que ele pronuncia é, quer ele queira ou não, uma palavra de médico. (p. 65)

O Dr. Soupault escreve em seu livro *Chirurgie, mon métier* (1966):

A FÉ MÉDICA

É com um hino de admiração e conhecimento que quero celebrar essa profissão que foi a minha: a Cirurgia. Nenhuma outra requer dos que a exercem uma doação total... De todos requer do começo ao fim da existência, e não por intervalos. Nenhum pensador, nenhum soldado, nenhum camponês, nenhum homem de Estado tem tanta obrigação. Talvez apenas o padre... A cirurgia é uma divindade ciumenta, imperiosa, até mesmo tirânica. Ela exige sacrifícios materiais e espirituais, votos de renúncia, uma servidão. O leigo só tem de nós uma impressão superficial, ele nem imagina o que pode ser uma missão que por vezes merece o nome de sacerdócio. (p. 11)

Henry Ey, que já citamos anteriormente, após ter explicado que o projeto da medicina científica consiste em desimplicar a doença da "problemática do Mal" (1981, p. 3), escreve que a terapêutica é um "combate" que requer a "mobilização do Bem contra o Mal" (p. 6).

Por fim, gostaríamos de evocar a obra de Michael Balint, que vai ainda mais longe, pois não hesita em utilizar as expressões "função apostólica", "missão apostólica", "método apostólico", "fervor apostólico", "convicção apostólica" ou ainda "zelo apostólico" para designar a fé verdadeiramente religiosa que anima o médico. O autor de *Médecin, son malade et la maladie* (1973) escreve:

A missão ou função apostólica significa, de início, que cada médico tem uma idéia quase inabalável do comportamento que deve adotar um paciente quando está doente. Essa idéia possui um imenso poder e, como vimos, influencia praticamente cada detalhe do trabalho do médico com seus pacientes. *Tudo se passa como se todo médico possuísse o conhecimento revelado do que os pacientes têm ou não o direito de esperar: do que eles devem poder suportar e, além disso, como se ele tivesse o dever sagrado de converter à sua fé todos os ignorantes e todos os descrentes entre seus pacientes.* Foi esse fato que nos sugeriu o nome de "função apostólica". (p. 228, grifado no texto)

É evidente que Balint está perfeitamente consciente de "tomar emprestadas tão numerosas expressões à teologia". E, se ele o faz, é porque elas, como ele mesmo esclarece, "descrevem exatamente o que eu quero dizer" (p. 239).

Notas

1. O perigo da supermedicalização consiste principalmente nos efeitos secundários da adaptação aos medicamentos e da patologia provocada por um processo de substituição quimioterapêutico, de um processo de conjunto da pessoa humana que não é mais ouvida.
2. Além da cura analítica, 140 formas de psicoterapias foram registradas na França contemporânea.

DA ANTROPOLOGIA MÉDICA À RELIGIOSA

3. Esta é a definição de saúde proposta pela própria O. M. S.

4. "Explorar um corpo com o bisturi na mão é quase um ritual religioso. Chamar a cirurgia de profissão mostra como todos os valores entraram em decadência. A cirurgia é, antes de tudo, a arte de curar, uma arte sublime e sagrada. É uma religião profundamente mística", escreve Knittel (1976, p. 25), que faz com que seu herói, o Dr. Ibrahim, afirme: "Eu não tinha uma profissão a exercer, mas uma missão a cumprir." (p. 244)

5. As qualidades de onipotência e de santidade creditadas aos médicos (nesses romances) são igualmente muito atribuídas aos curandeiros (na vida real). Assim, Laurent Odouard se diz precisamente "São Sabino". Além disso, uma vez que esses médicos praticamente jamais ficam doentes, gostaríamos de observar que, em medicina como em religião, tudo se passa como se o caminho da salvação só pudesse ser percorrido por aquele que está em perfeita saúde. O Cristo, isento do pecado, era também isento da doença.

6. Inquestionavelmente, foi o *Frankenstein* de Mary Shelley que abriu o caminho para numerosos romances, filmes, novelas, histórias em quadrinhos contemporâneos elaborados em torno desse tema.

6
A identificação entre a saúde e a salvação. Os dois modos de obtê-la: a justificação pelas obras e a justificação pela graça

I. **A justificação pelas obras: a doença como punição e a saúde como recompensa**

Quem obedece às prescrições da medicina, quem atende fielmente suas "prescrições", quem segue ao pé da letra a moral da prevenção — trazer sempre em dia sua carteira de maternidade, sua carteira de saúde, seu carnê de vacinação, submeter-se regularmente a exames médicos, efetuar, a partir dos quarenta anos, um "check-up" regular, não fumar, não beber, não consumir nem gordura nem açúcares, praticar esportes — está seguro de não ser punido pela doença e de evitar, em particular, esses dois castigos modernos que são o enfarte e o câncer e de *merecer* a longevidade. Trata-se da salvação por obediência à lei, ou seja, através das boas ações, como na *Epístola* de São Tiago[1], a partir da qual o pensamento cristão desenvolveu a teologia da "justificação pelas obras". Correlativamente, o descrente ou o infiel — o fumante, o alcoólatra, o gastrônomo — que não obedece a esses mandamentos é encurralado e denunciado pela informação preventiva e pela pressão dos que o cercam, que jamais perdem a oportunidade de lembrá-lo de que ele está em estado de pecado. O que se espera dele é que se aperceba em tempo de sua falta, admitindo sua culpa (por fumar, beber ou comer demais), sentindo remorsos e acabando por se arrepender, o que deve então, logicamente, exigir uma expiação, um perdão e uma remissão. Enfim, aquele que, em razão de sua própria desobediência, é punido pela doença, tem, não obstante, o direito a toda a solicitude da sociedade, que continua a reconhecê-lo como um dos seus, mas com a condição de que ele obedeça estritamente ao que lhe for solicitado e que lhe será apresentado, a partir de então, como uma série de ameaças e admoestações prementes. Assim, nos dois casos, o indivíduo de nossas sociedades, "incessantemente incitado a dar prova de sua boa fé", como diz Michel Sapir (1972, p. 21), vive em um processo de justificação permanente.

Entretanto, esse quadro não estará completo se não incluirmos nele também os que recusam submeter-se às injunções da moral médica, que desta feita é vivida como uma tarefa de socialização forçada, que priva o ser humano de sua liberdade individual. A literatura contemporânea, da qual um dos méritos é ser reveladora do que a própria instituição médica jamais diz, exprime com freqüência, como já vimos, esse grito de protesto do sujeito. A esse respeito, vejam-se dois textos que são ainda mais particularmente reveladores dessa atitude de insubmissão:

"O que é que eu ganho", observa Diggelmann, "se aceitar que me operem esse tumor, que o conservem no álcool para mostrá-lo depois aos curiosos: isto, Senhoras e Senhores, é o tumor de um poeta que fumava e bebia. Vejam bem as conseqüências de seus pecados."[2]

O escritor em agonia acrescenta algumas páginas adiante:

Hoje, interroguei o guarda da noite: se o médico lhe dissesse — e com certeza ele o sabe, pois está anotado em seus arquivos — que eu não posso beber mais que um litro de vinho por dia, e se, voltando-me contra essa decisão, eu bebesse diante dele, sem levar em consideração suas advertências, ele respeitaria minha recusa ou a ordem do médico? Resposta imediata: a ordem do médico, é claro. Será que ele se perguntou, ainda que por um segundo, se eu estava disposto a chegar aos noventa anos, se eu estava disposto a me acomodar a um prolongamento de minha vida, que com certeza não será lá muito agradável, ao preço de ser constantemente atormentado: você pode beber isso, você não pode beber aquilo. Você tem que obedecer, nós sabemos o que lhe faz bem, e eu sou obrigado a resignar-me.[3]

"Não boto nenhuma fé nesses alimentos saudáveis, nem nos regimes", escreve, por seu lado, Henry Miller. "É provável que em toda minha vida eu tenha comido o que não devia — e que isso me tenha feito bem. Eu como pelo prazer da carne. Tudo o que eu faço, faço por prazer. Não creio nos 'check-up' regulares. Se há em mim alguma coisa que não vai bem, prefiro não saber, senão eu vou me atormentar e agravar meu estado. (...) Não acredito que haja uma receita para a longevidade. Além do mais, quem deseja chegar aos cem anos? Para quê? Uma vida curta e feliz é infinitamente preferível a uma vida longa atormentada pelo medo, pela prudência e pelos cuidados médicos constantes. Apesar de todo o progresso da medicina, sempre temos um panteão de doenças incuráveis à nossa disposição. Acabamos por acreditar que a última palavra está com os micróbios e os vírus. Quando todos os outros meios falham, o cirurgião entra, nos faz em pedaços e nos arranca nosso último suspiro. É isso que vocês chamam de progresso?"[4]

A IDENTIFICAÇÃO ENTRE A SAÚDE E A SALVAÇÃO

II. A justificação pela graça: a maldição e a bênção genética

Desta vez, o indivíduo não é em absoluto responsável pelo que lhe acontece. Como Jó anteriormente, o justo vê se abaterem sobre ele todas as calamidades do mundo; ele suporta o martírio, enquanto que o bêbado, o grande fumante, o pândego inveterado ultrapassam lepidamente os noventa anos sem conhecer a menor doença. Aqui, existe um escândalo médico, da mesma forma que existe um escândalo teológico, ou seja, que escapa ao mesmo tempo à sabedoria e ao conhecimento, uma coisa injustificável ou, se preferirmos, uma injustiça: o destino, a despeito do que possamos fazer, não é igual para todos! Essa transposição ou ressurgimento do motivo da justificação pela graça — ou seja, da salvação indepedentemente das obras, como em São Paulo[5], ou da predestinação, como em Calvino — assume hoje a forma da *necessidade genética*: a ordem natural — outrora diríamos o "plano de Deus" — salva ou amaldiçoa os pecadores *independentemente* de sua obediência à lei (aqui em termos do Velho ou do Novo Testamento, lá em termos biomédicos). Nos dois casos, a predisposição biológica ou a predestinação teológica nos ensinam que o destino constitui um limite absoluto à nossa liberdade e que a salvação não é oferecida a todas as pessoas, pois ela vem de um álter (Deus, ou seja, o "Outro Total" ou a Natureza, ou seja, o inato que está em mim, mas que não é verdadeiramente meu, já que não sou responsável por ele).

Existe, entretanto, uma diferença mais importante entre a versão eclesiástica oficial e a versão médica do tema da justificação pela graça. Enquanto na primeira a sociedade não deve tentar compreender o que é considerado um "mistério", mas crer nele — e é justamente aí que está o que há de penoso na concepção cristã, não sabemos nunca se seremos salvos ou condenados —, na segunda, pelo contrário, sabemos que estamos no caminho de saber e, como conseqüência, de poder dominar o destino, através das manipulações genéticas e dos métodos da eugenia. O geneticista ocupa, então, o lugar que tradicionalmente era assegurado não ao teólogo, e ainda menos ao sacerdote, mas à própria divindade.

O fato de se considerar as representações da saúde em uma perspectiva ao mesmo tempo moral e religiosa contribui, como podemos ver, para enriquecer (e também para diferenciar) o que identificamos anteriormente através de uma análise que só se referia aos processos etiológicos e terapêuticos propriamente ditos. A percepção médica contemporânea dominante, essa a que adere a maior parte de nós, pode, a partir de então, ser lida como o resultado de um processo combinatório entre a doença-castigo (maldição genética) e a doença-punição (transgressão da normalidade preventiva).

SABER MÉDICO que prodigaliza *informações* sob a forma de *certezas*, sendo normal que possa dispor de maior poder e dos maiores meios (técnicos e financeiros)	TRANSGRESSÃO DA LEI por ignorância, imprevidência, despropósito (= inconseqüência lógica) ou por infração deliberada (= desobediência moral), mas que de qualquer forma constitui uma conduta má e uma injúria ao conhecimento. Delito. Pecado OBEDIÊNCIA À LEI Cumprimento do dever. Aceitação da medicalização.	• *boa saúde* (= escândalo) • DOENÇA-SANÇÃO condenação *justificada* dos suspeitos que não tenham ouvido ou que não sabiam, mas, *não obstante*: possibilidade de redenção pela graça e a onipotência médica (o indivíduo poderá ser salvo apesar de suas faltas). • SAÚDE (= *justiça*) • *escândalo da doença* ou de uma morte "imerecida" que abate vítimas inocentes.

Essas reflexões podem ser esquematizadas como mostramos acima.

Ora, essa combinação está estreitamente ligada a uma evolução histórica das mentalidades e da própria medicina orientada em um sentido sem dúvida mais de acordo que há uns cinqüenta anos com o ensinamento da igreja que, por seu lado, jamais deixou de dominar os dois extremos da corrente, ou seja, de afirmar que é possível conciliar uma teologia da graça (insistindo na onipotência divina e, conseqüentemente, no escândalo da doença) e uma teologia da liberdade (dando ênfase à responsabilidade moral do ser humano).

O que nos parece, com efeito, constituir um novo esclarecimento é o fato de a representação que atribui exclusividade ou, pelo menos, prioridade à patogenia externa e, em particular, ao *acaso infeccioso*, permanecendo largamente dominante, conhecer, não obstante, um ligeiro declínio com relação à época heróica do pasteurianismo triunfante, que via na doença um acidente totalmente estranho ao indivíduo, em si mesmo são e inocente. Esse indivíduo que hoje contrai a mesma doença sentir-se-á culpado de negligência, e essa doença, da mesma forma que essa culpabilidade, não será mais que justiça!

Assim, portanto, se as interpretações exógenas continuam a ser socialmente preeminentes em nossa cultura, tendem progressivamente a ser, cada vez menos, vivenciadas como obra do acaso ou do acidente — uma vez que se acredita que a maior parte do que advém de uma causalidade externa pode ser prevenido e evitado, com a condição, contudo, de se observar escrupulosamente um certo número de precauções —, mas como obra da necessidade. A exogeneidade etiológica, sem ser propriamente mais uma vez posta em questão, encontra-se assim duplicada por uma responsabilidade do indivíduo, que, por sua ignorância, sua negligência, e até mesmo por sua desobediência pura e simples (consumo de álcool, tabagismo, má alimentação, sedentarismo), provoca e merece a doença e, por vezes, até mesmo a morte. A conseqüência dessa concepção da patologia, em suma bastante recente mas que continua a se inscrever no interior de uma compreensão médica em sua essência devida a um modelo de tipo pasteuriano, é que ela tende a *consolidar a relação da doença com o social.*

Inversamente, o pólo endógeno das representações, das quais o pensamento médico busca estabelecer as leis a fim de estabelecer uma necessidade (a *necessidade genética*), é vivenciado por uma grande parte do público pouco ou muito medicamentado como obra do destino, a exemplo do *acaso infeccioso* do século passado. E é bem ao nível desse segundo pólo de processo das representações, a partir do qual a responsabilidade individual é habitualmente constituída (como, por exemplo, em psicologia ou em psicanálise), que assistimos hoje a uma desmoralização (evidentemente relativa) da doença. Ou seja, o que é vivido como resultante de um acidente é infinitamente menos projetado que outrora nos processos comandados por uma etiologia externa e ainda mais nesse componente do indivíduo que é o patrimônio genético. Mas o corolário dessa segunda atitude é o fato de ela contribuir para o estabelecimento de uma maior *tensão da relação entre a doença (e o próprio doente) e o social.*

Notas

1. Cf. em particular São Tiago 2, 14-26.
2. W. M. Diggelmann, *Ombres. Journal d'une maladie*, 1980, p. 42.
3. *Ibidem*, p. 98.
4. H. Miller, *Virage à 80*, 1978, pp. 23-24.
5. Cf. em particular a *Epístola aos Romanos*, 1 a 4 e a *Epístola aos Gálatas*, 3 e 4.

Bibliografia

A) OBRAS E ARTIGOS DE ORIENTAÇÃO MÉDICA

ALLENDY (R.), *L'homéopathie,* Paris, Ed. Rhéa, 1920.
— *Essai sur la guérison,* Paris, Denoël, 1934.
ALIX (E.), *Un médecin accuse,* Paris, M.C.L., 1971.
ARNOZAN (X.), *Précis de thérapeuthique,* Paris, Doin, 1912, 2 tomos.
ATTALI (F.), *Le temps qui tue, le temps qui guérit,* Paris, Le Seuil, 1981.
BALDEN (M.), *Point sur le magnésium. Vaincre la spasmophilie,* Paris, Hachette, 1982.
BARÈRE (I.), DESGRAUPES (P.), LALOU (E.), *En direct de la médecine,* Paris, Stock, 1976.
BERGERET (Cl.), *Passeport pour la vie,* Paris, Pierre Horay, 1976.
BERNARD (Cl.), *Introduction à l'étude de la médecine expérimentale,* Paris, Garnier-Flammarion, 1966.
BERNARD (J.), *Etat de la médecine,* Paris, Corréa, 1960.
— *Grandeur et tentations de la médecine,* Paris, Buchet-Chastel, 1973.
— *L'homme changé par l'homme,* Paris, Buchet-Chastel, 1976.
— *L'espérance et le nouvel état de la médecine,* Paris, Buchet-Chastel, 1978.
— *Le sang des hommes,* Paris, Buchet-Chastel, 1981.
— *Le sang et l'histoire,* Paris, Buchet-Chastel, 1983.
CANGUILHEM (G.), *La connaissance de la vie,* Paris, Vrin, 1963.
— *Le normal et le pathologique,* Paris, P.U.F., 1972.
CANNON (W. B.), *La sagesse du corps,* Paris, Ed. de la Nouvelle Revue Critique, 1946.
CHAUCHARD (P.), *Précis de biologie humaine,* Paris, P.U.F., 1966.
CHERTOK (L.), e BOURGHIGNON (0.), *Vers une nouvelle médecine,* Toulouse, Privat, 1977.
CLARIS (A.), *Espaces nouveaux de la médecine,* Paris, Robert Laffont, 1977.
COCHRANE (A. L.), *L'inflation médicale,* Paris, Ed. Galilée, 1977.

COMFORT (A.), *Les fabricants d'anxiété*, Paris, Robert Laffont, 1968.
DAGOGNET (F.), *Philosophie biologique*, Paris, P.U.F., 1955.
— *La raison et les remèdes*, Paris, P.U.F., 1964.
— *Faces, surfaces et interfaces*, Paris, Vrin, 1982.
DEBRAY-RITZEN (P.), *La scolastique freudienne*, Paris, Fayard, 1972.
DEBRÉ (R.), *Ce que je crois*, Paris, Le Livre de Poche, 1977.
DELAUNAY (A.), *L'immunologie*, Paris, P.U.F., 1969.
— *Dialogue avec la médecine*, Dialogues de France-Culture n.º 3, Grenoble, P.U.G., 1975.
DJIAN (J.) e col., *La médecine contemporaine*, Gallimard, 1967.
DUBOS (R.), *Mirage de la santé*, Paris, Denoël, 1961.
— *La santé et la condition humaine*, Paris, P.U.F., 1961.
— *L'homme et l'adaptation au milieu*, Paris, Payot, 1973.
DUBOS (R.), ESCANDE (J-P.), *Chercher*, Paris, Stock, 1979.
DOBZHANSKY (Th.), *Génétique du processus évolutif*, Paris, Flammarion, 1977.
DUCHESNAY (G.), *Le risque thérapeutique*, Paris, Doin, 1954.
DUHAMEL (G.), *Paroles de médecin*, Mônaco, Ed. du Rocher, 1946.
ESCANDE (J-P.), *Les médecins*, Paris, Grasset, 1975.
— *Les malades*, Paris, Grasset, 1977.
— *La deuxième cellule*, Paris, Grasset, 1983.
EY (H.), *Naissance de la médecine*, Paris, Masson, 1981.
FREDERICO (H.), *Traité élémentaire de la physiologie humaine*, Paris, Masson, 1942.
FUNCK-BRENTANO, *Le paradoxe du médecin*, Paris, Gallimard, 1976.
— *Introduction à la pratique de la médecine*, Paris, Flammarion, 1981.
GALLI (A.) e LELUC (R.), *Les therapeutiques modernes*, Paris, P.U.F., 1961.
GAUQUELIN (M.), *La santé et les conditions atmosphériques. La biométéorologie*, Paris, Hachette, 1967.
GRACIANSKY (P.) e PÉQUIGNOT (H.), *Médecine I*, Paris, Encyclopédie de la Pléiade, Gallimard, 1980.
GRASSÉ (J-P.), *L'evolution du vivant*, Paris, Albin Michel, 1973.
HAMBURGER (J.), *La puissance et la fragilité*, Paris, Flammarion, 1972.
— *L'homme et les hommes*, Paris, Flammarion, 1976.
— *Demain, les autres*, Paris, Flammarion, 1979.
— *Introduction au langage de la médecine*, Paris, Flammarion, 1982.
HARANT (H.), *Médicaments et médications*, Paris, P.U.F., 1947.
HOFFER (A.) e OSMOND (H.), *Comment vivre avec la schizophrénie?* Paris, Flammarion, 1970.
ISRAEL (L.), *Le cancer aujourd'hui*, Paris, Grasset, 1976.
— *La décision médicale*, Paris, Calmann-Lévy, 1980.

JACOB (F.), *La logique du vivant*, Paris, Gallimard, 1970.
— *Le jeu des possibles*, Paris, Fayard, 1981.
KLOTZ (H-P.), *L'homme malade*, Paris, Le Mercure de France, 1977.
— *Etre spasmophile et bien portant*, Paris, Presses de la Renaissance, 1982.
— *Du bon usage de la médecine*, Paris, Presses de la Renaissance, 1983.
LABORIT (H.), *Réaction organique à l'agression*, Paris, Masson, 1954.
— *L'homme et la ville*, Paris, Flammarion, 1972.
— *La nouvelle grille*, Paris, Robert Laffont, 1974.
— *L'inhibition de l'action*, Paris, Masson, 1979.
LE PORRIER (H.), *Paradoxe sur la médecine*, Paris, Fayard, 1968.
LERICHE (R.), *Philosophie de la chirurgie*, Paris, Flammarion, 1951.
— *Où commence la maladie? Où finit la santé?* Paris, Spes, 1953.
LOWEN (A.), *La bioénergie*, Paris, Tchou, 1977.
LWOFF (A.), *L'ordre biologique*, Paris, Robert Laffont, 1969.
MACFARLANE BURNET, *La génétique: rêves et réalité*, Paris, Flammarion, 1975.
MACGRADY (P. Jr.), *The youth doctors*, Nova York, Ace, 1969.
MATHÉ (G.), *La santé est-elle au-dessus de nos moyens?* Paris, Plon, 1970.
MESSÉGUÉ (M.), *C'est la nature qui a raison*, Paris, Le Livre de Poche, 1980.
MEYER (P.), *Traité de physiologie*, Paris, Flammarion, 1983.
MILLIEZ (P.), *Médecin de la liberté*, Paris, Le Seuil, 1980.
MILLIEZ (P.) e MINKOWSKI (A.), *Une certaine idée de la médecine*, Paris, Ramsay, 1980.
MINKOWSKI (A.), *Le mandarin aux pieds nus*, Paris, Le Seuil, 1975.
MONOD (J.), *Le hasard et la nécessité*, Paris, Le Seuil, 1970.
NICOLLE (J.), *Structure moléculaire et propriétés biologiques*, Paris, Flammarion, 1973.
PASTEUR (L.), *OEuvres*, tomo VI, Paris, Masson, 1933, 2 tomos.
PELT (J-M.), *Les médicaments*, Paris, Le Seuil, 1969.
PÉQUIGNOT (H.), *Médecine et monde moderne*, Paris, Ed. de Minuit, 1953.
— *Initiation à la médecine*, Paris, Masson, 1961.
PRADAL (H.), *Guide des médicaments les plus courants*, Paris, Le Seuil, 1974.
— *La recherche en biologie moléculaire*, Paris, Le Seuil, 1975.
— *La recherche sur les grandes maladies*, Paris, Le Seuil, 1981.
REINBERG (A.) e GHATA (J.), *Les rythmes biologiques*, Paris, P.U.F., 1964.
REINBERG (A.), *Des rythmes biologiques à la chronobiologie*, Paris, Gonthier-Villars, 1977.

ROITT (I.M.), *Immunologie, mécanismes essentiels*, Villeurbanne, S.I.M.E.P., 1975.
RUBINSTEIN (H.), *Etes-vous spasmophile?* Paris, Marabout, 1982.
RUFFIÉ (J.), *De la biologie à la culture*, Paris, Flammarion, 1976.
— *Traité du vivant*, Paris, Fayard, 1982.
SANANES (R.), *Homéopathie et langage du corps*, Paris, Robert Laffont, 1982.
SARANO (D.), *La guérison*, Paris, P.U.F., 1955.
SELYE (H.), "D'une révolution en pathologie: le syndrome d'adaptation et le concept de stress", *La Nouvelle Revue Française*, 1954, n° XV, pp. 407-428.
— "Le syndrome général d'adaptation et les maladies de l'adaptation", *Annales d'endrocrinologie*, 1964, n.°s 5 e 6.
— *Le stress de la vie*, Paris, Gallimard, 1975.
SIGERIST (H.), *Introduction à la médecine*, Paris, Payot, 1932.
SOURNIA (J-C.), *Logique et morale du diagnostic*, Paris, Gallimard, 1968.
— *Mythologies de la médecine moderne*, Paris, P.U.F., 1969.
TUBIANA (M.), *Le refus du réel*, Paris, Robert Laffont, 1977.
TURK (J. L.), *Immunologie médicale*, Paris, Masson, 1971.
VALETTE (G.), *Précis de pharmacodynamie*, Paris, Masson, 1959.
VANNIER (P.), *Homéopathie, médécine humaine*, Paris, Albin Michel, 1949.
— *Thérapeutique homéopathique*, Paris, Doin, 1972.
VAYSSE (G.) e MEDIONO (J.), *L'emprise des génes*, Toulouse-Privat, 1982.
VERET (P.), *La médecine énergétique*, Mônaco, Ed. du Rocher, 1981.
VIDAL (dicionário), Paris, O.V.P., 1971.

B) OBRAS E ARTIGOS DE ORIENTAÇÃO PSICOMÉDICA

ALEXANDER (F.), *La médicine psychosomatique*, Paris, Payot, 1952.
AMADO LÉVY-VALENSI (E.), *Le dialogue psychanalytique*, Paris, P.U.F., 1972.
BALINT (M.), *Techniques psychothérapeutiques en médecine*, Paris, Payot, 1970.
— *Le médecin, son malade et la maladie*, Paris, Payot, 1973.
BENSAID (N.), *La consultation*, Paris, Denoël-Gonthier, 1974.
— *La lumière médicale*, Paris, Le Seuil, 1981.
BERGE (A.), *Les psychothérapies*, Paris, P.U.F., 1974.
BERGERET (J.), *La dépression e les états limites*, Paris, Payot, 1975.
— *Abrégé de psychologie*, Paris, Masson, 1978.
— *La personnalité normale et pathologique*, Paris, Payot, 1978.

BERNE (E.), *Analyse transactionnelle et psychothérapie*, Paris, Payot, 1971.
BINSWANGER (L.), *Introduction à l'analyse existentielle*, Paris, Ed. Minuit, 1971.
BONNAFÉ (L.) e col., *Le problème de la psychogenèse des nevroses et des psychoses*, Paris, Desclée de Brouwer, 1950.
CHAUCHARD (P.), *La médecine psychosomatique*, Paris, P.U.F., 1968.
— *Hypnose et suggestion*, Paris, P.U.F., 1970.
CHERCHÈVE (R.) et BERRANGER (E.), *Qu'est-ce que la sophrologie?*, Toulouse, Privat, 1975.
CLAVREUL (J.), *L'ordre médical*, Paris, Le Seuil, 1978.
GOLDEFY (J.-M.), *Psychologie appliquée à la chirurgie*, Paris, Flammarion, 1963.
COTTRAUX (J.), *Les thérapies comportementales*, Paris, Masson, 1979.
DEBRAY (J.-R.), *Le malade et son médecin*, Paris, Flammarion, 1964.
DESOILLE (R.), *Le rêve éveillé en psychothérapie*, Paris, P.U.F., 1945.
DEVEREUX (G.), *Essais d'ethnopsychiatrie générale*, Paris, Gallimard, 1970.
— *Ethnopsychanalyse complémentariste*, Paris, Flammarion, 1972.
— *De l'angoisse à la méthode dans les sciences du comportement*, Paris, Flammarion, 1980.
— *Psychothérapie d'un indien des plaines*, Paris, J.-C. Godefroy, 1982.
DORNA (A.) e GUILBERT (Ph.), *Signification du comportementalisme*, Toulouse, Privat, 1982.
DURAND-DASSIER (J.), *Groupes de rencontre marathon*, Paris, Epi, 1973.
GRODDECK (G.), *La maladie, l'art et le symbole*, Paris, Gallimard, 1969.
— *Le livre du ça*, Paris, Gallimard, 1980.
GUICHENEY (P.), *Qu'est-ce que le médecin?* Paris, Mouton, 1974.
GUILLAUMIN (J.), *Le rêve et le moi*, Paris, P.U.F., 1979.
— c col., *Corps et création*, Lyon, P.U.L., 1980.
— e col., *Quinze études psychanalytiques sur le temps*, Toulouse, Privat, 1982.
GUYOTAT (J.), *Psychiatrie et formation psychologique du médecin*, Paris, Masson, 1967.
— *Psychothérapies médicales*, Paris, Masson, 1978, 2 tomos.
— *Mort/naissance et filiation*, Paris, Masson, 1980.
HAYNAL (A.) e PASINI (W.), *Abrégé de médecine psychosomatique*, Paris, Masson, 1978.
HELD (R.), *De la psychanalyse à la médecine psychosomatique*, Paris, Payot, 1968.
HOCHMANN (J.), *Pour une psychiatrie communautaire*, Paris, Le Seuil, 1971.

ISRAEL (L.), *Le médecin face au malade*, Bruxelas, Dessart, 1968.
— *L'hystérique, le sexe et le médecin*, Paris, Masson, 1979.
JANOV (A.), *Le cri primal*, Paris, Flammarion, 1975.
JEZIC (H.), *La sophrologie*, Paris, Buchet-Chastel, 1982.
LAXENAIRE (M.), *La rencontre psychologique du médecin*, Paris, E.S.F., 1980.
LECLAIRE (S.), *Psychanalyser*, Paris, Le Seuil, 1968.
— *Rompre les charmes*, Paris, Le Seuil, 1981.
LEMAIRE (J.-G.), *La relaxation*, Paris, Payot, 1964.
MANNONI (M.), *Le premier rendez-vous avec le psychanalyste*, Genebra, Gonthier, 1965.
— *L'enfant, sa "maladie" et les autres*, Paris, Le Seuil, 1967.
— *Le psychiatre, son fou et la psychanalyse*, Paris, Le Seuil, 1970.
MARIE-CARDINE (M.), *Le médecin, le malade et l'argent*, Villeurbanne, S.I.M.E.P., 1973.
MARTENS DE WILLMARS (Ch.), *Psychologie médicale*, Bruxelas, Ed. A. de Boeck, 1979.
NACHT (S.), *Guérir avec Freud*, Paris, Payot, 1971.
NATHAN (T.), *Sexualité, idéologie et névrose*, Grenoble, La pensée sauvage, 1977.
NEYRAUT (M.), *Le transfert*, Paris, P.U.F., 1974.
PELICIER (Y.), *Guide psychiatrique pour le praticien*, Paris, Masson, 1970.
— *Psychiatrie compréhensible*, Paris, Fayard, 1972.
PERLS (F.S.), *Rêves et existence en gestalt-thérapie*, Paris, Epi, 1972.
— *Ma gestalt-thérapie*, Paris, Tchou, 1976.
PONTALIS (J.-B.), *Après Freud*, Paris, Gallimard, 1968.
POROT (M.), *La psychologie du tuberculeux*, Paris-Neuchâtel, Delachaux et Niestlé, 1950.
— *La psychologie médicale du praticien*, Paris, P.U.F., 1976.
RACAMIER (P. C.) e col., *Le psychanalyste sans divan*, Paris, Payot, 1970.
— *De psychanalyse en psychiatrie*, Paris, Payot, 1979.
REICH (W.), *La fonction de l'orgasme*, Paris, L'Arche, 1970.
— *L'analyse caractérielle*, Paris, Payot, 1973.
ROGERS (C.), *Les groupes de rencontre*, Paris, Dunod, 1973.
SAPIR (M.), *La formation psychologique du médecin*, Paris, Payot, 1972.
— (sob a direção de), *La relaxation: son approche psychanalytique*, Paris, Dunod, 1979.
— *Soignant-soigné: le corps à corps*, Paris, Payot, 1980.
SARANO (J.), *La relation avec le malade*, Toulouse, Privat, 1977.
SCHILDER (P.), *L'image du corps,* Paris, Gallimard, 1968.
SCHNEIDER (P. B.), *Psychologie médicale*, Paris, Payot, 1971.
SCHULTZ (J. H.), *Le training autogène*, Paris, P.U.F., 1972.

SEARLES, *L'effort pour rendre l'autre fou*, Paris, Gallimard, 1977.
SIVADON (P.) e AMIEL (R.), *Psychopathologie du travail*, Paris, Ed. Sociales, 1969.
SIVADON (P.), *Traité de psychologie médicale*, Paris, P.U.F., 1973.
SKINNER (B. F.), *L'analyse expérimentale du comportement*, Bruxelas, Dessart, 1971.
SZASZ (Th.), *Le mythe de la maladie mentale*, Paris, Payot, 1975.
— *La théologie de la médecine*, Paris, Payot, 1980.
— *Le mythe de la psychothérapie*, Paris, Payot, 1981.
TELLENBACH (H.), *La melancolie*, Paris, P.U.F., 1979.
TUSQUES (J.), *Initiation à la psychologie médicale*, Paris, Maloine, 1978.
VALLABREGA (J. P.), *Les théories psychosomatiques*, Toulouse, Privat, 1954.
— *La relation thérapeutique*, Paris, Flammarion, 1962.
— *Phantasme, mythé, corps et sens*, Paris, Payot, 1980.
WOLPE (J.), *Pratique de la thérapie comportementale*, Paris, Masson, 1975.

C) OBRAS E ARTIGOS DE ORIENTAÇÃO SÓCIOMÉDICA

ACHARD (P.) e col., *Discours biologique et ordre social*, Paris, Le Seuil, 1977.
ATTALI (J.), *L'ordre cannibale*, Paris, Hachette, 1979.
BASAGLIA (F.), *L'institution en négation*, Paris, Le Seuil, 1970.
BASTIDE (R.), *Le candomblé de Bahia*, Paris, Mouton, 1958.
— *Sociologie des maladies mentales*, Paris, Flammarion, 1965.
BATESON (G.), *Vers une écologie de l'esprit 2*, Paris, Le Seuil, 1980.
BENOIST (J.), *Les carnets d'un guérisseur réunionnais*, Paris, Librairie L'Harmattan, 1980.
— "Rencontre de médecines aux Mascareignes", in *Bull. du Séminaire d'Ethnomédecine*, nov. de 1981, n.º 7, pp. 5-15.
— "Quelques repères sur l'evolution récente de l'anthropologie de la maladie", in *Bull. d'Ethnomédecine*, fev. de 1983, n.º 9, pp. 51-58.
BENSA (A.), *Les Saints guérisseurs du Perche-Gouët*, Paris, Institut d'Ethnologie, 1978.
BOLTANSKI (L.), *La découverte de la maladie*, Paris, Centre de Sociologie Européenne, 1969, 220 p. multigr.
— "Les visages sociaux du corps", in *Annales*, jan.-fev. de 1971, n.º 26 (1), pp. 205-233.
— *Prime éducation et morale de classe*, Paris, Mouton, 1977.
BOUTEILLER (M.), *Chamanisme et guérison magique*, Paris, P.U.F., 1980.

— *Sorciers et jeteurs de sort*, Paris, Plon, 1958.
— *Médecine populaire d'hier et d'aujourd'hui*, Paris, Maisonneuve et Larose, 1966.
BOZZINI (L.) e col., *Médecine et société. Les annés 1980*, Laval, Quebec, Ed. A. St. Martin, 1981.
CARPENTIER (J.), *Médecine générale*, Paris, Maspero, 1977.
CASTEL (R.), *Le psychanalysme*, Paris, Flammarion, 1981.
— *La gestion de risques*, Paris, Ed. de Minuit, 1981.
CERTEAU (M. de), *La possession de Loudun*, Paris, Julliard, 1970.
Collectif *de Boston pour la santé des femmes, Notre corps, nous-mêmes*, Paris, Albin Michel, 1977.
COOPER (D.), *Psychiatrie et antipsychiatrie*, Paris, Le Seuil, 1970.
DELABY (L.), *Chamanes toungouses*, Paris, Université Paris X, 1976.
DUPUY (J.-P.) e KARSENTY (S.), *L'invasion pharmaceutique*, Paris, Le Seuil, 1974.
EISENBERG (L.), *Disease and Illness, in Culture, Medicine and Psychiatry*, 1977, vol. 1, 1, pp. 9-23.
ELIADE (M.), *Le chamanisme et les techniques archaïques de l'extase*, Paris, Payot, 1968.
ESTRADE (J.-M.), *Le tromba*, Paris, Anthropos, 1977.
FABREGA (H.), *Disease and Social Behavior: an Interdisciplinary Perspective*, Londres, M.I.T. Press, 1974.
— "The Scope of Ethnomedical Science", in *Culture, Medicine and Psychiatry*, 1977, vol. 1, 2, pp. 201-228.
"Ethnomedicine and Medicale Science", in *Medical Anthropology*, 1978, vol. 2, 2, pp. 11-24.
FAVRET-SAADA (J.), *Les mots, la mort, les sorts*, Paris, Gallimard, 1977.
FAVRET-SAADA (J.) e CONTRERAS (J.), *Corps pour corps*, Paris, Gallimard, 1981.
FERRY-PIERRET (J.) e KARSENTY (S.), *Pratiques médicales et système hospitalier*, Paris,, C.E.R.E.B.E., 1974.
FOSTER (G. M.), *Disease Etiologies in Non-Western Medical Systems,* in *American Anthropologist*, 1976, n.º 78, pp. 773-782.
FOLLIET (J.), *La médecine du Docteur Gnafron*, Lyon, "La Chronique Sociale", 1966.
— "Francs-tireurs de la médecine", *Autrement*, maio de 1977, n.º 9.
FRIEDMANN (D.), *Les guérisseurs*, Paris, Métailié, 1981.
GENEST (S.), "Tendances actuelles de l'ethnomédecine: malade et thérapeutique en pays mafa", *in Bull. du sém. d'ethnomédecine*, dez. de 1981, n.º 8, pp. 5-19.
GENTIS (R.), *Les murs de l'asile*, Paris, Maspero, 1970.

GILL (D.G.) e TWADDLE (A.C.), "La sociologie médicale: que recouvre ce terme?", in *Revue Internat des Sc. Sociales,* 1977. vol. XXIX, n° 3, pp. 397-414.
GOFFMAN (E.), *Asiles,* Paris, Ed. de Minuit, 1968.
— *Stigmate,* Paris, Ed. de Minuit, 1975.
GUYOT (J.-C.), *Quelle médecine pour quelle société?,* Toulouse, Privat, 1982.
HAMAYON (R.), "Soigner le mort pour guérir le vif", in *Nouvelle Revue de Psychanalyse,* 1978, tomo XVII, pp. 55-72.
HEUSCH (L. de), *Pourquoi l'épouser?,* Paris, Gallimard, 1971.
HERZLICH (Cl.), *Santé et maladie, analyse d'une représentation,* Paris, Mouton, 1969.
— *Médicine, maladie et société,* Paris, Mouton, 1970.
ILLICH (I.), *Némésis médicale,* Paris, Le Seuil, 1975.
KARSENTY (S.), "La révolution verale des mandarins", *Autrement,* Paris, 1977, n° 9, pp. 162-171.
LAING (R.), *La politique de l'expérience,* Paris, Stock, 1969.
— *Le moi divisé,* Paris, Stock, 1970.
— *Soi et les autres,* Paris, Gallimard, 1971.
— *La politique de la famille* Paris, Stock, 1972.
LEIRIS (M.), *La possession et ses aspects théâtraux chez les ethiopiens de Gondar,* Paris, Plon, 1958.
LENOIR (R.), *Les exclus,* Paris, Le Seuil, 1974.
LETOURMY (A.) e GILBERT (F.), *Santé, environnement et comsommations médicales,* Paris, C.E.R.E.B.E., 1974.
LEWIS (I.), *Les religions de l'extase,* Paris, P.U.F., 1977.
LOUX (F.), *Pratiques traditionnelles et pratiques modernes d'hygiène et de prévention de la maladie chez les mères et leurs enfants,* Paris, Corder, 1976.
— *Le jeune enfant et son corps dans la médecine traditionnelle,* Paris, Flammarion, 1978.
— *Le corps dans la société traditionnelle,* Paris, Berger-Levrault, 1979.
— *L'ogre et la dent,* Paris, Berger-Levrault, 1981.
LOUX (F.) e RICHARD (Ph.), *Sagesse du corps. La santé et la maladie dans les proverbes français,* Paris, Maisonneuve et Larose, 1978.
LUCAS (Ph.), *L'imaginaire-médecin ou l'enjeu des corps,* Paris, Anthropos, 1980.
MAITRE (J.), "L'essor de la sociologie médicale en France", in *Cahiers de sociologie et de démographie médicales,* abril-junho de 1973, 13 (2), pp. 41-43.
— La conjoncture de la recherche française en sociologie médicale", in *Revue fr. de Sociologie,* 1973, XIV, pp. 3-7.

MARTINO (E. de), *La terre du remords*, Paris, Gallimard, 1961.
METRAUX (A.), *Le vaudon haïtien*, Paris, Gallimard, 1958.
MONFOUGA-NICOLAS (J.), *Ambivalence et culte de possession*, Paris, Anthropos, 1972.
MOSCOVICI (S.), *La psychanalyse, son image, son public*, Paris, P.U.F., 1961.
"Panoplies du corps", *Traverses*, abril de 1979, n.ºs 14-15.
"Panseurs de secrets et de douleurs", *Autrement*, setembro de 1978, n.º 15.
PARSONS (T.), *Eléments pour une sociologie de l'action*, Paris, Plon, 1955, pp. 193-255.
— *Patients, Physicians and Illness*, Glencoe, The Free Press, 1958.
PELICIER (Y.), *Intégration des données sociologiques à la psychiatrie clinique*, Paris, Masson, 1970.
PELICIER (Y.) e MOUCHEZ (Ph.), *Abrégé de sociologie et économie médicales*, Paris, Masson, 1973.
PFLANZ (M.) e KEUPP (H.), "Le concept de la maladie: une perspective sociologique", in *Revue Internat. des Sc. Sociales*, 1977, vol. XXIX, n.º 3, pp. 415-427.
PLAULT (C.) e col., *Prophétisme et thérapeutique*, Paris, Hermann, 1975.
RETEL-LAURENTIN (A.), *Infécondité en Afrique noire. Maladies et conséquences sociales*, Paris, Masson, 1974.
— *Sorcellerie et ordalies en Afrique noire*, Paris, Anthropos, 1975.
— *Un pays à la dérive*, Paris, Ed. Universitaires, 1979.
ROCHE (L.), *Initiation à la sociologie et à l'économie médicale*, Lyon, Université Claude Bernard, 1972.
ROUCH (J.), *La religion et la magie songhay*, Paris, P.U.F., 1960.
ROUGET (G.), *La musique et la transe*, Paris, Gallimard, 1980.
RUFFIÉ (J.) e SOURNIAC (J.-C), *Les épidémies dans l'histoire de l'homme*, Paris, Flammarion, 1984.
— "La santé à bras-le-corps", *Autrement*, setembro de 1980, n.º 26.
— *Santé, médecine et sociologie*, Atas dos colóquios do C.N.R.S., Paris, 1978.
SCHNEIDER (M.), *De L'exorcisme à la psychanalyse*, Le féminin expurgé, Paris, Ed. Retz, 1979.
SELVINI-PALAZZOLI e col., *Paradoxe et contre-paradoxe*, Paris, E.S.F., 1978.
SINDZINGRE (N.) e ZEMPLÉNI (A.), "Anthropologie de la maladie", *Bull. Ethnomédicine*, outubro de 1982, n.º 15, pp. 3-22.
SOW (I.), *Les structures anthropologiques de la folie*, Paris, Payot, 1978.
STEUDLER (F.), *Sociologie médicale*, Paris, A. Colin, 1972.
STOETZEL (J.), "La maladie, le malade et le médecin, essai d'une analyse psychosociale", in *Population*, 1960, n.º 4, pp. 612-624.

THOMAS (L.-V.), *Anthropologie de la mort*, Paris, Payot, 1975.
— *Mort et pouvoir*, Paris, Payot, 1978.
— *Civilisation et divagation*, Paris, Payot, 1979.
— *Le cadavre. De la biologie à l'anthropologie*, Paris, Ed. Complexe, 1980.
THOUVENIN (D.), *Le secret médical et l'information du malade*, Lyon, P.U.F., 1982.
TUCKETT e col., *An Introduction to Medical Sociology*, Londres, Tavistock, 1976.
VEIL (Cl.), *Handicap et société*, Paris, Flammarion, 1968.
WATZLAWICK (P.), HELMICK-BEAVIN (J.), Jackson (D.), *Une logique de la communication*. Paris, Le Seuil, 1972.
ZEMPLÉNI (A.), "La dimension thérapeutique du culte des rab. Ndöp, tuuru et samp. Rites de possession chez les Lebu et les Wolof", in *Psychopathologie africaine*, 1966, n.º 3, vol. II, pp. 295-439.

D) TEXTOS LITERÁRIOS UTILIZADOS

AJAR (E.), aliás Romain Gary, *La vie devant soi*, Paris, Gallimard, 1982.
ALBERTY (O.), *Une mémoire de santal*, Paris, Albin Michel, 1983.
ALLENDY (R.), *Journal d'un médecin malade*, Paris, Ed. du Piranha, 1983.
ARRIVÉ (M.), *L'horloge sans balancier*, Paris, Flammarion, 1983.
ARTAUD (A.), "Le théâtre et la peste", in *Le théâtre et son double*, Paris, Gallimard, 1972, pp. 19-45.
BALLARD (J.-G.), *Crash!*, Paris, Le Livre de Poche, 1977.
BARNARD (Ch.), *Les hommes ne meurent jamais*, Paris, Belfond, 1975.
BARNES (J.), *Un voyage à travers la folie*, Paris, Le Seuil, 1973.
BATAILLE (G.), *Histoire de l'œil*, Paris, J.-J. Pauvert, 1967.
BATAILLE (M.), *L'arbre de Noël*, Paris, Julliard, 1967.
BAZIN (H.), *Lève-toi et marche*, Paris, Le Livre de Poche, 1979.
BEAUVOIR (S. de), *Une mort très douce*, Paris, Gallimard, 1980.
— *Le sang des autres*, Paris, Gallimard, 1981 (a).
— *La cérémonie des adieux*, Paris, Gallimard, 1981 (b).
BECKETT (S.), *Murphy*, Paris, Ed. de Minuit, 1938.
— *Molloy*, Paris, Ed. de Minuit, 1951 (a).
— *Malone meurt*, Paris, Ed. de Minuit, 1951 (b.).
BEDOS (G.), *Je craque*, Paris, Le Livre de Poche, 1980.
BENOÎT (T.), *Hôpital*, Paris, Les Humanoïdes associés, 1981.
BERGMAN (I.) e BURGESS (A.), *Ma vie*, Paris, Le Livre de Poche, 1982.
BERL (E), *Présence des morts*, Paris, Gallimard, 1982.

BERNADAC (C.), *Les médecins maudits*, Paris, France-Empire, 1982.
— *Les médecins de l'impossible*, Paris, France-Empire, 1968.
BERNANOS (G.), *Journal d'un curé de campagne*, Paris, Plon, 1936.
BIGNE (C. de la), *La mémoire blessé*, Paris, Plon, 1976.
BILLON (P.), *L'enfant du cinquième nord*, Paris, Le Seuil, 1983.
BORGES (J.-L.), *Histoire de l'infamie*, Paris, 10/18, 1975.
— *Fictions*, Paris, Gallimard, 1980.
BOUSQUET (J.), *Correspondance I*, Paris, Gallimard, 1969.
— *Lettres à Jean Cassou*, Paris, Rougerie, 1970.
— *Lettres à Carlo Suares*, Paris, Rougerie, 1970.
BRADBURY (R.), *Chroniques martiennes*, Paris, Denoël, 1955, pp. 75-107.
BRETON (A.), *Nadja*, Paris, Gallimard, 1964.
BRICHE (G.), *Curriculum Vitae*, Paris, Imprimerie Souchet, 1979.
BROSSARD (M.), *Chienne de vie, je t'aime!*, Paris, Le Centurion, 1981.
CAHEN (A.), *Les jours de ma mort*, Paris, Le Seuil, 1983.
CAMUS (A.), *La peste*, Paris, Gallimard, 1980.
CARDINAL (M.), *Autrement dit*, Paris, Le Livre de Poche, 1981.
— *Les mots pour le dire*, Paris, Le Livre de Poche, 1981.
CARLES (E.), *Une soupe aux herbes sauvages*, Paris, J.-C. Simoën, 1977.
CARTANO (T.), *Blackbird*, Paris, Buchet-Chastel, 1980.
CARTLAND (B.), *Le maître de Singapour*, Paris, J'ai lu, 1982.
CASTER (S.), *Les chênes verts*, Paris, Le Livre de Poche, 1982.
CATTANEO (A.), *Gilles, le monde est fou*, Paris, Grasset, 1977.
CAUVIN (P.), *Dans les bras du vent*, Paris, J.-C. Lattès, 1983.
CÉLINE (L.-F.). *Mea culpa*, seguido de *La vie et l'oeuvre de Semmelweis*, Paris, Denoël, 1936.
— *Bagatelle pour un massacre*, Paris, Denoël, 1937.
— *L'école des cadavres*, Paris, Denoël, 1938.
— *Les beaux draps*, Paris, Nouvelles Editions Françaises, 1941.
— *Ballet sans musique, sans personne, sans rien*, Paris, Gallimard, 1959.
— *Nord*, Paris, Gallimard, 1960.
— *L'eglise*, Paris, Gallimard, 1973.
— *Féerie pour une autre fois*, Paris, Gallimard, 1977.
— *Le pont de Londres*, Paris, Gallimard, 1978.
— *Normance*, Paris, Gallimard, 1978.
— *Rigodon*, Paris, Gallimard, 1979.
— *D'un château l'autre*, Paris, Gallimard, 1980.
— *Voyage au bout de la nuit*, Paris, Gallimard, 1980.
— *Guignol's Band*, Paris, Gallimard, 1980.
— *Casse-pipe*, seguido de *Carnet du cuirassier Destouches*, Paris, Gallimard, 1981.
— *Mort à crédit* I e II, Paris, Gallimard, 1982.

CESBRON (G.), *Il est plus tard que tu ne penses*, Paris, J'ai lu, 1981.
CHABRUN (J.-F.), *La parcelle fantôme*, Paris, La Table Ronde, 1981.
CHAIX (M.), *Les silences ou la vie d'une femme seule*, Paris, J'ai lu, 1979.
CHARLES (Th.), *Inez, infirmière de Saint-Chad*, Paris, J'ai lu, 1979.
— *Le chirurgien de Saint-Chad*, Paris, J'ai lu, 1980.
— *Lake, qui es-tu?*, Paris, J'ai lu, 1981.
CHAUVIRÉ (J.), *La confession d'hiver*, Paris, Gallimard, 1971.
— *Passage des émigrants*, Paris, Gallimard, 1977.
— *Les mouettes sur la sône*, Paris, Gallimard, 1980.
CLANCIER (G.-E.), *La halte dans l'été*, Paris, Robert Laffont, 1976.
CLARK (M. H.), *La clinique du docteur H.*, Paris, Le Livre de Poche, 1982.
CLAVEL (B), *Les fruits de l'hiver*, Paris, Robert Laffont, 1968.
— *Le tambour du bief*, Paris, Robert Laffont, 1970.
COOK (S.), *Jusqu'au bout de la vie*, Paris, Ramsay, 1982.
COUSINS (N.), *La volonté de guérir*, Paris, Le Seuil, 1980.
CRONIN (A.-J.), *La citadelle*, Paris, Albin Michel, 1958.
— *Sous le regard des étoiles*, Paris, Le Livre de Poche, 1977.
— *Le signe du caducée*, Paris, Le Livre de Poche, 1979 (a).
— *Le destin de Robert Shannon*, Paris, Le Livre de Poche, 1979 (b.).
DAX (V.), *Le cancer, c'est ma chance*, Paris, Ed. Pauvert, 1983.
DEFOË (D.), *Journal de l'année de la peste*, Paris, Gallimard, 1982.
DÉON (M.), *Thomas et l'infini*, Paris, Gallimard, 1979.
DES CARS (G.), *L'impure*, Paris, Flammarion, 1946.
— *La corruptrice*, Paris, J'ai lu, 1980.
— *La brute*, Paris, J'ai lu, 1981.
DICK (Ph. K.) *Les clans de la lune alphane*, Paris, Albin Michel, 1973.
DIGGELMANN (W. M.), *Ombres. Journal d'une maladie*, Genebra, Ed. Zoé, 1980.
DOUBROVSKY (S.), *Fils*, Paris, Galilée, 1977.
DUHAMEL (G.), *Chronique des Pasquier VI* ("Les Maîtres"), Paris, Gallimard, 1974.
DURAS (M.), *La vie tranquille*, Paris, Gallimard, 1944.
— *L'amante anglaise*, Paris, Gallimard, 1967.
DURRELL (L.), *Le quatuor d'Alexandrie*, Paris, buchet-Chastel, 1957.
FABIEN (S.), *Tu seras un homme*, Paris, Le Livre de Poche, 1971.
FARAGO (L.), *Mademoiselle Marguerite*, Paris, Ed. du Cerf, 1977.
FISCHER (M.-L.), *Voici votre heure, docteur*, Paris, Presses de la Cité, 1980.
FITZGERALD (F. S.), *Tendre est la nuit*, Paris, Le Livre de Poche, 1977.
FRANCOS (A.), *Sauve-toi, Lola*, Paris, Ed. Bernard Barrault, 1983.
FREUSTIÉ, *Isabelle ou l'arrière-saison*, Paris, Gallimard, 1973.

— *Ne délivrer que sur ordonnance*, Paris, Gallimard, 1974.
GALL (J. e F.), *Un médecin dans la nuit*, Paris, Le Livre de Poche, 1977.
GIDE (A.), *Journal*, Paris, Gallimard, "La Pléiade", 1940.
— *Dostoïevski*, Paris, Gallimard, 1964.
— *L'immoraliste*, Paris, Gallimard, 1981.
GIONO (J.), *Le hussard sur le toit*, Paris, Gallimard, 1981.
GORDON (B.), *Barbara dans la nuit*, Paris, Plon, 1980.
GRAMACIA (G.), *Steff ou le handicap*, Toulouse, Privat, 1982.
GRASS (G.), *Le tambour*, Paris, Le Seuil, 1959.
GREENE (G.), *La saison des pluies*, Paris, Robert Laffont, 1961.
GRIGORIEVNA (A.), *Journal*, Paris, Stock, 1978.
GRODDECK (G.), *Le chercheur d'âme*, Paris, Gallimard, 1982.
GUÉRIN (R.), *Quand vient la fin*, Paris, Gallimard, 1941.
— *L'apprenti*, Paris, Gallimard, 1946.
— *Le Pus de la Plaie*, Paris, Le Tout sur le Tout, 1982.
GUEST (J.), *Des gens comme les autres*, Paris, Flammarion, 1981.
GUSTAFSSON (L.), *La mort d'un apiculteur*, Paris, Presses de la Renaissance, 1983.
HANDKE (P.), *Le malheur indifférent*, Paris, Gallimard, 1979.
HEMINGWAY (E.), *Le soleil se lève aussi*, Paris, Gallimard, 1949.
HESSE (H.), *Narcisse et Goldmund*, Paris, Le Livre de Poche, 1981.
HICKOK (L. A.), *L'historie d'Helen Keller*, Paris, Robert Laffont, 1968.
HOUGRON (J.), *La chambre*, Paris, Hachette, 1982.
HUXLEY (A.), *Le meilleur des mondes*, Presses Pocket, 1977.
HUYSMANS (J. K.), *Croquis parisiens*, Paris, Vaton, 1980.
— *Sainte Lydwine de Schiedam*, Paris, Plon, 1917.
— *Les foules de Lourdes*, Paris, Plon, 1923.
— *A vau — l'eau*, Paris, Ed. Crès, 1928.
— *En route*, Paris, Imprimerie Nationale, A. Sauret ed., 1954.
— *A rebours*, Paris, Gallimard, 1977.
IBSEN (H.), *Les revenants*, Paris, Librairie Académique Perrin, 1961.
ICAZA (C. de), *La source cachée*, Paris, Plon, 1955.
IONESCO (E.), *Rhinocéros*, Paris, Gallimard, 1976.
— *Le roi se meurt*, Paris, Gallimard, 1981.
JAMES (H.), *Le ailes de la colombe*, Paris, Gallimard, 1979.
JEFFERSON (L.), *Folle entre les folles*, Paris, Ed. des femmes, 1978.
JEROME (J.-K.), *Trois hommes dans un bateau*, Paris, Ed. G.P., 1953.
JOSSELIN (J.-F.), *L'Enfer et Cie*, Paris, Grasset, 1982.
JOUHANDEAU (M.), *Dans l'épouvante le sourire aux lèvres*, Paris, Gallimard, 1982.
JOYCE (J.), *Ulysse*, Paris, Gallimard, 1981, tomo 2, pp. 63-127.

JUTZI (J.-P.), *Le destin tragique de l'homme éléphant*, Montreal, Quebec, Ed. Sélect, 1981.
KAFKA (F.), *La métamorphose* (contendo também *Un médecin de campagne*), Paris, Gallimard, 1938.
— *Lettres à Miléna*, Paris, Gallimard, 1956.
— *Journal*, Paris, Grasset, 1981.
KLEIN (N.), *Sunshine*, Paris, Robert Laffont, 1975.
KNITTEL (J.), *Le docteur Ibrahim*. Paris, Le Livre de Poche, 1976.
KONSALIK (H. G.), *Le médecin de Stalingrad*, Paris, Presses de la Cité, 1957.
— *Docteur Erika Werner*, Paris, Albin Michel, 1966.
— *Beaucoup de mères s'appellent Anita*, Paris, Presses de la Cité, 1977.
— *Je guérirai les incurables*, Paris, Presses de la Cité, 1972 (a).
— *Le médecin de la tzarine*, Paris, J'ai lu, 1972 (b).
— *Le médecin de la vallée*, Paris, Presses de la Cité, 1975.
— *La clinique des coeurs perdus*, Paris, Presses de la Cité, 1979 (a).
— *La passion du docteur Bergh*, Paris, J'ai lu, 1979 (b).
— *Le médecin du désert*, Paris, Presses de la Cité, 1980 (a).
— *Une nuit de magie noire*, Paris, J'ai lu, 1980 (b).
KRITTER (A.), *Et pourtant, j'aime la vie*, Paris, Nouvelle cité, 1982.
LAGERKVIST (P.), *La sibylle*, Stock, Paris, 1982.
LAINÉ (P.), *La dentellière*, Paris, Gallimard, 1974.
LAMBERT (B.), *Coucher de soleil*, Paris, Albin Michel, 1981.
LANGE (M.), *Les cabines de bain*, Paris, Gallimard, 1982.
LEBRETON (J.), *Sans yeux et sans mains*, Paris, Casterman, 1966.
LE CLÉZIO (J.-M. G.), *La fièvre*, Gallimard, 1965.
LE CLERC (I.), *Aveugle, je veux voir*, Paris, Editions ouvrières, 1982.
LEIRIS (M.), *Biffures*, Paris, Gallimard, 1948.
— *Fourbis*, Paris, Gallimard, 1955.
— *Fibrilles*, Paris, Gallimard, 1966.
— *L'âge d'homme*, Paris, Gallimard, 1973.
— *Frêle bruit*, Paris, Gallimard, 1976.
— *Le ruban au cou d'Olympia*, Paris, Gallimard, 1981.
LORIOT (N.), *Un cri*, Paris, Le Livre de Poche, 1979.
LOWRY (M.), *Au-dessous du volcan*, Paris, Gallimard, 1978.
LUNEAU (M.), *Folle alliée*, Paris, Grasset, 1982.
MAC LEOD (S.), *Anorexique*, Paris, Aubier-Montaigne, 1982.
MALRAUX (A.), *Lazare*, Paris, Gallimard, 1974.
— *Les conquérants*, Paris, Le Livre de Poche, 1980.
— *La voie royale*, Paris, Le Livre de Poche, 1981.
MANCEAUX (M.), *Grand reportage*, Paris, Le Seuil, 1980.
MANN (Th.), *Le Docteur Faustus*, Paris, Albin Michel, 1950.

— *Dostoïevski*, Paris, Fernand Delmas, 1960 (a).
— *La montagne magique*, Paris, Le Livre de Poche, 1960 (b).
— *Le mort à Venise*, seguido de *Tristan*, Paris, Le Livre de Poche, 1981.
MANSFIELD (K.), *Journal*, Paris, Stock, 1973.
MARTIN DU GARD (R.), *Les Thibault II*, Paris, Gallimard, 1979.
MARTINEAU (G.), *Mon cancer et moi*, Paris, Ed. Jupilles, 1982.
MASSIP (R.), *Le rire de Sara*, Paris, Gallimard, 1975.
— *Belle à jamais*, Paris, Gallimard, 1979.
MAURIAC (F.), *Le mystère Frontenac*, Paris, Grasset, 1933 (a).
— *Le noeud de vipère*, Paris, Grasset, 1933 (b).
— *La fin de la nuit*, Paris, Grasset, 1935.
— *Les chemins de la mer*, Paris, Grasset, 1939.
— *La pharisienne*, Paris, Grasset, 1941.
— *Genitrix*, Paris, Le Livre de Poche, 1981.
— *Le baiser aux lépreux*, Paris, Le Livre de Poche, 1981.
— *Thérèse Desqueyroux*, Paris, Le Livre de Poche, 1982.
MICHEL (J.), *La Déprime*, Paris, Stock, 1972.
MILLER (H.), *Virage à 80*. Paris, Le Livre de Poche, 1978.
MONTALEMBERT (H. de), *La lumière assassinée*, Paris, Robert Laffont, 1982.
MOUSSEAU (R.), *Mon enfant, mon amour*, Paris, J'ai lu, 1982.
MOUSTIERS (P.), *La mort du pantin*, Paris, Gallimard, 1961.
MUNTHE (A.), *Le Livre de San Michele*, Paris, Le Livre de Poche, 1981.
PEREC (G.), *La vie mode d'emploi*, Paris, Le Livre de Poche, 1982.
— *W*, Paris, Denoël, 1975.
PHILIPE (A.), *Le temps d'un soupir*, Paris, Le Livre de Poche, 1980.
— *Les résonances de l'amour*, Paris, Le Livre de Poche, 1982.
PIERAL, *Vu d'en bas*, Paris, Stock, 1975.
PINGAUD (B.), *La Scène primitive*, Paris, Gallimard, 1965.
— *La voix de son maître*, Paris, Gallimard, 1973.
PRÉVOST (F.), *Ma vie en plus*, Paris, Stock, 1975.
— *L'amour nu*, Paris, Stock, 1981.
PROU (S.), *Méchamment les oiseaux*, Paris, Calmann-Lévy, 1971.
PROUST (M.), *Jean Santeuil,* precedido de *Les Plaisirs et les jours*, Paris, Gallimard, "La Pléiade", 1971.
— *Correspondance*, Paris, Plon, tomo 1, 1970; tomo 2, 1976; tomo 3, 1977; tomo 4, 1978; tomo 5; 1979; tomo 6, 1980.
— *Le côté de Guermantes* I e II, Paris, Gallimard, 1978.
— *A l'ombre des jeunes filles en fleurs*, Paris, Gallimard, 1980.
— *Albertine disparue*, Paris, Gallimard, 1980.
— *Sodome et Gomorrhe*, Paris, Gallimard, 1981.
— *La prisonnière*, Paris, Gallimard, 1981.

— *Le temps retrouvé*, Paris, Gallimard, 1981.
— *Du côté de chez Swann*, Paris, Gallimard, 1982.
QUENEAU (R.), *Loin de Rueil*, Paris, Gallimard, 1982.
RAYMOND (Y.), *Souvenirs in extremis*, Paris, Plon, 1982.
REVERZY (J.), *OEuvres*, Paris, Flammarion, 1977.
RIFFAUD (M.), *Les linges de la nuit*, Paris, Julliard, 1974.
RILKE (R. M.), *Les cahiers de Malte Laurids Brigge*, Paris, Ed. Emile-Paul Frères, 1941.
ROBBE-GRILLET (A.), "La conscience malade de Zeno", in *Pour un nouveau roman*, Paris, Gallimard, 1963, pp. 97-102.
ROMAINS (J.), *Knock ou le triomphe de la Médecine*, Paris, Gallimard, 1979.
ROMAN (J.), *J'ai choisi l'heure de ma mort*, Paris, Pigmalion, 1981.
ROY (C.), *Permis de séjour prolongé*, Paris, Gallimard, 1983.
SAINT-PIERRE (M. de), *Docteur Erikson*, Paris, Grasset, 1982.
SANTOS (E.), *La punition d'Arles*, Paris, Stock 2, 1975.
— *J'ai tué Emma S*, Paris, Ed. des femmes, 1977 (a).
— *L'itinéraire psychiatrique*, Paris, Ed. des femmes, 1977 (b).
SARTRE (J.-P.), *La Nausée*, Paris, Gallimard, 1938.
— *L'Idiot de la famille*, Paris, Gallimard, 1971-1972.
SCHREBER (D.-P.), *Mémoires d'un névropathe*, Paris, Le Seuil, 1975.
SECHEHAYE (M. A.), *Journal d'une schizophrène*, Paris, P.U.F., 1979.
SEGAL (E.), *Love Story*, Paris, Flammarion, 1970.
SÉGAL (P.), *L'homme qui marchait dans sa tête*, Paris, Flammarion, 1977.
— *Viens la mort, on va danser*, Paris, Flammarion, 1979.
— *Le cheval de vent*, Paris, Flammarion, 1982.
SHELLEY (M.), *Frankenstein*, Paris, Garnier-Flammarion, 1979.
SIMENON (G.), *Le Président*, Paris, Presses de la Cité, 1958.
— *L'Ours en peluche*, Paris, Presses de la Cité, 1960.
— *Mémoires intimes*, seguido de *Livre de Marie-Jo*, Paris, Presses de la Cité, 1981.
SIMON (Cl.), *Orion aveugle*, Genebra, Skira, 1970.
SIMON (Ph.), *La sagesse du soir*, Paris, Le Livre de Poche, 1977.
SLAUGHTER (F. G.), *Sangaree*, Paris, Presses de la Cité, 1949.
— *Divine maîtresse*, Paris, Presses de la Cité, 1950 (a).
— *Afin que nul ne meure*, Paris, Presses de la Cité, 1950 (b).
— *A la pointe du bistouri*, Paris, Presses de la Cité, 1954.
— *Le procès du docteur Scott*, Paris, Presses de la Cité, 1957.
— *Opération épidémie*, Paris, Presses de la Cité, 1961.
— *Femmes de médecins*, Paris, Presses de la Cité, 1967 (a).
— *Chirurgien au long cours*, Paris, Presses de la Cité, 1967 (b).
— *Le coeur d'un autre*, Paris, Presses de la Cité, 1969.

— *L'hôpital de la haine*, Paris, Presses de la Cité, 1972.
— *Femmes en blouses blanches*, Paris, Presses de la Cité, 1973.
— *L'épée et le bistouri*, Paris, Presses de la Cité, 1975.
— *La victoire du docteur Reed*, Paris, Presses de la Cité, 1976.
— *La femme aux deux visages*, Paris, Presses de la Cité, 1977.
— *Filles de chirurgien*, Paris, Presses de la Cité, 1982.
SOLJENITSYN (A.), *Le pavillon des cancéreux*, Paris, Le Livre de Poche, 1979.
SORIANO (I., V. e Marc), *Le testamour ou remèdes à la mélancollie*, Paris, Ed. du Sorbier, 1982.
SOUBIRAN (A.), *Les hommes en blanc*, 6 tomos: *Tu seras médecin*, Paris, kent-Segep, 1949; *La nuit de bal*, Paris, kent-Segep, 1949; *Le grand métier*, Paris, Kent-Segep, 1951; *Un grand amour*, Paris, Kent-Segep, 1951; *Le témoignage*, Paris, Kent-Segep, 1958; *Au revoir docteur Roch!* Paris, Kent-Segep, 1958.
STEEL (D.), *Une saison de passion*, Paris, J'ai lu, 1982.
STEINER (K.), *Brebis galeuses*, Paris, J'ai lu, 1977.
STYRON (W.), *Le choix de Sophie*, Paris, Gallimard, 1981.
SVEVO (I.), *La conscience de Zeno*, Paris, Gallimard, 1973.
TOLSTOI (L.), *La mort d'Ivan Illitch*, Paris, Le livre de Poche, 1980.
TOURNIER, *Le coq de Bruyère*, Paris, Gallimard, 1978.
— *Le vent paraclet*, Paris, Gallimard, 1981.
TROMBO (D.), *Johnny s'en va-t-en guerre*, Paris, Denoël, 1972.
THOMAS (D. H.), *L'Hôtel blanc*, Paris, Albin Michel, 1982.
THOMAS (S.), *La Barbaresque*, Paris, Le Mercure de France, 1980.
VAILLAND (R.), *Ecrits intimes*, Paris, Gallimard, 1968.
VALÈRE (V.), *Le pavillon des enfants fous*, Paris, Stock/Elles, 1978.
VALÉRY (P.), *L'idée fixe*, Paris, Gallimard, 1966.
VAN DER MEERSCH (M.), *Corps et âmes*, Paris, Le Livre de Poche, 1979.
VARLAMOVA (I.), *La vie commence derrière cette porte*, Paris, Albin Michel, 1982.
VERNANT (P.), *Les médecins débarquent*, Paris, Maurice Nadeau/Papyrus, 1982.
VIAN (B.), *L'écume des jours*, Paris, 10/18, 1979.
VILAINE (A. M. de), *La mère intérieure*, Paris, Le Mercure de France, 1982.
VIVIEZ (M.), *Une famille comme une autre*, Paris, Le Seuil, 1975.
WILLIAMS (T.), *Le boxeur manchot*, Paris, 10/18, 1981.
WINDSOR (K.), *Ambre*, Paris, Le Livre de Poche, 1977.
WOLFROOM (J. D.), *Diane Lanster*, Paris, Le Livre de Poche, 1980.
WOOLF (V.), *La traversée des apparences*, Paris, Les Cahiers Gris, 1948.
— *Journal*, Paris, Stock, tomo 1, 1981; tomo 2, 1982.
YOURCENAR (M.), *L'OEuvre au Noir*, Paris, Gallimard, 1968.

— *Mémoires d'Hadrien*, Paris, Gallimard, cde. Folio, 1981.
ZADEK (A.), *La condition des soies*, Paris, Ed. de Minuit, 1982.
ZORN (F.), *Mars*, Paris, Gallimard, 1979.

Anexo:
Lista de nossas próprias publicações

Quando se faz referência a um de nossos trabalhos anteriores, no texto ou em nota de rodapé, mencionamos sempre o número que, nesta lista, precede o título da obra ou do artigo.

1. OBRAS

  1. *L'ethnopsychiatrie*, Paris, Editions Universitaires, 1973; tradução italiana, Roma, 1974; tradução espanhola, Barcelona, 1979.
  2. *Les cinquante mots clés de l'anthropologie*, Toulouse, Privat, 1974; tradução italiana, Roma 1975; tradução portuguesa, Lisboa, 1978.
  3. *Les trois voix de l'imaginaire: le messianisme, la possession et l'utopie*. Paris, Editions Universitaires, 1974; tradução espanhola, Barcelona, 1977.
  4. *La culture du Psy ou l'effondrement des mythes*; Toulouse, Privat, 1975.
  5. *Le philosophe et la violence*, Paris, P.U.F., 1976; tradução espanhola, Madri, 1977.
  6. *Maladies mentales et thérapeutiques traditionnelles en Afrique noire*, Paris, Ed. Delarge, 1976.
  7. *La médecine populaire des campagnes françaises d'aujourd'hui*, Paris, Ed. Delarge, 1978.

2. ARTIGOS

  8. "Critique marxienne et dialectisation du marxisme", in *Esprit*, julho-agosto de 1967, n.ºs 7/8, pp. 141-148.
  9. "La pathologie du conflit", in *La Chronique Sociale en France*, n.ºs 5-6, novembro de 1972, pp. 22-47.
  10. "Ethopsychopathologie du fétichisme", in *Bulletin du Centre Thomas More*, junho de 1973, pp. 18-36.

11. "Qu'est-ce que l'ethnopsychiatrie?", in *Psychiatrie Aujourd'hui*, setembro de 1973, n.º 15, pp. 15-29.
12. "Les idéologies contemporaines du plaisir", in *Lumière et Vie*, setembro de 1973, n.º 114, pp. 41-64.
13. "L'automobiliste, réflexions socio-psychiatriques", in *La Chronique Sociale en France*, outubro de 1973, pp. 113-124.
14. "sommes-nous fétichistes?", in *A l'Ecoute du Monde*, abril de 1973.
15. "La déculturation psychotique de l'Occidente contemporain", in *Psychiatrie Aujourd'hui*, janeiro de 1974, n.º 16, pp. 13-24.
16. "Les trois niveaux de la recherche et de la pratique ethnopsychiatrique" in *Recherches et Documents du Centre Thomas More*, 1975/6.
17. Les présupposés communs aux différents systèmes thérapeutiques africains traditionnels", in *Recherches et Documents du Centre Thomas More*, 1975/6.
18. "De la possession africaine à quelques aspects de l'antipsychiatrie anglaise", in *Connexions*, 1975, n.º 15, pp. 49-68.
19. "Aspects transculturels de la psychiatrie", in *Bulletin du GERIP*, 1975, n.º 34; pp. 3-9, n.º 35, pp. 9-12; n.º 36, pp. 3-7.
20. Quelques réflexions anthropologiques sur l'innovation comme processus de défense collective", in *Autrement*, 1976, n.º 5, pp. 4-16.
21. "La médecine populaire et la médecine savante", in *La Chronique Sociale en France*, setembro de 1976, pp. 25-39.
22. "Pathologie et thérapeutique collective en Italie méridionale", prefácio à obra de André Martin, *Les noires vallées du repentir*, Paris. Ed. Entende, 1976, pp. 7-19; tradução italiana, Milão, 1977.
23. "Etude analytique d'un pansement de secret recueilli aujord'hui dans la campagne bressane", in *Le monde alpin et rhodanien*, 1976, n.ºs 3-4, pp. 101-103.
24. "L'esprit de 68: pas mort", seguido de três outros artigos, in *Autrement*, 1978, n.º 12, pp. 40-62.
25. "Religion naturelle et religion révélée. L'exemple des Vierges miraculeuses dans le Bas-Berry", in *Recherches de Sciences Religieuses*, C.N.R.S., janeiro-março de 1978, tomo 6, n.º 1, pp. 63-71.
26. "Les systèmes de représentations populaires et savantes de la maladie et de la guérison", in *Actualités Psychiatriques*, 1978, n.º 2, pp. 41-52.
27. "Feu contre feu, terre contre feu", in *Autrement*, 1978, n.º 15, pp. 98-109.
28. "Une tentative de décodage de la médecine populaire", in *Autrement*, 1978, n.º 15, pp. 110-115.
29. "Etude de cas à Bouaké", in *Ethnopsychiatrica*, 1978, n.º 1, 2, pp. 173-200.

30. "De l'ethnologie comme idéologie à l'ethnologie comme science" in *Epistemologia*, Gênova, Itália; II 1979, pp. 211-225.
31. Prefácio à obra de Hugues Lapaire: *Le Berry vu par un berrichon*, Ed. Jeanne Laffite, Marselha, 1979.
32. "Sociabilité et associabilité. Jalons pour une étude transculturelle de la psychopathie", in *Confrontations Psychiatiques*, 1980, n? 18, pp. 47-58.
33. "Messianisme", in (enciclopédia) *Catholicisme*, Faculté Catholique de Lille, 1980, IX, pp. 27-35.
34. "La divination et les voyages aux saints guérisseurs dans le Bas-Berry", in *La religion populaire*, Paris, Editions du C.N.R.S., 1980, pp. 211-220.
35. "La médecine populaire", in catálogo de exposição *Hommes et terroirs*, Museum d'Histoire Naturelle de Lyon, 1980, pp. 135-148.
36. "Quelques réflexions pour une anthropologie des systèmes de représentations de la maladie et de la guérison", in *Bull. du Sém. d'Anthropo. Méd.*, maio de 1981, n? 6, pp. 11-18.
37. "La hajba de la fiancée à Djerba (Tunisie)", in *Revue de l'Occident Musulman de la Méditerranée*, C.N.R.S., 1981/1, n? 31, pp. 105-118.
38. "La médecine populaire et les femmes", in *Pénélope*, Centre de Recherches historiques de l'E.H.E.S.S., outono de 1981, n? 5, pp. 110-113.
39. "Ethnopsychiatrie et Ethnoscience", in *Confrontations Psychiatriques*, 1982, n? 21, pp. 11-29.
40. "Les Saint-Sabin guérisseurs", in *Tribune Médicale*, 1982, n? 16, pp. 24-31.
41. "La maladie, la guérison et le sacré", in *Archives de Sciences Sociales des Religions*, C.N.R.S., 1982, n? 54/1, pp. 63-76.
42. "A propos de l'ethnopsychiatrie et de la culture maghrébine", in *Sindbad*. Rabat, 15-30 de abril de 1983, n? 14, pp. 3-7.
43. "L'ethnomédecine: propositions thématiques et théoriques", in *Une anthropologie médicale en France*, Paris, Ed. du C.N.R.S., 1983.
44. "Corps malades et salut par l'écriture", in *Lumière et Vie*, abril de 1984, n? 116, pp. 29-43.
45. "L'ethnopsychiatrie: objets et méthodes", in *Encyclopédie Lidis*, Paris (sous presse).
46. "L'archaïque et l'évolué", in *Encyclopédie philosophique*, Paris, Presses Universitaires de France (à paraître).
47. "Jalons pour une anthropologie des systèmes de représentations de la maladie et de la guérison dans les sociétés occidentales contemporaines", in *Histoire, Economie et Société*, n? 4/1984, pp. 641-650.

48. "Violences festives et violences sorcellaires", in *Violence et Violences*, Un. Lyon II, pp. 29-30.
49. "Le corps et le vêtement" (em colaboração com A. Julliard), in *De la biologie à la culture*, Paris, C.N.R.S., 1986.
50. "Jalons pour une étude transculturelle du suicide", in *Psychologie Medicale*, 1986, 18.
51. "Les représentations de la maladie en anthropologie. De quelques recherches menées en France réexaminées à la lumière du Brésil", in *Introduction à l'étude des représentations sociales*, sob a direção de D. Jodelet et S. Moscovici, Paris, P.U.F. (à paraître).